Kindheit, Familie und Jugend

Renate Möller, Jürgen Abel,
Georg Neubauer & Klaus-Peter Treumann (Hrsg.)

Kindheit, Familie und Jugend

Ergebnisse empirischer pädagogischer Forschung

Waxmann Münster/New York

Die Deutsche Bibliothek – CIP-Einheitsaufnahme

Kindheit, Familie und Jugend : Ergebnisse empirischer pädagogischer Forschung / Renate Möller ... (Hrsg.).
– Münster ; New York : Waxmann, 1996
ISBN 3-89325-365-3
NE: Möller, Renate [Hrsg.]

ISBN 3-89325-365-3

Postfach 8603, D-48046 Münster, F. R. G.
Waxmann Publishing Co.
P. O. Box 1318, New York, NY 10028, U. S. A.

Umschlaggestaltung: Pleßmann Kommunikationsdesign
Satz: Druckreif DTP, Münster
Druck: Zeitdruck GmbH, Münster
Gedruckt auf alterungsbeständigem Papier, DIN 6738

Inhaltsverzeichnis

Jugend und Jugendforschung

Vorwort

Der vorliegende Band dokumentiert einen Teil der Vorträge, die auf der Frühjahrstagung der Arbeitsgruppe für Empirische Pädagogische Forschung in Bielefeld gehalten wurden. Mit der thematischen Konzentration auf die Bereiche Kindheit, Jugend und Schule bietet dieser Band interessierten Praktikern und Wissenschaftlern Einblick in aktuelle empirische Forschungsprojekte zu diesem spezifischen Themenfeld. Ein besonderer Reiz dieser Zusammenstellung liegt in den unterschiedlichen disziplinären Herangehensweisen der Autorinnen und Autoren der einzelnen Beiträge. So sind neben psychologischen und pädagogischen Projekten auch eher soziologisch orientierte empirische Arbeiten vertreten

Im erstem Teil des Buches finden sich sechs Beiträge, die empirische Projekte zum thematischen Schwerpunkt „Kinder und Kindergartenforschung" vorstellen. *Rainer Dollase* und *Dorothee Seeger* setzen an der oft zitierte These an: „Kindergartenkinder heute sind anders". Die Autoren stellen ein Forschungsdesign vor, um diese These mit harten empirischen Methoden zu überprüfen. *Barbara Dippelhofer-Stiem* fragt nach dem Besonderen konfessioneller Kindergärten. Sie beleuchtet spezifische Aspekte der Sozialisationsumwelt, die konfessionelle Kindergärten bieten und eruiert deren normativen Bildungs- und Erziehungsauftrag. Obwohl im Zentrum ihrer Untersuchung die Erzieherin als professionell Handelnde steht, bezieht die Autorin auch die Blickwinkel von Eltern, Fachberaterinnen und dem Träger der Institutionen in die Analyse ein. *Andreas Frey, Bernhard Wolf* und *Petra Lischer* stellen das Projekt „Alltag des Kindergartens im deutsch-deutschen Vergleich" vor. Die Autoren behandeln in ihren Beiträgen schwerpunktmäßig zwei Untersuchungsaspekte, zum einen die „Ausbildung und Fortbildung sowie die praktizierte pädagogische Arbeit der Erzieherinnen" (Frey & Wolf), zum anderen die „Elternarbeit aus der Perspektive von Erzieherinnen und Eltern" (Lischer & Wolf). In der Untersuchung werden interessante Übereinstimmungen zwischen Kindergärtnerinnen in den neuen und den alten Bundesländern herausgearbeitet, aber auch Unterschiede, insbesondere bei der Einbindung der Eltern, werden deutlich. Die Belastungen, denen Kindergärtnerinnen in ihrem Beruf ausgesetzt sind stehen im Zentrum der von *Klaus Gebser* präsentierten Untersuchung. Die empirischen Ergebnisse verdeutlichen die Wechselwirkung, die zwischen Anforderungsbewältigung und Belastungserleben bestehen. Den Abschluß dieses Themenschwerpunktes bildet der Beitrag von *Gerhard Lehwald.* Der Autor berichtet über eine Studie zu sozialen Interaktionsformen von 4- und 6-jährigen Kindern auf der Suche nach Informationen.

Der zweite Teil des Bandes faßt unter der Überschrift „Familie und Schulforschung" empirische Projekte zu schulischen Aspekten in den neuen Bundesländern sowie Ergebnisse des Projektes FAFRA zusammen. In dem Beitrag von *Karen Dohle* und *Anne*

Wessel steht die Schulwahl im Zentrum des Forschungsinteresses. *Karen Dohle* und *Anne Wessel* gehen der Frage nach, welche familialen Voraussetzungen die Bildungsaspirationen beeinflussen. *Horst Weishaupt* und *Ilona Böttcher* beschäftigen sich in ihren Beiträgen mit der Schulstruktur in Thüringen. Während *Horst Weishaupt* die vielfältigen Motive in der Bewertung des schulstrukturellen Wandels durch Lehrer und Eltern diskutiert, geht *Ilona Böttcher* den außerunterrichtlichen Angeboten an Thüringens Schulen nach und eruiert deren Akzeptanz bei Eltern und insbesondere bei den Schülern. Stark methodisch ausgerichtet ist der Text von *Sedef Gümen* und *Leonie Herwartz-Emden.* Die Autorinnen stellen ein im Rahmen des Projektes „Familienorientierung, Frauenbild, Bildungs- und Berufsmotivation von eingewandertern und westdeutschen Frauen in interkulturell-vergleichender Perspektive" entwickeltes 'Stereotypen-Inventar' vor und referieren die Ergebnisse des Einsatzes.

Unter der Überschrift „Jugend und Jugendforschung" findet sich eine eher inhomogene Zusammenstellung empirischer Arbeiten aus dem großen Bereich der Jugendforschung. In dem Beitrag von *Irmgard Steiner* und *Gerhard Wenzke* werden ausgewählte Ergebnisse eines Projektes vorgestellt, in dem die Lebensbedingungen von Schuljugendlichen in der DDR rekonstruiert werden. Der Text behandelt einen Vergleich der Selbstbilder Jugendlicher zwischen den Jahren 1977 und 1989. Um die Zukunftsperspektiven Jugendlicher geht es *Petra Butz.* Sie arbeitet in ihrem Beitrag den Zusammenhang zwischen schulischem Erfolg und der Einschätzung der persönlichen Zukunft heraus. Strukturmodelle zur Vorhersage von Anomia bei Jugendlichen in Warschau, Ost- und West-Berlin präsentiert der Text von *Gabriele Classen.* Im Kulturvergleich soll untersucht werden, ob eher mikro- oder makrosoziale Bedingungen ausschlaggebend für die Entstehung eines anomischen Lebensgefühls sind. Problembelastungen Jugendlicher und Drogengebrauch sowie schulische Maßnahmen zur Suchtprävention sind die Themen der zwei Beiträge von *Harry Müller, Brigitte Kersch, Harald Petermann* und *Michael Röhr.* Beide Artikel basieren auf Erkenntnissen, die bei der Evaluation der Umsetzung eines unterrichtlichen Programms zur Suchtpräventionseit 1993 in Leipzig gesammelt werden konnten. Den Schluß des Bandes bildet der Beitrag von *Georg Neubauer* zu individualisierten Lebensplänen und Partnerschaftskonzepten Jugendlicher, in dem er das Beck'sche Individualisierungstheorem im Kontext seiner empirischen Ergebnisse diskutiert.

Insgesamt wirft dieser Band ein Schlaglicht auf das breite Spektrum empirisch pädagogischer Arbeiten zur Kindheits- und Jugendforschung. Für ihre Mitarbeit möchte ich allen Autorinnen und Autoren herzlich danken. Auch Frau Dr. Ursula Heckel vom Waxmann Verlag gebührt unser Dank für die tatkräftige Unterstützung bei der Realisierung der Publikation.

Bielefeld, im März 1996 Renate Möller

Rainer Dollase und Dorothee Seeger

Sind Kindergartenkinder heute anders als früher? Planungs- und Realisierungsprobleme einer Zeitwandelstudie mit soziometrischen Daten.

Seit der „Geschichte der Kindheit" von Philip Ariès (1975) und dem vielzitierten Vorwort von Hartmut von Hentig hat das Thema „Veränderte Kindheit - Veränderte Pädagogik" innerhalb der Erziehungswissenschaften Hochkonjunktur. Es übt eine gewisse reformuntermauernde Faszination innerhalb der Pädagogik aus. So sind im letzten Jahrzehnt zahlreiche pädagogische Werke zum Thema erschienen (z.B. Fölling-Albers 1992; Bäuerle 1991), in denen aus der „Medienkindheit", „Stadtkindheit" oder „Einzelkind-Kindheit" ein entsprechender Bedarf an veränderter Pädagogik abgeleitet worden ist. Das „pädagogische Argument" (zum Begriff: Paschen 1988) „eine veränderte Kindheit erfordert eine veränderte Pädagogik" steht und fällt mit der Substantialität der Veränderungen von Kindheit. Wie schon in früheren Arbeiten gezeigt, kann der empirische Nachweis einer Veränderung psychischer Variablen nur selten empirisch geführt werden. Die Frage „Sind Kinder heute anders als früher?" ist allerdings auch zu offen gestellt. Sie enthält zu viele beliebig definierbare Begriffe, die beliebige Antworten herausfordern. Was z.B. bedeutet „früher"? Unter den unzähligen früheren Vergleichsterminen kann zur Beantwortung offenbar willkürlich gewählt werden, auch geographische und demographische Spezifikationen der zu vergleichenden früheren und heutigen Kinder bleiben ebenso offen wie die Teilfrage, wie denn und ob überhaupt und in welchem Allgemeinheitsgrad, mit welcher Genauigkeit „Kinder heute" (ca. 10 Mill. in der Bundesrepublik) charakterisiert werden können. Schließlich auch: worin sollen sie verglichen werden? Soll etwa das Gute von damals an dem Schlechten von heute oder umgekehrt gemessen werden?

In der Psychologie befassen bzw. befaßten sich verschiedene Disziplinen mit dem historischen Wandel von Kindheit; z.B. die Epochalpsychologie (Muchow 1931), die Life span-Entwicklungspsychologie (Baltes 1979), die Psychohistory (Ende 1980) oder auch die historische Sozialisationsforschung (Herrmann 1984).

1 Methodische Zugänge zu Zeitwandelphänomenen

Bei Anlegung strenger methodischer Standards gibt es eigentlich nur drei Strategien, die eine relativ eindeutige Antwort auf die Frage „Sind Kinder heute anders als früher?" versprechen:

1. Prospektive Planung und Durchführung von Zeitwandelstudien nach sequenzanalytischen Versuchsplänen wie von der Lebensspannen-Entwicklungspsychologie vorgeschlagen (vgl. z.B. Baltes 1968). Beispiel: jährlicher Neubeginn von Längsschnittstudien zur Intelligenzentwicklung bei Kindern von 6-12 Jahren, so daß Kohortendifferenzen bestimmt werden können.
2. Suche nach bzw. Herstellung von Replikationsstudien und Vergleich der Ergebnisse. Beispiel: eine Studie zu Ängsten von 8-Jährigen aus dem Jahre 1920 wird methodenidentisch im Jahre 1996 repliziert und vergleichend ausgewertet.
3. Kombination von Pass-Untersuchungen, d.h. im aktuellen und früheren Publikationsangebot von Forschungsarbeiten wird nach thematisch/methodisch vergleichbaren Arbeiten gesucht.

Alle drei Strategien sind nicht problemlos, sie erlauben nur begrenzte Einsichten, z.B. nur für Vergleiche heutiger Kinder mit denen der jüngeren Vergangenheit, bieten jedoch gegenüber den weichen Strategien den Vorteil größerer Nachvollziehbarkeit und bestimmbarer Aussagengültigkeit.

Mit Blick auf die o.g. drei Strategien, die einigermaßen geeignet sein könnten, die Standards der empirischen Erziehungswissenschaft zu erfüllen, nehmen sich die häufig benutzten Strategien zur Rekonstruktion der Psyche von Kindern vergangener Zeiten eher spekulativ und unvollständig aus. Überwiegend müssen ja weiche Daten und weiche Auswertungsstrategien benutzt werden: ikonographische Dokumente (Grabinschriften, Kupferstiche, Malerei, z.B. Ariès 1975), Autobiographien, Kindheitserinnerungen Prominenter (z.B. Emmerich 1974; Voß 1974), psychologische oder inhaltsanalytische Auswertung von Dokumenten (z.B. Briefen, Tagebüchern, z.B. Lippert 1948; Broehl & McGee 1981), hermeneutische, i.e. ausdeutende, Analyse von religiöser, pädagogischer Literatur, von Kinderbüchern etc. (z.B. Ozment 1983), Quantifizierung von psychisch relevanter Information in rating Skalen (z.B. historiometric-Methoden, Simonton 1983) oder zahllose Interview-Derivate wie „oral history" (z.B. Ryant 1981), epochalpsychologische Experimente (i.e. intensive Interviews, Lippert 1948) oder die „fantasy-analysis" (DeMause 1979). Die genannten Verfahren (und viele andere - es ist nur eine Auswahl zitiert worden) werden auch dadurch nicht härter, daß sie oft angewendet und „in ungewöhnlichem Maß methodologisch reflektiert" werden (Herrmann 1984, 175) - sie bleiben von bestenfalls heuristischem Wert.

Gleichwohl erscheinen die weichen empirischen Methoden noch fundiertere Aussagen zu erlauben als rein spekulative Rekonstruktionen der Kinderpsyche damals wie heute, die sich ausschließlich und allein auf den Wandel der äußerlich sichtbaren Umwelt beziehen. So wird beispielsweise aus der Tatsache der zunehmenden Anzahl von Einzelkindern, die ja im Kern unbestritten ist, sogleich auf eine bestimmte vorherrschende psychische Ausstattung dieser Einzelkinder geschlossen, ohne den empirischen Nachweis zu führen, daß Einzelkinder tatsächlich anders sind als Geschwisterkinder. Diese „aneignungstheoretische“ Position fungiert oftmals als Überbrückungsparadigma für empirisch nicht schließbare Lücken in der Rekonstruktion der Psyche von Kindern heute und früher. Im Prinzip läuft diese aneignungstheoretische Position wie folgt ab: man konstatiert, daß die Lebenswelt der Kinder sich verändert hat, man postuliert, daß sich die Kinder ja im Sozialisationsprozeß die jeweilige Lebenswelt aneignen müssen, und schließt sodann, wenn die Änderungen der Lebenswelt bekannt sind, weiß man, wie sich die Kinder geändert haben. Der Fehler dieser aneignungstheoretischen Position liegt dort, wo die Produktivität dieses Aneignungsprozesses, der ja multifaktoriell determiniert ist, unterschätzt wird. Unter der Annahme eines produktiv-realitätsverarbeitenden Subjektmodells (Hurrelmann 1983), ist es keineswegs sicher, daß Veränderungen in der Lebenswelt von Kindern sich geradlinig in Veränderungen ihrer Psyche niederschlagen. Es ist z.T. überraschend, daß bei den stark umweltbezogenen Analysen, die gravierenden, empirisch mehrfach gesicherten Zeitwandelerkenntnisse der empirischen Forschung glatt übersehen werden: Kinder heute z.B. sind wesentlich intelligenter als Kinder in den 50er Jahren (Flynn 1987), Kinder heute sind deutlich selbständiger als Kinder in den 50er Jahren (Ehlers, Afflerbach & Moch 1979), Erwachsene und Eltern heute sind z.B. deutlich egozentrischer als Erwachsene und Eltern in den 50er Jahren (z.B. Dollase 1991) und Einzelkinder sind keineswegs sozial behindert (vgl. Falbo & Polit 1986).

Die vermuteten Änderungen in der Befindlichkeit von Kindergartenkindern haben z.Zt. insbesondere zu einer weiteren Verbreitung offener Ansätze in der Kindergartenarbeit geführt (vgl. z.B. Regel & Wieland 1993). Wegen der z.T. gravierenden Konsequenzen dieser vermuteten Änderungen, wäre es wünschenswert, eine empirisch fundierte Basis über die Veränderung von Kindergartenkindheit zu besitzen. Innerhalb der o.g. einigermaßen akzeptablen Strategien bieten sich Replikationsstudien für diesen Zweck an. Eine empirische Kindergartenforschung gibt es seit den 30er Jahren (vgl. z.B. Green 1933, Wellmann 1943).

2 Orts- und methodenidentische Replikation einer Studie aus den Jahren 1972/1973

Zur Zeit kann eine Längsschnittstudie bei Kindergarten- und Vorklassenkindern vom Beginn der 70er Jahre wiederholt werden (Dollase 1979). In dieser Studie ging es damals um einen Vergleich von Kindergartenkindern und Vorklassenkindern, um festzustellen, ob die Vorverlegung des Schuleintrittsalters auf fünf Jahre gegenüber der herkömmlichen Kindergartenerziehung Vorteile bringt. Wie bekannt, erwies sich in mehreren voneinander unabhängigen empirischen Vergleichsuntersuchungen das durchschnittliche Kindergartenkind als besser gefördert, auch im Hinblick auf die spätere Schulbewährung. Aus diesem damaligen Versuch liegen Daten über 20 Kindergartengruppen (N = ca. 500) vor. Diese Kindergartengruppen wurden damals in einem kurzfristigen Längsschnitt von neun Monaten Zwischenraum im Jahre 1972 und 1973 je einmal untersucht. Die damaligen Verfahren umfaßten soziometrische Fragen, Beurteilungen der Kinder, einige Aufgaben zum Interaktionsrepertoire, zum Verteilungskonzept, einen Leistungsmotivationstest (PASS) und einen ad hoc konstruierten Angsttest (ATK), sowie die Erhebung einiger Fragen zur praktischen Arbeit. Ebenfalls in diesen Jahren wurde eine repräsentative Stichprobe von Kindergarten- und Vorklassenerzieherinnen mit einem umfangreichen Fragebogen zu nahezu allen Problemen ihrer praktischen Arbeit befragt (Schmalohr u.a. 1974). Es stehen also sowohl Verfahren und Daten der damaligen Kinder wie auch entsprechende Vergleichsdaten für eine Wiederholung der Erzieherinnenbefragung zur Verfügung.

Für die methoden- und ortsidentische Replikation der damaligen Untersuchung konnte eine Teilfinanzierung erreicht werden (Förderung des MWF des Landes NRW). Diese beschränkt sich auf 10 Kindergartengruppen, die an dem damaligen Modellversuch zwischen 1970 und 1975 teilgenommen hatten. Es sind Kindergartengruppen in Herford, Duisburg, Essen, Wuppertal, Hagen, Krefeld, Neuss, Düsseldorf und Aachen. Die Erhebungen heute können also in denselben Einrichtungen wie damals wiederholt werden. Es werden die meisten damaligen Verfahren eingesetzt, mit Ausnahme des PASS (eines Leistungsmotivationsverfahrens) und des ATK (Angsttest). Beide Verfahren haben eine unklare Faktorenstruktur und geringe interne Konsistenzwerte. Die anderen Verfahren, insbesondere die soziometrische Testbatterie, erwies sich in verschiedenen Analysen als konsistent, reliabel und valide (vgl. Dollase 1979).

Die im folgenden geschilderten Verfahren werden in der Replikationsstudie eingesetzt.

1. Die soziometrische Testbatterie für Kindergartenkinder: Die soziometrische Testbatterie enthält verschiedene soziometrische Fragen. Alle Fragen setzen das Vorliegen von Fotografien aller Gruppenmitglieder voraus, die durch Einsatz von Sofortbildkameras gewonnen wurden. Alle Kinder wurden in Einzelsitzungen befragt, d.h. sie mußten unter Zuhilfenahme der Fotos ihre soziometrischen Antworten abgeben. Das ist einerseits notwendig, um sicherzugehen, daß die Kinder keine anderen Gruppenmitglieder vergessen oder übersehen, und andererseits unerläßlich, weil Kleinkinder nicht immer Vor- oder Nachnamen eines Gruppenmitgliedes präsent haben. Durch die Vorlage von Fotos ist die Nennung auch der Kinder möglich, von denen das befragte Kind weder Vor- oder Nachnamen noch irgendeinen Spitznamen weiß.

Der erste Untertest besteht in einer sog. **„Fotowahl“**. Hierbei werden die Kinder aufgefordert, sich zwecks Herstellung der für die Durchführung der soziometrischen Testbatterie notwendigen Sofortbildfotos jemanden auszusuchen, mit dem zusammen sie gern fotografiert werden möchten.

Im zweiten Untertest **„Partnerkenntnis“**, geht es um die Erfragung der Namenskenntnis der anderen Gruppenmitglieder. Die Kinder werden gefragt, ob sie die auf den Fotos abgebildeten Kinder alle kennen, und wenn ja, ob sie den Vornamen, den Nachnamen oder beides wissen.

Im Untertest **„Bildwahl - lieb“** nennen die Kinder auf der Grundlage der vorliegenden Sofortbilder diejenigen anderen, die sie für „lieb“ halten. Eine an diesen Untertest angeschlossene Frage nach den Gründen für die Wahl soll unter anderem auch Aufschluß über die Ursachen einer solchen Bewertung geben.

Im Untertest **„Bildwahl - böse“** (ebenfalls mit freier Wahlbegründung) nennen die Kinder andere, die sie für „böse“ halten, die also eine schlechte „Anpassung an die Normen“ zeigen.

Eher strukturelle Aspekte der Anpassung sollten die beiden nächsten Untertests - **„Bildergänzung - Freund“**, **„Bildergänzung - passive Aggression“** und **„Bildergänzung - aktive Aggression“** erfassen. Bei diesen drei Untertests wurden bildliche Situationen vorgegeben, in denen Kinder in unterschiedlicher Interaktion zueinander zu sehen waren. Auf das Gesicht eines der Kinder wurde stets das Foto des befragten Kindes gelegt, und dies mußte nun angeben - durch Auflegen des Fotos eines bzw. mehrerer anderer Gruppenmitglieder -, welches das/die andere(n) Kind(er) in dieser Zeichnung sein könne(n). Beim Untertest „Bildergänzung - Freund“ handelte es sich um zwei Kinder, die sich gegenseitig umarmten, bei der „Bildergänzung Aggression“ um Situationen, in denen ein Turm aus Bauklötzen durch ein anderes Kind zerstört wurde. Das Prinzip dieser Items (vgl. Dollase 1976) wurde später von Strätz & Schmidt (1982) bzw. Petillon (1993) übernommen und weiter ausgebaut.

Ähnlich provozierend war auch der Untertest **„Bildsortierung“** konstruiert, bei dem durch jedes Kind alle Fotos in zwei verschiedene Häuser sortiert werden mußten. Das eine Haus enthielt zahlreiches Spielmaterial, das andere überhaupt kein Spielmaterial.

In unmittelbarem zeitlichen Anschluß (rund 15-20 Min. später) an die letztgenannten Untertests wurden die beiden Untertests **„Bildwahl - lieb“** und **„Bildwahl - böse“** wiederholt. Diese Wiederholung hat den Sinn, das Ausmaß der Stabilität dieser beiden Fragen zu sichern, dient also der Abschätzung der Zuverlässigkeit des Erhebungsinstrumentes (vgl. Koskenniemi 1936).

Die vorgeschlagenen Erhebungsverfahren sind aus bestehenden Verfahren der soziometrischen Forschung entwickelt worden, die hinsichtlich ihrer Zuverlässigkeit und Gültigkeit bereits vor Jahrzehnten erprobt worden sind. Das Verfahren der Bildwahl wurde von McCandless & Marshall (1957) an 48 Kindern in drei Gruppen hinsichtlich Stabilität und Übereinstimmung mit dem Erzieherurteil überprüft. Die Versuchspersonen waren zwischen 3;4 und 5;7 Jahre alt. Die Zwanzig-Tage-Stabilität schwankte zwischen .45 und .71, das Erzieherurteil schwankte von .50 bis .72, und die Interkorrelation zwischen dem soziometrischen Status aus dem Bildwahlverfahren und dem Lehrerurteil lag zwischen .16 und .71. Die Technik der Bildergänzung wurde von Biehler (1954) entwickelt und an 25 Kindern erprobt, wobei die Vier-Wochen-Stabilität als die stabile Abgabe von Erstwahlen definiert wurde. 14 von 25 Kindern gaben nach vier Wochen dieselben Erstwahlen ab. Moore & Updegraff (1964) bestimmten an drei Kleinkindergruppen im Alter von 3;2 bis 5;6 die Stabilität des Bildwahlverfahrens und erhielten Zwei-Wochen-Stabilitäten zwischen .52 und .78. Die genannten Korrelationskoeffizienten stellten, bis auf die Untersuchung von Biehler (1954), Interkorrelationen der soziometrischen Statusrangreihe zu verschiedenen Zeitpunkten dar.

Im Rahmen der Untersuchungen 1972 und 1973 sind jedoch auch zahlreiche Zuverlässigkeits- und Gültigkeitsinformationen ermittelt worden, die in Dollase (1979) referiert werden. Insgesamt hat sich (z.B. Höchstwerte der Neun-Monate-Stabilität um .88) die soziometrische Testbatterie als ein zuverlässiges und gültiges Verfahren erwiesen, das mit Ausnahme der Erzieherbeurteilungen alle anderen Verfahren für Kinder in den Gütekriterien übertroffen hat.

2. Testaufgaben zum Verteilungskonzept: Mit diesen zwei Testaufgaben sollten spezifische Aspekte einer sozialen Normorientierung erfaßt werden. In den Aufgaben ging es um die Verteilung von Wertobjekten (Bälle) in einer hypothetischen Situation. In der ersten Aufgabe sollten drei Bälle an drei Kinder verteilt werden, die einen unterschiedlich großen Vorbesitz an Bällen besaßen (drei, zwei, bzw. ein Ball). Alle drei Kinder waren völlig identisch gezeichnet, so daß sich für die Verteilung der drei neuen Bälle keinerlei Anhaltspunkt für die Art der Verteilung ergab. Es wurde erwartet, daß den Kindern hierbei vor allen Dingen zwei verschiedene Verteilungskonzepte präsent waren. Einmal hätte die Möglichkeit bestanden, jedem der drei dargestellten Kinder ohne Rücksicht auf deren Vorbesitz jeweils einen einzigen Ball hinzuzugeben, andererseits hätten die bestehenden Besitzunterschiede durch die Vergabe der drei neuen Bälle ausgeglichen werden können, so daß am Ende jedes der drei Kinder gleich viele Bälle besessen hätte. In einer zweiten Testaufgabe waren nur zwei Kinder dargestellt, ebenfalls mit unterschiedlichem Vorbesitz (zwei und ein Ball), jetzt aber nur mit zwei zu verteilenden Bällen. Die Erschwerung einer kompensatorischen Verteilung besteht bei dieser Aufgabe darin, daß dann ein Ball übrig bleiben muß. Für die Zwecke der Vergleichsuntersuchung wurde hier vor allen Dingen überprüft, ob die Kinder in diesen beiden Situationen Gleichheit, unabhängig vom Vorbesitz, herstellen (vgl. Moessinger 1975).

3. Testaufgaben zum Interaktionsrepertoire: In den bildlichen Vorgaben zu diesen Testaufgaben werden jeweils kurze Verhaltenssequenzen dargestellt, und das befragte Kind wird gebeten, durch Zulegen bildlicher Antwortalternativen den Fortgang der Geschichte anzugeben. In der ersten Situation wird ein raufendes Kind vorgestellt, und es wird als Antwortalternative entweder das Zurückschlagen oder das Weglaufen angeboten. Im zweiten Bild sieht man zwei Kinder, die mit einem Spielzeugauto spielen, und als Ergänzungsalternative wird das bloße Zuschauen oder das Mitspielen angeboten. Im dritten Bild schließlich fällt ein Kind mit seinem Roller hin, und die Alternativen bestehen entweder in einer Hilfe oder in einem Auslachen des Kindes.

4. Erzieherfragebogen für Kindergärten: Im einzelnen hatte der Erzieherfragebogen folgende Bereiche:

Soziometrische Beziehungswahrnehmung: Während in der soziometrischen Testbatterie interpersonelle Orientierungen der Kinder erfragt worden sind, so wie sie von den Kindern in einer spezifischen Testsituation genannt werden, sollte in der soziometrischen Beziehungswahrnehmung die Beobachtung der Erzieher über interpersonelle Beziehungen der Kinder untereinander erfaßt werden. Beide Zugänge müssen nicht notwendig miteinander übereinstimmen, da sie sich auf unterschiedliche Dimensionen beziehen. Der Erzieher leitet seine Wahrnehmungen vom realen interpersonellen Verhalten der Kinder her, er macht dabei sicherlich Fehler, weil er nicht alle Kinder hinsichtlich ihrer Zuneigung oder Ablehnung zu anderen im Blick haben kann. Auf der anderen Seite hat er aber einen längeren Zeitraum zur Verfügung, so daß seine Erkenntnisse unter Umständen dem faktischen Verhalten eher entsprechen als die Wünsche und Orientierungen der Kinder. In der soziometrischen Beziehungswahrnehmung wurde einerseits nach den Freunden der Kinder gefragt, andererseits nach den Kindern, die sich miteinander nicht besonders gut verstehen. Zusätzlich wurden einige spezifische und durch Hundertmarck (1969) in der Kindergartenpädagogik bekanntgemachte Rollen in der Kindergartengruppe (Star, Schwarzes Schaf, Unbeachteter, Freundschaftspaar und Clique) abgefragt. Diese Variablen werden als eigenständige Operationalisierungen zur Erfassung der bezeichneten Phänomene verstanden.

Eindrucksprofil der betreuten Kinder: Mit Hilfe von insgesamt 15 Polaritäten (siebenstufige Ratingskala) wurde von den Erzieherinnen eine Beurteilung der sozial-emotionalen Persönlichkeit der Kinder verlangt. Zuverlässigkeit und Gültigkeit dieser Beurteilungen konnten nachgewiesen werden, die Zuverlässigkeit (Stabilität) übertrifft bei einigen Polaritäten die aller anderen Meßinstrumente der sozial-emotionalen Vergleichsuntersuchungen (vgl. Dollase 1979).

Optimales und durchschnittliches Eindrucksprofil fünfjähriger Kinder: Um einen Bezugspunkt für die aktuellen Beurteilungen der kindlichen Persönlichkeit durch die Erzieher zu haben, wurde für dasselbe Instrument (Eindrucksprofil in der Art des semantischen Differentials) die hypothetische Beurteilung eines „normal" und eines

„optimal" geförderten fünfjährigen Kindes von den Erziehern verlangt. Somit sind zwei Anker verfügbar, an denen die aktuellen Beurteilungen relativiert werden können. Aus den Differenzen zwischen diesen Bezugsreizen und den Beurteilungen der Kinder können sich spezifische Zeitwandeleffekte als Annäherung oder Entfremdung von den Beurteilungsstandards ergeben.

Freie Kinderbeurteilung: Zusätzlich zu den Eindrucksprofilen wurde zu jedem Kind eine freie Kinderbeurteilung verlangt („Bemerkungen", „Postitives" und „Negatives").

Fragebogen zu Situation und Inhalt der Arbeit: Um die Frage nach möglichen Einstellungsänderungen in der Berufsgruppe der Erzieherinnen beantworten zu können, wurde eine Befragung des gesamten pädagogischen Personals der Modelleinrichtungen aus dem Jahre 1971/72 wiederholt. Die Erzieherinnen nehmen zu den Fragen aus folgenden Bereichen schriftlich Stellung:

(1) Angaben zur Person und zur Einrichtung
(2) Arbeitsbedingungen/Arbeitszufriedenheit
(3) Elternarbeit
(4) Lernziele und Arbeitsbereiche im Vorschulbereich
(5) Prinzipien der erzieherischen Arbeit
(6) Probleme der praktischen Erziehungsarbeit

Bei dem hier eingesetzten 11seitigen Fragebogen handelt es sich um eine gekürzte Version des 49 Seiten umfassenden Originalfragebogens. Konstruktion und Ergebnisse sind ausführlich beschrieben in Schmalohr u.a. (1974). Um die Vergleichbarkeit unserer Erhebung mit den alten Daten sicherzustellen, wurde der genaue Wortlaut der Fragen beibehalten und lediglich die Bereiche des Fragebogens gestrichen, die sich direkt auf die Evaluation des damaligen Bildungsexperimentes bezogen.

Versuchsleitereindrucksprofil der untersuchten Kinder: Es lag nahe, die Kompetenz auch der Versuchsleiter als relativ unabhängige Auskunftspersonen zu nutzen und von ihnen die gleiche Einschätzung der Kinder zu verlangen, wie sie von den Erziehern erhoben worden ist. Somit stehen insgesamt für jedes einzelne Kind drei verschiedene Beurteilungen zur Verfügung, die u.U. gemittelt werden können.

5. Befragung der Leiterinnen: Ein großer Vorteil dieser Zeitwandelstudie ist darin zu sehen, daß es gelungen ist, die Replikation in genau denselben Einrichtungen wie zu Beginn der 70er Jahre durchzuführen. Dennoch kann nach so langer Zeit nicht ausgeschlossen werden, daß sich trotz identischer Orte, das sozio-demographische Umfeld bzw. die Struktur und das pädagogische Konzept der Einrichtungen verändert haben. Solche möglichen Veränderungen müssen erfaßt werden, um sie bei der Auswertung von möglichen Zeitwandeleffekten abgrenzen zu können. Kennwerte zur Struktur der Einrichtung werden in einem standardisierten Interview mit den Leiterinnen erhoben, in dem, bezogen auf die jeweilige Einrichtung, gefragt wird nach Trägerschaft, Gesamtzahl der Kinder, Anzahl und Art der Gruppen, Größe und Zusammensetzung des Teams, Anerkennung als sozialer Brennpunkt, baulichen Veränderungen seit 1972 und Veränderungen des pädagogischen Konzeptes. Zur sozio-demographischen Beschreibung des Einzugsgebietes des Kindergartens machen die Leiterinnen für jedes Kind der Einrichtung Angaben zum Alter, Geschlecht, Nationalität, Bildung und Berufstätigkeit der Eltern, Anzahl der Geschwister, Verweildauer und Länge des Weges zum Kindergarten. Die absolute Anonymität wird dadurch sichergestellt, daß jedes Kind quasi nur als Nummer in Erscheinung tritt. Die zu erhebenden Kategorien sind übersichtlich in einem Fragebogen zusammengefaßt, wie er z.B. auch bei Amend u.a.(1992) abgedruckt ist.

3 Erwartete Ergebnisse und ihre mögliche Relevanz

Aufgrund der Orts- und methodenidentischen Replikation werden in dieser Studie erstmals folgende Ergebnisse ermittelt:

1. Erstmalig liegen Zeitwandelergebnisse zu soziometrischen Daten vor. Bislang war nicht bekannt, inwiefern auch die interpersonellen Beziehungen von kleinen Kindern von einem etwaigen Umfeldwandel beeinflußt werden. Es ist z.B. denkbar, daß durch die Erhöhungen des Ausländeranteils in Kindergartengruppen, durch gewandelte Erziehung von Jungen und Mädchen, durch andere, stärker am Durchsetzungsvermögen orientierten, sozialerzieherischen Lernziele der Eltern eine Beeinflussung der interpersonellen Struktur von Kindergartengruppen stattfindet.

2. Zum ersten Male kann man auch Daten zur Aggressivität von Kindergartenkindern aus verschiedenen Perspektiven im Zeitwandel vergleichen: Das Instrumentarium ermöglicht Aussagen über 1. Selbstauskünfte zur Aggressivität, 2. Fremdbeurteilung der Aggressivität a) durch Erzieherinnen und b) durch andere Kinder. Außerdem ist ein Item des Interaktionsrepertoires geeignet, die Aggressivität der Kinder zu erfassen.

3. Weil in der 72/73er Untersuchung die Erzieherinnenbeurteilung für ein „optimal", wie für ein „normal gefördertes fünfjähriges Kind" erhoben worden ist, besteht nun erstmalig die Möglichkeit, eine etwaige Bezugsnormverschiebung bei den Erzieherinnen festzustellen. Die Beklagungen über die geänderten, meist „schwierigeren" Kinder heute können schließlich auch ihre Ursache darin haben, daß sich die Bezugsnorm verschoben hat. Ansprüche an die Kinder heute können z.B. gestiegen sein, so daß dieselben Phänomene heute als schwerwiegendere Abweichung beurteilt werden.

Aufgrund der relativ hohen Varianz in den Untersuchungen aus den Jahren 1972 und 1973 wird für den Zeitwandel in allen Bereichen nur eine geringe Veränderung erwartet. Hierfür spricht auch noch eine weitere Überlegung: die transhistorische und universale Gültigkeit von kleinkindlichen Verhaltensweisen wird in vielen Bereichen der Entwicklungspsychologie immer wieder bestätigt (vgl. z.B. das Handbuch von Keller

1989). Der Sozialisationsprozeß ist ein allmählicher und sich über mehrere Jahre bis in die Jugendzeit hinein erstreckender Prozeß. Es ist nicht unbedingt zu erwarten, daß Kinder, die erst drei bis fünf Jahre auf der Welt sind, den gesellschaftlichen Wandel derartig stark reflektieren, wie dies beispielsweise bei Jugendlichen der Fall sein könnte.

Auf der anderen Seite muß angenommen werden, daß sich die elterlichen Verhaltensweisen gegenüber kleinen Kindern verändert haben - möglich, daß sich dieser Effekt auch im sozialen Miteinander der kleinen Kinder nachweisen läßt. Man ist hier allerdings, da saubere Zeitwandelstudien zu veränderten Erziehungsverhaltensweisen noch fehlen, auf reine Spekulationen angewiesen.

Für wahrscheinlicher sind Veränderungen in den von den Erzieherinnen erhobenen Bezugsnormen zu erwarten. Dies kann einmal dadurch geschehen, daß die befragten Erzieherinnen im Durchschnitt heute älter sind als Erzieherinnen zu Beginn der 70er Jahre. Man könnte annehmen, daß mit zunehmendem Lebensalter kindliche Verhaltensweisen als eher „störend“ oder „schwierig“ wahrgenommen werden. Andererseits könnte aber auch die lange Erfahrung dazu führen, kindliche Verhaltensweisen eher als „normal“ zu klassifizieren. Auf der anderen Seite sind heutzutage die Ansprüche an Kinder in puncto Selbständigkeit stärker gestiegen, so daß im Sozialverhalten möglicherweise eher Defizite festgestellt werden könnten. Wie man sieht, sind die Erwartungen über den Ausgang der entsprechenden empirischen Untersuchungen völlig offen.

Was die Aggressivität der Kinder anbelangt, so wird erwartet, daß sich aufgrund der Ergebnisse aktueller Umfragen bei Erzieherinnen, die Aggressivität der Kinder eigentlich gesteigert haben müßte. Zumindest geben heutige Erzieherinnen häufiger zu Protokoll, daß die Aggressivität der Kinder gegenüber früher zugenommen hätte (vgl. eine Umfrage des Landesjugendamtes Münster aus dem Jahre 1993).

Die Replikation der Studien hat im Frühjahr 1995 begonnen und ist zum gegenwärtigen Zeitpunkt (Juli 1995) zur Hälfte abgeschlossen, d.h. fünf Einrichtungen sind bereits untersucht worden. In der Resonanz der Kinder auf das hier gewählte Instrumentarium sind nach Berichten der Versuchsleiterin bislang keine Unterschiede zu der Erhebung 1972/73 zu erkennen.

Besondere Erhebungsprobleme konnten allerdings auch nicht erwartet werden. Allerdings ist mit einer Reihe von Auswertungsproblemen zu rechnen, die auf das gewählte Design zurückgehen. Die frühere Studie fand in einem relativ kurzen Zeitraum, jeweils im August 1972 und im Mai 1973, statt. Die aktuelle Wiederholungsuntersuchung hingegen erstreckt sich über einen vermutlich 10 Monate lange dauernden Zeitraum. Das hat zur Folge, daß das Durchschnittsalter der Kinder mit den in den früheren Untersuchungen ermittelten nicht in jedem Fall vergleichbar ist. Nach Wiederbeginn des Schuljahres in NRW (August 1995) werden die dann zu untersuchenden Kindergartengruppen relativ jung sein, d.h. der Anteil der sechsjährigen Kinder wird geringer sein. Diese Einrichtungen wären dann eher mit denen aus dem Jahre 1972 vergleichbar, wohingegen die vorher erhobenen Einrichtungen eher mit denen aus dem Mai 1973 vergleichbar sein könnten. Auf jeden Fall stehen für den Zeitwandelvergleich zwei Meßzeitpunkte aus der Vergangenheit zur Verfügung, und man wird die Ergebnisse im günstigsten Fall mit beiden Ergebnissen vergleichen. Man kann dann auch analysieren, ob der damalig kurze längsschnittliche Wandel größer oder kleiner ist als der nun festgestellte Zeitwandel über 22 bzw. 23 Jahre. Das könnte eine Interpretation der relativen Stärke von Alters- versus Zeitwandelveränderungen nach sich ziehen, je nachdem wie die Ergebnisse aussehen.

Als weiteres Auswertungsproblem bleibt die Nichtvergleichbarkeit des Versuchsleitereffektes bestehen. In den 72er und 73er Untersuchungen wurde je Einrichtung ein anderer bzw. eine andere Versuchsleiter(in) eingesetzt. Bei der Replikationsstudie ist nur eine bzw. in zwei Gruppen: zwei Versuchsleiterin(nen) eingesetzt worden. Da es sich aber um Verfahren handelt, die sehr stark materiell abhängig sind bzw., die mit einer bis ins Detail vorgeschriebenen Instruktion versehen sind, von denen die Versuchsleiter nicht abweichen dürfen, ist die Erwartung eines Versuchsleitereffektes gering.

Zu den Auswertungsproblemen gesellen sich natürlich komplizierte interpretative Probleme. Der Vorzug der durchzuführenden Studie liegt auch gegenüber anderen Zeitwandelstudien darin, daß eine ortsidentische Replikation vorgenommen werden kann, d.h. eine Erhebung in genau denselben Einrichtungen wie Anfang der 70er Jahre. Nichtsdestoweniger kann sich in denselben Orten das sozial-räumliche Umfeld verändert haben. Mit den entsprechenden weiter oben beschriebenen Verfahren sollen solche Änderungen erfaßt werden. Auch ein Wandel in der Konzeption der pädagogischen Arbeit wird rudimentär erfaßt, und zwar in Variablen der früheren Erzieherinnenumfrage, die jedoch die heutigen für die Kindergartenarbeit konstitutiven pädagogischen Schlagworte evtl. nicht angemessen abbilden kann. Mit beiden Verfahren (Befragung der Leiterinnen zur Situation der Einrichtung und Erzieherinnenbefragung) liegen dann aber wieder derartig viele differenzierende Umgebungsmerkmale vor, mit denen dann etwaige Zeitwandelaussagen relativiert werden können, und zwar bis zu ihrem Verschwinden.

Außerdem ist nicht nachzuvollziehen, ob bei angenommener Veränderung der kindlichen Verhaltensweisen nunmehr kompensatorische Verhaltensweisen des Personals, denen diese kompensatorischen Verhaltensweisen nicht unbedingt bekannt sein müssen, provoziert worden sind, so daß ein Zeitwandeleffekt in den Ergebnisvariablen nicht festgestellt werden kann.

Wie man sieht, läßt sich durch eine differenzierte Analyse mit dem Ziel einer kausalen Aufklärung von evtl. Veränderungen in den erhobenen Variablen, die nur geringe

Reichweite des gewählten Ansatzes einer methoden- und ortsidentischen Replikation erweisen. Deshalb sei nochmal deutlich hervorgehoben, daß das primäre Anliegen dieser Studie die Konstatierung des Zeitwandels von Kindergartenkindern ist und nicht deren bedingungskontrollierte Aufklärung. Am Anfang einer Auseinandersetzung mit dem pädagogischen Topoi „Veränderte Kindheit - Veränderte Pädagogik" muß die nachvollziehbare Beweisführung liegen, daß sich die heutigen Kindergartenkinder tatsächlich verändert haben. Diesen und nur diesen Zweck erfüllt die vorliegende Untersuchung. Die Aufklärung des kausalen Bedingungsgeflechtes, die zu etwaigen Änderungen führt oder die tatsächliche Änderungen wieder kompensiert, muß einer kontrollierten sequenzanalytischen Untersuchung vorbehalten bleiben.

Literaturverzeichnis

Amend, M. u.a. (1992). Modellprojekt Lebensraum Kindergarten. Zur Gestaltung des pädagogischen Alltags in Ganztagseinrichtungen. Eschborn bei Frankfurt: Klotz.

Ariès, P. (1975). Geschichte der Kindheit. München: Hauser (zuerst: Paris: Plon, 1960).

Baltes, P.B. (1968). Longitudinal and cross-sectional sequences in the study of age and generation effects. Human Development, 11, S. 171-175.

Baltes, P.B. (Hrsg.)(1979). Entwicklungspsychologie der Lebensspanne. Stuttgart: Klett-Cotta.

Bäuerle, S. (Hrsg.)(1991). Lehrer auf die Schulbank. Stuttgart: Metzlersche Verlagsbuchhandlung.

Biehler, R.F. (1954). Companion choice behavior in the kindergarden. Child Development, 25, S. 45-50.

Broehl, W.G. & McGee, V.E. (1981). Content analysis in psychohistory: A study of three lieutenants in the Indian mutiny, 1857-58. Journal of Psychohistory, 8(3), S. 281-306.

DeMause, L. (1979). Historical group fantasies. The Journal of psychohistory, 7(1), S. 1-70.

Dollase, R. (1976). Soziometrische Techniken (2.Aufl.). Weinheim: Beltz.

Dollase, R. (1979). Sozial-emotionale Erziehung in Kindergarten und Vorklasse. Hannover: Schroedel.

Dollase, R. (1991). Kinder und Jugendliche - gestern, heute, morgen. In: Bäuerle, S. (Hrsg.). Lehrer auf die Schulbank. Stuttgart: Metzlersche Verlagsbuchhandlung.

Ehlers, Th., Afflerbach, M. & Moch, H. (1979). Zur Veränderung der Mütteransichten über die Selbständigkeitserziehung in den letzten 20 Jahren. Zeitschrift für Entwicklungspsychologie und Pädagogische Psychologie, XI, S. 91-100.

Emmerich, W. (1974). Proletarische Lebensläufe. Reinbek: Rowohlt.

Ende, A. (1980). Geschichte und Kindheit. Über den gegenwärtigen Stand der Psychohistorie. Kindheit, 2(2), S. 135-145.

Falbo, T. & Polit, D.F. (1986). Quantitative review of the only child literature: research evidence and theory development. Psychological Bulletin, 100, S. 176-189.

Flynn, J.R. (1987). Massive IQ gains in 14 nations: What IQ tessts really measure. Psychological Bulletin, 101(2), S. 171-191.

Fölling-Albers, M. (Hrsg.)(1992). Veränderte Kindheit - Veränderte Grundschule (4.Aufl.). Frankfurt: Diesterweg.

Green, E.H. (1933). Group play and quarreling among preschool children. Child development, 4, S. 302-307.

Herrmann, U. (1984). Neue Wege der Sozialgeschichte. Zur Forschungspraxis der Historischen Sozialisationsforschung und zur Bedeutung ihrer Ergebnisse für pädagogische Theoriebildung. Pädagogische Rundschau, 38(2), S. 171-187.

Hundertmarck, G. (1969). Soziale Erziehung im Kindergarten. Stuttgart.

Hurrelmann, K. (1983). Das Modell des produktiv realitätsverarbeitenden Subjekts in der Sozialisationsforschung. Zeitschrift für Sozialisationsforschung und Erziehungssoziologie, S. 91-103.

Keller, H. (Hrsg.)(1989). Handbuch der Kleinkindforschung. Berlin: Springer.

Koskenniemi, M. (1936). Soziale Gebilde und Prozesse in der Schulklasse. Helsinki.

Lippert, E. (1948). Epochalpsychologische Lebensalterforschung. Bildung und Erziehung, 1(2), S. 16-32.

McCandless, B.R. & Marshall, H.R. (1957). A picture sociometric technique for preschool children and its relation to teachers judgement of friendship. Child Development, 28, S. 139-147.

Moessinger, P. (1975). Developmental study of fair division and property. European Journal of Social Psychology, 5, S. 385-394.

Moore, S. & Updegraff, R. (1964). Sociometric status of preschool children related to age, sex, nurturance giving and dependency. Child Development, 35, S. 519-524.

Muchow, M. (1931). Zur Frage einer Lebensraum- und epochaltypologischen Kinder- und Jugendpsychologie. Zeitschrift für angewandte Psychologie, Beiheft 59, Leipzig.

Ozment, S. (1983). The family in Reformation Germany: The bearing and rearing of children. Journal of Family History, 8(2), S. 159-176.

Paschen, H. (1988). Das Hänschen Argument. Zur Analyse und Evaluation pädagogischen Argumentierens. Köln: Böhlau.

Petillon, H. (1993). Das Sozialleben des Schulanfängers. Die Schule aus der Sicht des Kindes. Weinheim. Beltz.

Regel, G. & Wieland, A.J. (Hrsg.)(1993). Offener Kindergarten konkret. Veränderte Pädagogik in Kindergarten und Hort. Hamburg: EB-Verlag Rissen.

Ryant, C. (1981). Oral history and psychohistory. Journal of Psychohistory, 8(3), S. 307-318.

Schmalohr, E., Dollase, R., Holländer, A., Schmerkotte, H. & Winkelmann, W. (1974). Vorklasse und Kindergarten aus der Sicht der Erzieher. Hannover: Schroedel.

Simonton, D.K. (1983). Intergenerational transfer of individual differences in hereditary monarchs: Genetic, role-modeling, cohort, or sociocultural effects? Journal of Personality and Social Psychology, 44(2), S. 354-364.

Strätz, R. & Schmidt, E.A.F. (1982). Wahrnehmung sozialer Beziehungen von Kindergartenkindern. Köln: Kohlhammer.

Voß, U. (1974). Kindheiten. Gesammelt aus Lebensberichten. Velbert: Middelhauve.

Wellmann, B. (1943). The effects of preschool attendance upon intellectual development. In Barker, Kounin & Wright (Eds.), Child behavior and development (S.229-243). New York: McGraw Hill.

Barbara Dippelhofer-Stiem

Der Sozialisationsauftrag des konfessionellen Kindergartens im Spannungsfeld der Erwartungen

1 Problemhorizont

In der Bundesrepublik Deutschland ist der Vorschulsektor seit langem in die Bildungslandschaft integriert. Allein in den alten Bundesländern besuchen fast zwei Millionen Mädchen und Jungen einen regulären Kindergarten; diese Einrichtung gehört für 83 Prozent der Fünfjährigen, 72 Prozent der Vierjährigen und 40 Prozent der Dreijährigen zum festen Bestandteil des Alltags (Statistisches Bundesamt 1992). Zwei Drittel der Kindergärten sind in konfessioneller Trägerschaft, in Niedersachsen etwa, jenem Bundesland, über das in diesem Beitrag berichtet wird, umfaßt das Angebot der Hannoverschen Landeskirche fast 500 Einrichtungen mit 38.000 Plätzen. Insofern ist die von der Kirche getragene Institution für die meisten Eltern und Kinder etwas ganz Alltägliches, gerade in kleinen Gemeinden oftmals das einzige Angebot vor Ort. Und dennoch ist der konfessionelle Kindergarten - der katholische ebenso wie der evangelische, dem sich diese Analysen widmen - etwas Spezielles. Denn neben den vom Gesetzgeber vorgesehenen Aufgaben setzt er eigene, unverwechselbare Akzente. Diese Akzente gestalten in maßgeblicher Weise das außerfamiliale Sozialisationsfeld im Vorschulalter. Es ist somit von hohem Interesse, Näheres darüber zu erfahren, wie diese Sozialisationsumwelt normativ gestaltet und ideell strukturiert ist, wie ihr Erziehungs- und Bildungsauftrag im einzelnen lautet und inwieweit die beteiligen Gruppen - der Träger, die Erzieherinnen, die Eltern - sich in den prinzipiellen Leitlinien einig sind.

Doch ein Blick in die einschlägigen Forschungsdisziplinen enttäuscht: Trotz des Bedeutungszuwachses und der hohen Akzeptanz des Elementarbereiches in der Bevölkerung haben sich die jüngeren empirischen Sozialwissenschaften diesem Feld selten zugewandt. Obzwar die „Enzyklopädie Erziehungswissenschaft“ in ihrem sechsten Band eigens die Institutionen der frühen Kindheit thematisiert, und obgleich das „Neue Handbuch der Sozialisationsforschung“ dem Kindergarten einen eigenständigen Beitrag widmet, ist offenbar, daß eine erfahrungswissenschaftlich geleitete Rekonstruktion jenseits der gängigen Aufmerksamkeitsrichtungen angesiedelt ist. Auch die in der Reformphase der siebziger Jahre entstandenen Forschungen und Modellversuche konnten ihren empirischen Anspruch nur teilweise einlösen; ein Urteil, zu dem jedenfalls die kritischen Aufarbeitungen von Fried et al. (1992), Colberg-Schrader & von Derschau (1991), Krappmann (1985) veranlassen. Die wenigen neueren Studien sind eher psychologisch orientiert und fragen, einem interaktiven Ansatz folgend, nach der Wirkung und dem Einfluß des Erzieherinnenverhaltens auf die Kinder (Nickel 1985; Neubauer 1986). Andere bearbeiten spezifische Teilthemen (Keil & Süssmuth 1986; Tietze & Roßbach 1992) oder wenden sich ausgesuchten Gruppen zu (Ulich 1989). Erhebungen über große Stichproben gehen, soweit sie publiziert sind, über die Präsentation von Grundtabellen nicht hinaus (Kindergarten heute 1990; Krenz 1993). Noch seltener wird der konfessionell gebundene Kindergarten Gegenstand empirischer Analyse; die Studie von Stoller (1980) gehört zu den raren Beispielen.

2 Die empirische Studie

Eines von mehreren Zielen des Forschungsprojektes „Erzieherinnen im evangelischen Kindergarten" war es deshalb, Aspekte der Sozialisationsumwelt der konfessionellen Vorschuleinrichtung zu beleuchten, den normativen Bildungs- und Erziehungsauftrag im einzelnen zu eruieren und die Besonderheiten der kirchlich getragenen Institution herauszuarbeiten. Die Studie, die sich über einen Zeitraum von mehr als zwei Jahren erstreckte, war angesiedelt am Institut Frau und Gesellschaft in Hannover und finanziell gefördert von der Hanns-Lilje-Stiftung (vgl. ausführlich zu Ansatz und Ergebnissen im einzelnen Dippelhofer-Stiem & Kahle 1995). Im Zentrum des Interesses steht die Erzieherin als professionell Handelnde und zugleich als maßgebliche Sozialisationsinstanz für die Kinder. Mit ihrer Sicht der Institution, ihrem beruflichen Selbstverständnis und fachlichen Handeln gestaltet sie das Klima und die Qualität der Einrichtung, den Erziehungsalltag, die pädagogische Anleitung und Förderung, die langfristige Wirkung hinsichtlich der Bildung und Persönlichkeit der Heranwachsenden. Doch ist dieses Feld nicht allein von ihr geprägt. Gleichsam die Schnittstelle von Binnenraum und Umfeld des Kindergartens markierend, treten Erwartungen von außen hinzu - die Wünsche der Eltern, Vorschriften und Ansprüche des Trägers. Sie vermengen sich zu einem dynamischen Gefüge, das das Selbstverständnis der Einrichtung, die normativen Setzungen und Leitbilder, die pädagogischen Vorgaben in entscheidender Weise prägt. Diesem Spannungsfeld von fachlichem Wirken im Binnenraum und den Außenerwartungen will die Untersuchung Rechnung tragen, indem sie - gleichsam triangulierend (dazu im Überblick Prein, Kelle & Kluge 1993) - die Fragestellungen aus mehreren Blickwinkeln und mit unterschiedlichen Methoden beleuchtet: Den Analysen liegen vier empirische Schritte zugrunde, die ihrerseits mit verschiedenen Erhebungsverfahren realisiert werden: Im Mittelpunkt stehen die mit einem *standardisierten Fragebogen* postalisch erhobenen Stellungnahmen, Urteile und Vorstellungen von 471 Erzieherinnen aus 127 Institutionen. Ergänzend dazu geben 106 Eltern, ebenfalls in einem *standardisierten Instrument*, schriftlich Auskunft über ihre

Wahrnehmung von Kindergarten und Erzieherin. Die Vorstellungen des Trägers werden über die *inhaltsanalytische* Bearbeitung von 13 einschlägigen Dokumenten eingeholt sowie mittels *mündlicher Interviews* mit 9 Fachberaterinnen. Die Untersuchung bezieht sich auf (im Multi Stage-Verfahren ermittelte) Einrichtungen der Evangelisch-lutherischen Landeskirche Hannovers und umfaßt nahezu alle Regionen Niedersachsens. Wegen der dezentralen Personalverwaltung der kirchlichen Stellen, mußte die Erzieherinnen-Stichprobe in organisatorisch aufwendiger Weise über die Kirchenvorstände und Leiterinnen der ausgewählten Institutionen bestimmt werden, wobei sowohl das Diakonische Werk als auch die Kindergärten die Forschungsarbeit in vorzüglicher Weise unterstützt haben. Die (aufgrund des komplizierten Verfahrens nur schätzbare) Rücklaufquote der Erzieherinnenerhebung beträgt 52 Prozent, bei der wiederum über die Leiterinnen administrierten Elternstichprobe sind es 40 Prozent.

3 Das Sozialisations- und Erziehungsfeld Kindergarten

Die allgemeinen Ziele und Aufgaben des Kindergartens sind gesetzlich verankert und länderspezifisch formuliert (beispielsweise Niedersächsisches Gesetz- und Verordnungsblatt 1992), doch in ihren wesentlichen Grundzügen konsensual - Erziehung, Bildung und Betreuung der Mädchen und Jungen sind die leitenden Intentionen, wobei der vorschulische Sektor weit mehr als die Schule aufgefordert ist, den familiären Kontext mitzudenken. Die evangelische Kirche entfaltet ihr pädagogisches Selbstverständnis auf dieser Grundlage und übernimmt selbstverständlich die gesetzlichen Vorgaben, etwa das Prinzip der Persönlichkeitsbildung der Kinder, die Hinführung zu sozial verantwortlichem Handeln, die Vermittlung von Kenntnissen und Fähigkeiten. Zugleich aber ist allen einschlägigen *Dokumenten* und Verlautbarungen, dies belegt die inhaltsanalytische Auswertung, das besondere Profil, der spezielle Sozialisationsauftrag zu entnehmen: Kirchliche Kindergartenarbeit wird stets als Auftrag zur christlichen Verkündigung und Diakonie beschrieben. Desweiteren wird angenommen, daß das Elternhaus seinen erzieherischen Aufgaben nicht immer gerecht werden kann, der Kindergarten deshalb helfend und kompensatorisch tätig sein muß. An eine Verschulung des Elementarbereichs ist jedoch nicht gedacht. Diesen Standpunkt teilen auch die befragten *Fachberaterinnen*, die eine Art Vermittlerposition zwischen Träger und Mitarbeiterinnen einnehmen. Sie sehen den Elementarbereich als „ersten Anlaufpunkt für Glaubensfragen", den Kindern solle dort der „Glaube zum Anfassen" vermittelt werden. Zugleich benennen die Expertinnen die Erziehung zur Toleranz, die Akzeptanz des Andersseins, die es gelte, den Heranwachsenden zu übermitteln. Sie beschreiben diesen Anspruch als wichtigen Bestandteil der pädagogischen Arbeit und als bedeutsames Element der Integration in die evangelische Ortsgemeinde; Kindergartenarbeit, so sagen die Fachberaterinnen, ist Teil lebendiger Gemeindearbeit. Doch ist den meisten bewußt, daß zwischen dem Anspruch und dessen Umsetzung Diskrepanzen bestehen, sei es, weil die Mitarbeiterinnen andere Ziele präferieren, sei es, weil Schwierigkeiten mit der Gemeinde oder äußere Umstände dem entgegenwirken.

Damit ist die zentrale Frage formuliert: Teilen die *Erzieherinnen* vor Ort diese sozialisatorischen Leitlinien? Denn auf sie kommt es besonders an, ihnen obliegt es, solche Bildungsvorstellungen umzusetzen. Worin also sehen sie Aufgabe und Leistung des Kindergartens? Und welche diesbezüglichen Vorstellungen entwickeln die *Eltern*?

Gemessen mit einer dreistufigen Antwortskala und die Rangreihung der Prozentwerte zugrundelegend (vgl. Abbildung 1), setzen die Pädagoginnen etwas andere Prioritäten als der Arbeitgeber und die Fachberaterinnen. Nicht so sehr religiöse Erziehung, sondern die Aufarbeitung von Defiziten und Versäumnissen der Familie, gefolgt von der allgemeinen Schulvorbereitung der Heranwachsenden stehen oben an. Die Kinder könnten Dinge lernen, die sie zu Hause nicht erfahren, über zwei Drittel der Frauen stimmen dieser Aussage uneingeschränkt zu. Sie konnotieren dies mit der Überzeugung, Vorschulkinder würden früher selbstständig und hätten es später in der Schule leichter; hierzu allerdings ist die Meinung nicht ganz einheitlich. 40 Prozent teilen diese Äußerung nur teilweise, 3 Prozent weisen sie gänzlich zurück. Inwieweit dieser Blick auf den Übergang in die Schule mehr die sozialen Fähigkeiten der Kinder meint oder aber ihre intellektuellen und wissensmäßigen Voraussetzungen, ist nicht eindeutig entscheidbar. Erst an vierter Stelle, doch immer noch von der Mehrheit genannt, steht die christliche Erziehung. Jede zweite Befragte gibt an, die Mädchen und Jungen könnten im Kindergarten eine christliche Grundeinstellung erwerben, mehr als jede dritte Untersuchungsteilnehmerin schränkt dies durch ein „teils-teils" jedoch ein. Den Einschätzungen unterliegt eine gewisse Kritik am Elternhaus, von dem jede dritte Erzieherin meint, den dort herrschenden Zeitmangel ausgleichen zu müssen, jede zweite stimmt dieser Aussage wenigstens teilweise zu. Die ungünstigen Aspekte des Kindergartens finden wenig Erwähnung. Daß es zuviel Streit gäbe und die Kinder überfordert seien, wird allenfalls teilweise konzediert. Und kaum jemand will der in früheren Zeiten vorgetragenen Negativbeschreibung beipflichten, die Erziehung sei zu frei oder der Kindergarten sei eigentlich eine Notlösung. Während die Erzieherinnen in ihrem Urteil sehr sicher sind, so gut wie nie die Antwort verweigern oder höchst selten die im Fragebogen vorgegebene Kategorie „kann ich nicht beurteilen" präferieren, sind die Eltern hinsichtlich des Bildungsauftrages ambivalenter. Sie wählen häufiger die Vorgabe „weiß nicht", neigen zum „teils-teils". Sie wollen zudem etwas anderes vom Kindergarten als die Erzieherinnen oder gar die Kirche. Den Eltern nämlich, ist die familienergänzende Funktion des Elementarbereichs in signifikant abweichender Weise gar nicht so wichtig, auch dann nicht, wenn Vater *und* Mutter berufstätig sind. Zwar wird die familienergänzende Funktion nicht bestritten, aber - etwa im Vergleich zu den Daten von Mundt et al. (1980) - stark relativiert. Heute geht es zuvorderst um die allgemeine Vorbereitung der Kinder auf den kommenden Lebensabschnitt, auf die

Schule nämlich. Die religiöse Erziehung hingegen steht für die Mehrheit nicht im Mittelpunkt.

Doch auf welche Eigenschaften und Fähigkeiten kommt es dabei besonders an? Welche Erziehungsziele sollen für Vorschulkinder gelten? Zu solchen konkreten Belangen sind die Äußerungen des Trägers eher zurückhaltend. Wohl aber geben Erzieherinnen wie Eltern in dem ihnen vorgelegten Fragebogen ausführlich Auskunft und zwar anhand eines pro Item fünfstufigen Antwortformates. In der Hierarchie der Wichtigkeit dieser Erziehungsziele für Vorschulkinder ordnen sie jenen, auf individuelles Wachstum und Sozialität der Persönlichkeit abhebenden, eine exponierte Stellung zu. Selbständigkeit, Kritikfähigkeit, Verantwortlichkeit und Kooperationsbereitschaft, Kreativität, Wißbegier und Lernfähigkeit sind die tragenden Säulen des normativen Verständnisses der Erzieherinnen. Jeweils deutlich mehr als die Hälfte befürworten dies im höchsten Maße, kaum eine nimmt eine ablehnende Haltung ein. Vergleichsweise weit abgeschlagen, wenngleich nicht gänzlich unwichtig, erscheinen gute Umgangsformen - die meisten, nämlich 43 Prozent ordnen ihnen eine mittlere Relevanz zu. Ähnlich wird von der Mehrheit die Erziehung zur Religiosität eingeschätzt, 17 Prozent gewichten sie explizit niedrig, ein gutes Drittel als hoch bedeutsam. Folgsamkeit nimmt den letzten Platz in der Rangreihe ein und ist mit einer ausdrücklichen Unterstützung durch nur 18 Prozent, sowie gemessen an der Gesamtskala, von unterdurchschnittlicher Bedeutung.

Zweifellos sind die Wertungen der befragten Fachkräfte nicht frei von sozialer Erwünschtheit; dennoch lassen die Daten auf die Bemühungen schließen, die anvertrauten Kinder möglichst umfassend zu fördern, und dies in einer Weise, die die eigenen Kräfte übersteigen mag, die eigenen Kapazitäten überfordern könnte. Denn all das Gewollte im Arbeitsalltag mit seinen vielfältigen Anforderungen und Belastungen einzulösen und dabei allen Kindern gerecht zu werden, erscheint unrealistisch. Die Eltern sind hierbei kein Korrektiv, im Gegenteil. Auch sie wünschen sich die Erziehung im Kindergarten als gerichtet auf beides - Entfaltung der Individualität und Stärkung der Sozialität der Heranwachsenden. Auch sie wollen von der Lebensfreude bis zur Wißbegier ihre Kinder umfassend gefördert sehen, und sie unterstreichen dies umso stärker, wenn die Förderung des Kindes ausschlaggebender Gedanke dafür war, den Nachwuchs gerade in diese Einrichtung zu schicken. Etwas mehr als bei den Fachkräften - wenngleich nicht in signifikanter Abweichung - scheint ihr Blick dabei wiederum auf die Schule gerichtet. Lernfähigkeit vor allem ist hoch angesiedelt, 62 Prozent gegenüber 50 Prozent bei den Fachkräften wählen die höchste Stufe der Wichtigkeit. Aber auch gute Umgangsformen und Folgsamkeit nehmen einen vergleichsweise höheren Stellenwert ein, 55 Prozent beziehungsweise 28 Prozent der Eltern erkennen darin wichtige bis sehr wichtige Erziehungsziele. Mehr noch als die pädagogischen Mitarbeiterinnen bringen sie zum Ausdruck, daß das Rüstzeug für die Schule sowohl im kognitiven als auch im sozialen Bereich zu vermitteln ist. Religiosität indes wird von nur einem guten Viertel in dieser Weise eingestuft und verzeichnet allenfalls bei den Vätern und Müttern, die selbst in Religion und Kirche stark verwurzelt sind, ausgeprägte Zustimmung.

Bedeutet dies vielleicht, daß im evangelischen Kindergarten das vom Träger formulierte besondere Sozialisations- und Erziehungsziel, eben die religiöse Bildung und die christliche Unterweisung, außen vor ist, von den Eltern reserviert beurteilt, selbst von den Erzieherinnen nur halbherzig unterstützt?

Nun, es kommt darauf an (vgl. Abbildung 2). Insoweit Religiosität weit gefaßt ist, ethisch-moralische Sozialisation meint, auf verantwortliches soziales Handeln zielt, Hilfe bei der Identitätsfindung des Kindes bietet und Toleranz gegenüber anderen Religionen beinhaltet - diese, aus dem soziologischen Verständnis von Religiosität abgeleiteten Indikatoren waren in die Untersuchung einbezogen - wird sie von Eltern wie Erzieherinnen vorbehaltslos befürwortet. Insoweit es jedoch unmittelbar um Glaubenskenntnisse und die Einführung der Kinder in die Ortsgemeinde geht, klaffen die Urteile in signifikanter Weise auseinander. Während die knappe Mehrheit der pädagogischen Fachkräfte dieses mehr oder weniger stark unterstützt oder auch befürworten muß, ist die Mehrheit der Eltern gegenüber der Glaubenserziehung im engeren Sinne eher indifferent. Dieser großen Gruppe der Indifferenten stehen aber zwei kleinere Lager gegenüber. Es ist dies einmal eine beachtliche Minderheit, die sich ganz ablehnend äußert, die die unmittelbare christliche Unterweisung, die Vermittlung von Glaubensinhalten, die Verzahnung mit der Ortsgemeinde *nicht* unterstützt. Es handelt sich überwiegend um Familien, die sich selbst als wenig religiös bezeichnen, die zudem den konfessionellen Kindergarten zufällig, mangels Alternativen vor Ort, gewählt haben. In der zweiten Gruppe hingegen sind jene versammelt, bei denen die Bemühungen der Einrichtung vorbehaltlose, positive Resonanz finden - es sind dies solche Eltern, die der Kirche nahestehen und die sich ganz bewußt für die evangelische Institution entschieden. Doch ist aus den Gegensätzen zwischen beiden Lagern nicht auf eine unüberwindbare Kluft zu schließen. Denn die Kirchenferneren und die Kirchennäheren unterscheiden sich in der Beurteilung der *anderen Aspekte* des Kindergartens *nicht*. Trotz der Meinungsunterschiede bezüglich der konfessionellen Erziehung, stellen alle Eltern in der Bilanz dem evangelischen Kindergarten ein positives Zeugnis aus. Sie anerkennen und teilen das Bemühen um Bildung und allseitige Förderung der Kinder, und sie sind sich darin einig, daß eine ethisch-moralische Erziehung wichtig ist. Wenn sie insgesamt weniger auf Familienergänzung, stattdessen mehr auf Schulvorbereitung setzen, so sollte dies anregend in die Diskussion über das Selbstverständnis des Elementarbereichs einfließen.

Doch auch bei den befragten *Erzieherinnen* herrscht nicht in allen Aspekten Einigkeit; vielmehr sind zum Teil deutliche *Varianzen* zu konstatieren. Wie sie die Bildungs- und Erziehungsziele sehen, welchen Stellenwert sie insbesondere der religiösen Sozialisation zumessen, ist von mehreren Faktoren beeinflußt. Kontingenzanalysen heranziehend, sind in erster Linie vier, miteinander konfundierte Größen zu nennen -

das Lebensalter, das Kompetenzbewußtsein, die beruflichen Belastungen und, wiederum ganz entscheidend, der eigene religiöse Standort:

- Anders als aus vorliegenden, auch repräsentativen Zeitreihen ableitbar, sind die *älteren* Erzieherinnen liberaler eingestellt als die jüngeren. Sie beurteilen die Lern- und Bildungsfunktionen des Kindergartens deutlich positiver, machen sich geringere Sorgen, die Kinder zu überfordern, setzen besonders stark auf die Erziehungsziele Kreativität, Wißbegier und Lernfähigkeit. Viel weniger als den Berufsanfängerinnen kommt es den erfahrenen Kolleginnen darauf an, gute Umgangsformen und Folgsamkeit zu vermitteln. Bezüglich der religiösen Bildung zeigen sich die Altersunterschiede besonders krass, die ganz jungen Mitarbeiterinnen urteilen am negativsten. Im beruflichen Handeln allerdings zeitigen diese Einstellungen keine Auswirkungen; religionspädagogische Aktivitäten werden von allen gleichermaßen angeboten. Dabei ist nicht auszuschließen, daß die Jüngeren weniger aus innerer Überzeugung als vielmehr aus Sorge vor arbeitsrechtlichen Konsequenzen mitziehen.
- Hinter den Differenzierungen nach Jahrgängen verbergen sich *Fachwissen* und Erfahrung. Denn mit zunehmendem Alter wachsen die berufliche Kompetenz und die Gelassenheit gegenüber Vorgesetzten, nimmt die Ängstlichkeit bei der Umsetzung neuer pädagogischer Konzepte ab, generell wird die Zufriedenheit im Beruf größer. Zusätzlich erweist sich eine optimistische Haltung zur Elternarbeit als ausgesprochen förderlich für die religionspädagogischen Absichten und Bemühungen. Damit zusammenhängend ist die familiale Situation prägend - die Tatsache, selbst Mutter zu sein, scheint die Befürwortung liberaler Konzepte im professionellen Feld zu erleichtern, zugleich wird die Schulvorbereitung der Jungen und Mädchen - ähnlich wie in der Elternstichprobe - wichtiger, die Angst vor Überforderung der Heranwachsenden nimmt ab. Offensichtlich beeinflussen die Berufsjahre das fachliche Können und Selbstbewußtsein, sie moderieren die Werte und Überzeugungen und sorgen für Kompetenz und Sicherheit im Handeln. Eigene Kinder scheinen dieses Fundament zu stabilisieren und ein wichtiges, für den Beruf fruchtbares Erfahrungsspektrum zu sein.
- Für die Akzeptanz der Bildungsansprüche des Elementarbereichs wirken sich zudem *Belastungen* durch schwierige Kinder aus. Je höher diese sind, desto resignativer reagieren die Erzieherinnen, desto geringer werten sie alle in der Untersuchung erhobenen Bildungsziele. Und umgekehrt gilt: Je geringer die durch schwierige oder verhaltensauffällige Kinder ausgelösten Belastungen sind, desto größer sind die positiven Freiräume und Kapazitäten der Fachkräfte, desto ausgeprägter der Wunsch, die Kinder in allen Aspekten von Sozialisation und Persönlichkeitsbildung zu unterstützen. Dabei bedingen sich Belastungen und Arbeitsfreude; je geringer die Probleme im Beruf sind, desto mehr macht die Tätigkeit Spaß. Arbeitsfreude und der dezidierte Wunsch, weiterhin im Elementarbereich zu verbleiben, befördern ih-

rerseits eine positive, die gesamte Persönlichkeit wie die Religiosität des Kindes einbeziehende Einstellung.

- Neben dem Lebensalter und den beruflichen Belastungen aber ist für die Erfüllung des konfessionellen Auftrages ganz entscheidend, wie sich die Erzieherin selbst *religiös* verortet. Je höher sie den Lebensbereich Religion und Kirche im eigenen Wertespektrum ansiedelt, desto stärker befürwortet sie alle religionspädagogischen Absichten des Elementarbereichs. Wer sich mit der Kirche stark verbunden fühlt, eine ausgeprägte Verantwortung gegenüber den Vorgesetzten und der Ortsgemeinde empfindet, sieht den Kindergarten in besonders günstigem Licht, gewichtet die Erziehungsziele Religiosität und Lebensfreude überdurchschnittlich hoch und will sehr aktiv die konfessionelle Erziehung verwirklichen. Dies heißt nicht, daß kirchenfernere Erzieherinnen ihre Dienstaufgaben nicht erfüllen - sie treten genauso für eine grundlegende ethisch-moralische Bildung der Kinder ein, sie gewichten nur die unmittelbar auf Glaubenskenntnisse und Einführung in die Ortsgemeinde zielenden Aufgaben nicht überdurchschnittlich hoch.

Doch wäre es ein Mißverständnis, aus diesen Befunden abzuleiten, die Erzieherin allein sei für das Spezielle des konfessionellen Kindergartens, nämlich für die religiöse Bildung und Sozialisation der Kinder maßgeblich. Denn wie die Daten ebenfalls zeigen, nimmt die Unterstützung durch außerhalb angesiedelte Instanzen eine moderierende Rolle ein. Eine aufgeschlossene, anteilnehmende Haltung von seiten der Eltern, der Geistlichkeit, der Fachberatung wirkt prinzipiell ermutigend. Ganz besonders aber kommt es auf den Kirchenvorstand und die Gemeinde an. Ihr Interesse und vor allem ihre Unterstützung sind motivierende Faktoren für die religionspädagogische Arbeit. Wird jedoch Desinteresse des Umfeldes konstatiert, sinken die Motivation und sämtliche Angebote, die die Fachkräfte den Kinder machen. Wie sehr der evangelische Kindergarten gerade dann auf die Verzahnung mit seinem Umfeld angewiesen ist, wenn es um die Erfüllung des religionspädagogischen Auftrags geht, wird durch ein weiteres Ergebnis sichtbar. Religiöse Erzieherinnen sind in ihren Urteilen den gleichgesinnten Eltern näher als ihren anders denkenden Kolleginnen; dies sowohl gemessen anhand des Summenscores als auch konsistent in den einzelnen Items. Und umgekehrt: Die Antworten der Fachkräfte, die nicht so kirchlich orientiert sind, ähneln mehr denen der ebenso distanzierten Mütter und Väter, als denen der sich als sehr religiös definierenden Mitarbeiterinnen. Inwieweit aus solchen Konstellationen ernsthafte Konflikte erwachsen, wird zuvorderst von den Verhältnissen vor Ort abhängen. Es wird darauf ankommen, welche Bereitschaft zur Diskussion zwischen den Gruppen besteht und inwieweit die Ortsgemeinde in der Lage ist, hierüber einen konstruktiven Austausch einzuleiten und zu führen.

Abbildung 1

Bildungsziele und Funktionen des Kindergartens in der Sicht der pädagogischen Fachkräfte und der Eltern.
Rangreihe der Prozentwerte.*)

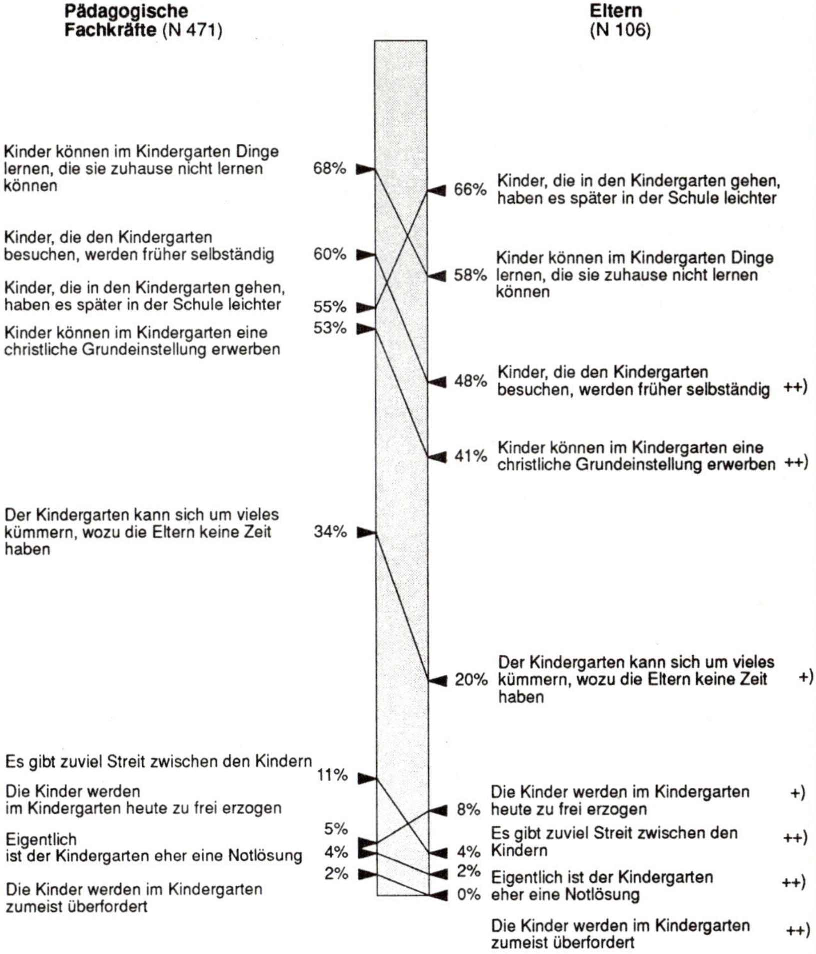

*) Antwortvorgaben: 1=trifft nicht zu, 2=trifft teilweise zu, 3=trifft zu, 4=weiß nicht (dargestellt ist die Verteilung der Kategorie 3)

+) Unterschied auf 5% - Niveau signifikant (Chi²-Test über alle Merkmalsausprägungen)
++) Unterschied auf 1%- Niveau signifikant (Chi²-Test über alle Merkmalsausprägungen)

Quelle: IFG-Projekt "Erzieherinnen im evangelischen Kindergarten"; Erzieherinnenfragebogen Fr. 24, Elternfragebogen Fr. 5

Abbildung 2

Ziele religiöser Unterweisung im Kindergarten in der Sicht des pädagogischen Personals und der Eltern.
Mediane (N 471).*)

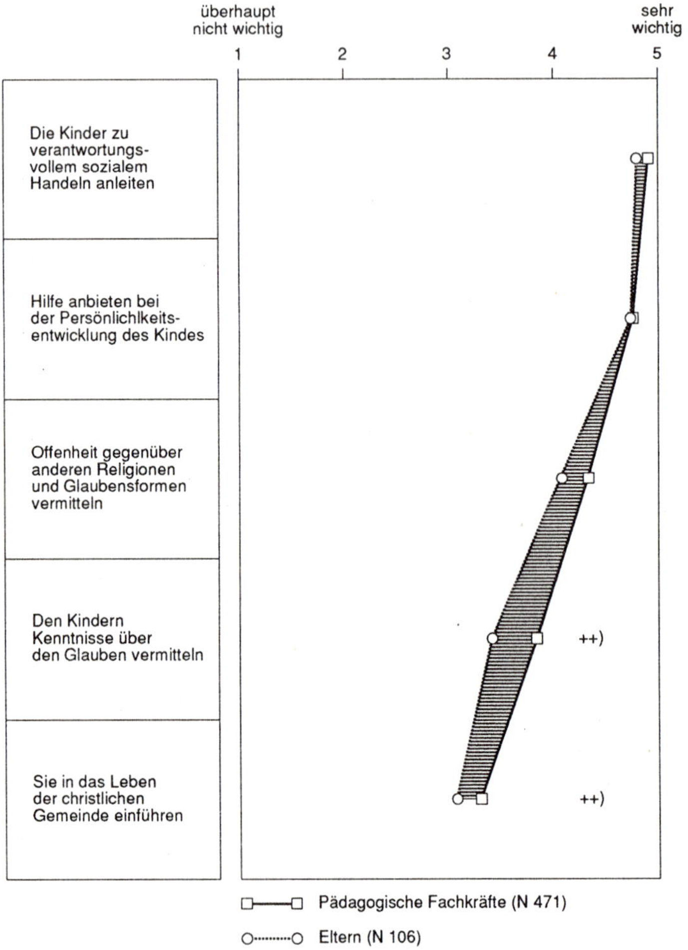

*) Antwortvorgabe: 1 - 5
++) Unterschied auf 1%-Niveau signifikant (Mediantest)

Quelle: IFG-Projekt "Erzieherinnen im evangelischen Kindergarten"; Erzieherinnenfragebogen Fr. 26, Elternfragebogen Fr. 7

4 Praktische Folgerungen und methodische Implikationen

Gesellschaftliche Veränderungen wirken auch hinein in das Sozialisationsfeld Kindergarten: Sie konfrontieren die dort Beschäftigten mit neuartigen Anforderungen, auf die sie reagieren müssen. Offen ist dabei, ob die an den Ausbildungsstätten vermittelten Inhalte mit dieser Entwicklung schritthalten (können). Zudem fehlt der gesellschaftliche Diskurs über den Erziehungs- und Bildungsauftrag, wie er in den siebziger Jahren geführt wurde, so daß junge Erzieherinnen wenig oder keine Orientierungshilfe erhalten. Auch vor diesem Hintergrund können die im Rahmen der vorliegenden Untersuchung aufgezeigten Konfliktfelder - umgesetzt in einem offenen Dialog - durchaus fruchtbar für eine Standortbestimmung des Kindergartens in den neunziger Jahren genutzt werden. Den vorgestellten Befunden zufolge ist die Notwendigkeit des Diskurses zwischen den Beteiligten über Ziele und Inhalte religiöser Erziehung im besonderen, Auftrag und Leitlinien der Institution im allgemeinen offenkundig. Dies scheint vor allem in jenen Kommunen oder Stadtvierteln angezeigt, in denen der evangelische Kindergarten das Regelangebot ist, auf das die Eltern angewiesen sind und zwar auch dann, wenn sie der Kirche distanziert gegenüber stehen. Eine solche Diskussion hätte zu fragen, ob das Modell der Familienergänzung, das Kirche und Mitarbeiterinnen gemeinsam tragen, etwas zurückgenommen wird zugunsten einer Schulvorbereitung, die die Eltern favorisieren. Zu erörtern wäre auch die religiöse Sozialisation, die, verstanden als Gesamt der Normen- und Wertevermittlung, der Ethik- und Moralerziehung zwischen den Beteiligten konsensfähig ist, würde sie doch der von allen gewollten Förderung von individueller Selbstbestimmung wie Sozialität der Kinder zusätzliches Gewicht verleihen. Und schließlich käme es darauf an, Momente der Überforderung, die sich für Mitarbeiterinnen wie Kinder ergeben können, wenn die Erwartungen und Funktionszuschreibungen an dem Elementarbereich zu hoch sind, in die Überlegungen einzubeziehen.

Doch sollten die Diskussionen vor Ort auch berücksichtigen, daß die in empirischen Studien gewonnen Ergebnisse stets nur Annäherungen an die soziale Realität sind. Sie beruhen auf den subjektiven Urteilen der Personen und sind zudem durch ein Erhebungsinstrument gefiltert. Vor allem aber stützen sich die Befunde auf Aggregate; sie zeichnen gleichsam die Verhältnisse in der durchschnittlichen Einrichtung und vermögen nicht ohne weiteres, den Einzelfällen gerecht zu werden. Dies aber heißt auch: Obgleich die traditionellen Unterschiede nach Stadt-Land oder Größe der Einrichtung keine Rolle spielen, obgleich die vom Träger gesetzten Rahmenbedingungen identisch sind und ein gut Teil der Eltern sich bewußt für ihn entschieden hat, bietet nicht jeder evangelische Kindergarten das gleiche sozialisatorische Umfeld. Dieses ist vielmehr abhängig davon, in welchem Verhältnis jüngere und ältere Mitarbeiterinnen stehen, wie sie mit schwierigen Kindern zurechtkommen, inwieweit sie die spezifischen Auffassungen von Erzieherinnen und Kinderpflegerinnen zu vermitteln vermögen und, zuvorderst, bis zu welchem Maße sie sich selbst als religiös definieren. Dies zu betonen ist notwendig, verleitet doch gerade das Bemühen um die Lösung des Theorie-Praxis-Verhältnisses zu voreiligen Schlüssen vom statistischen Durchschnitt auf den Einzelfall und umgekehrt. Insofern können auch Empfehlungen für die konkrete pädagogische Praxis nur mittelbar erfolgen; sie sind dennoch im Sinne einer globalen Bestandsaufnahme, im Sinne der Vermittlung von Denkanstößen und Anregungen von hohem Wert. Und schließlich: Die in der Untersuchung gefundenen Unterschiede zwischen und innerhalb der Gruppen sind oft signifikant, doch nicht immer groß. Sie indizieren Akzentuierungen, indem sie sich aber zu einem konsistenten Muster konfigurieren, sind sie aussagekräftig und werfen Licht auf den generellen Bildungs- und Erziehungsauftrag des konfessionellen Kindergartens, so wie ihn eben die relevanten Bezugsgruppen - soziale Erwünschtheit durchaus in Rechnung stellend - sehen. Inwieweit diese Rahmenbedingungen dann allerdings den Alltag in den Einrichtungen prägen, wie sehr sie in das pädagogische Handeln der Erzieherinnen einfließen, und inwieweit sie den Sozialisationsprozeß der Kinder tragen, müßte in einer eigenen Studie untersucht werden.

Ebenfalls methodisch gesehen, bedürfte es zudem der unmittelbaren kontextuellen Analyse, wie sie im Zusammenhang mit dem ökologischen Ansatz in der Sozialisationsforschung gefordert wird (Dippelhofer-Stiem 1995). Sie hätte sich auf die einzelne Institution als Untersuchungseinheit zu stützen, könnte die Vorstellungen von Erzieherinnen und Eltern des gleichen Kindergartens einander zuordnen und so gleichsam ein Profil jeder Einrichtung zeichnen. Anders als in der aktuellen Studie von Wolf (1993), hat das hiesige Erzieherinnenprojekt aus Datenschutzgründen darauf verzichtet, zeichnete sich doch schon im Pretest die große Sorge der Befragten um unbedingte Wahrung der Anonymität ab. Während der fachliche Werdegang der Erzieherin, die Herausbildung der professionellen Vorstellungen, Erfahrungen und Handlungspotentiale in einer jüngst begonnen Längsschnittstudie thematisiert wird (Dippelhofer-Stiem 1994), bleibt somit die empirische Analyse des Kindergartens als Umwelt und Bedingung kindlicher Sozialisation ein gewichtiges Desiderat für spätere Untersuchungen. Nicht zuletzt die Erkenntnis, daß der Bildungsweg der meisten Heranwachsenden nicht in der Schule, sondern im Elementarbereich beginnt, sollte dazu motivieren, diese umfassende Thematik als einheimisches Feld der Erziehungswissenschaft wiederzuentdecken und das Sozialisationsgeschehen im Kindergarten theoretisch wie erfahrungswissenschaftlich weitergehend zu bearbeiten.

Literatur

Colberg-Schrader, H. & von Derschau, D. (1991). Sozialisationsfeld Kindergarten. In: Hurrelmann, K. & Ulich, D. (Hrsg.). Neues Handbuch der Sozialisationsforschung. Vierte, völlig neu bearbeitete Auflage (S. 335-353). Weinheim: Beltz.

Dippelhofer-Stiem, B. (1994). Berufliche Sozialisation von Erzieherinnen im Übergang von der Fachschule in das Tätigkeitsfeld Kindergarten. Antrag an die Deutsche Forschungsgemeinschaft; Förderzeichen: Di 613/1-1. Hannover: Institut Frau und Gesellschaft.

Dippelhofer-Stiem, B. (1995). Sozialisation in ökologischer Perspektive. Eine Standortbestimmung am Beispiel der frühen Kindheit. Opladen: Westdeutscher Verlag.

Dippelhofer-Stiem, B. & Kahle, I. (1995). Die Erzieherin im evangelischen Kindergarten. Empirische Analysen zum professionellen Selbstbild des pädagogischen Personals, zur Sicht der Kirche und zu den Erwartungen der Eltern. Bielefeld: Kleine.

Fried, L., Roßbach, H.-G., Tietze, W. & Wolf, B. (1992). Elementarbereich. In: Ingenkamp, K., Jäger, R., Petillon, H. & Wolf, B. (Hrsg.). Empirische Pädagogik 1970-1990. Eine Bestandsaufnahme der Forschung in der Bundesrepublik Deutschland. Band I (S. 197-263). Weinheim: Deutscher Studienverlag.

Keil, S. & Süssmuth, R. (1986). Qualifizierung von Erzieherinnen für Elternarbeit vom Elementarbereich aus. (Schriftenreihe des Bundesministeriums für Jugend, Familie, Frauen und Gesundheit. Band 191). Stuttgart: Kohlhammer.

Kindergarten Heute (Hrsg)(1990). Der vergessene Beruf. Auswertung der Umfragen aus Heft 2/ 1990 zur Situation der Fachkräfte in Tageseinrichtungen für Kinder. S. 3-22.

Krappmann, L. (1985). Das Erprobungsprogramm und seine Folgen. In: Zimmer, J. (Hrsg.) unter Mitarbeit von Krüger, A. Erziehung in früher Kindheit. Band 6 der Enzyklopädie Erziehungswissenschaft (S. 39-54). Stuttgart: Klett-Cotta.

Krenz, A. (1993). Unzufriedenheit und neue Belastungen von Erzieherinnen in schleswig-holsteinischen Kindergärten. Ergebnisse und Hintergründe einer breit angelegten Befragung. Unsere Jugend, 45, 5, S. 200-209.

Mundt, J.W., Bargel, T., Fauser, R., Henze, W. & Kuthe, M. (1980). Eltern und Kindergarten. Ergebnisse einer Untersuchung zu ihrem Verhältnis in verschiedenen Umwelten. (BMBW-Werkstattberichte Nr. 24). Bonn.

Neubauer, E. (1986). Erzieherverhalten bei der Bewältigung sozialer Konflikte. Bergheim: AVM.

Nickel, H. (Hrsg.)(1985). Sozialisation im Vorschulalter. Weinheim: Beltz.

Niedersächsisches Gesetz- und Verordnungsblatt (1992). Gesetz über Tageseinrichtungen für Kinder. Hannover.

Prein, G., Kelle, U. & Kluge, S. (1993). Strategien zur Integration quantitativer und qualitativer Auswertungsverfahren. Arbeitspapier 19 des SFB 186 „Statuspassagen und Risikolagen im Lebensverlauf". Universität Bremen.

Statistisches Bundesamt (Hrsg.)(1992). Sozialleistungen. Fachserie 13, Reihe 6-3: Einrichtungen und tätige Personen in der Jugendhilfe 1990. Wiesbaden.

Stoller, D. (1980). Anspruch und Wirklichkeit kirchlicher Erziehung. Analyse und Folgerungen für die Kindergartenzeit. München, Mainz: Kaiser, Grünewald.

Tietze, W. & Roßbach, H. G. (1991). Die Betreuung von Kindern im vorschulischen Alter. Zeitschrift für Pädagogik, 37. S. 555-579.

Ulich, K. (1989). Erziehungsziele und Erziehungsschwierigkeiten aus der Sicht von Erzieherinnen. Eine qualitative Studie. Psychologie in Erziehung und Unterricht, 36, S. 56-60.

Wolf, B. (1993). Alltag des Kindergartens im deutsch-deutschen Vergleich. Eine ökologisch orientierte Studie. In: Tarnei, C. (Hrsg.). Beiträge zur empirischen pädagogischen Forschung (S. 201-209). Münster: Waxmann.

Andreas Frey und Bernhard Wolf

Aus- und Fortbildung von Erzieherinnen und ihre pädagogische Arbeit im Kindergarten

Allgemeine Einführung in das Forschungsprojekt

Die folgenden kurzen Hinweise gelten sowohl für diesen Beitrag als auch für den folgenden Beitrag von Lischer und Wolf. Beide Publikationen stammen aus dem DFG-Projekt „Alltag des Kindergartens im deutsch-deutschen Vergleich“, das 1992-1995 von Wolf, Weber, Frey, Kagel und Lischer in Landau und Berlin geleitet wurde. Der Aufbau des gesamten Projekts und sein humanökologischer Hintergrund wurde von Wolf (1993) beschrieben. In der folgenden Abbildung 1 sind die wichtigsten Informationen zu dem zentralen empirischen Teil stichwortartig zusammengefaßt, der von Wolf (1993) als „Untersuchungsteil A“ bezeichnet wird. In dem vorliegenden Überblick sind diejenigen Untersuchungsaspekte grau unterlegt, die in den beiden Beiträgen dieses Buchs tangiert sind: Ausbildung und Fortbildung sowie praktizierte pädagogische Arbeit (Frey & Wolf) bzw. Elternarbeit, aus den Perspektiven der Erzieherinnen und der Eltern (Lischer & Wolf). Außerdem möchten wir darauf hinweisen, daß an einigen Stellen unserer Texte die Abkürzungen „NBL“ und „ABL“ für „neue“ bzw. „alte Bundesländer“ verwendet werden.

Abbildung 1: Überblick zu der empirischen Untersuchung

Empirische Erhebung Ende 1993/Anfang 1994 n=115 Kindereinrichtungen, davon n=55 im Osten (Me-Vp, Bran, Sa-An, Thür) n=60 im Westen (NRW, Rh-Pf, Ba-Wü)
- Early Childhood Environment Rating Scale: Beobachtung und Befragung durch geschulte Beobachter
- Rahmenbedingungen der Kindereinrichtung: Befragung der Kindergartenleiterin Befragung der Gruppenleiterin
- Ausbildung und Fortbildung: Befragung der Gruppenleiterin

- Praktizierte Pädagogische Arbeit: Befragung der Gruppenleiterin
- Einstellung zur pädagogischen Tätigkeit: Befragung der Gruppenleiterin
- Verhalten in der Freispielsituation: Nicht- teilnehmende Beobachtung der Gruppenleiterin
- Bewältigung von Belastungssituationen: Coping- Fragebogen an die Gruppenleiterin
- Elternarbeit: Befragung der Gruppenleiterin Befragung von Eltern

1 Theoretische Zusammenhänge

Der Anspruch an Kindereinrichtungen, zugleich Betreuungs- und Bildungseinrichtung zu sein, stellt hohe Anforderungen an die Erzieherinnen im Hinblick auf ihre pädagogische Arbeit mit den Kindern (Lachenmaier 1983; Kahle & Dippelhofer-Stiem 1994). Um dieser Anforderung gegenwärtig und zukünftig gerecht zu werden, muß eine solide Ausbildung und eine hohe Fortbildungsmotivation bei den Erzieherinnen bestehen (Dietrich & Derschau 1994; Fthenakis 1994; Frey, Schulz & Wolf 1995).

Der derzeitigen Ausbildung wird vorgeworfen, daß sie praxisfremd ausgelegt und die ausgebildeten Erzieherinnen mit ihr größtenteils nicht zufrieden seien (Gruschka 1990; Müller & Müller-Neuendorf 1990; Küppers 1993; Dietrich & Derschau 1994), da sie bestimmte Aspekte wie z.B. Handlungskompetenz, Persönlichkeitsbildung, Kreativität, Reflexion, Innovation und Teamfähigkeit wenig berücksichtige.

Professionelles Erziehen und Bilden ist eine Aufgabe, die eine lebenslange Bildungsbereitschaft von Erzieherinnen fordert. Das in der Ausbildung erworbene, unvollständige Fachwissen kann durch ständige Kommunikations- und Bildungsbereitschaft (z.B. durch interne und externe Fortbildung, Gesprächskreise, Supervision) lebendig und situationsorientiert erweitert werden, und ihre Ergebnisse können in die pädagogische Arbeit neu eingebracht werden (Frey & Schulz 1995; Frey, Schulz & Wolf 1995). Die pädagogische Praxis zeigt, daß viel Wissen und Handeln der Erzieherinnen erst über persönliche Erfahrungen, eigenes Engagement und die Teilnahme an internen und externen Fortbildungsangeboten erworben, erweitert und vertieft werden kann (Frey 1991; Rajewsky-Pfreundner 1992).

In den alten Bundesländern genießt der Beruf der Erzieherin wenig Ansehen (vgl. Derschau 1993; Ebert 1994). Die Erzieherinnen wissen oft nicht, wie sie ihre Arbeit gegenüber Dritten angemessen darstellen können. Häufig ist ihre Berufszufriedenheit so gering, daß viele Erzieherinnen schon nach wenigen Jahren aus dem Beruf aussteigen (Küppers 1993; Ebert 1994). Die Situation in den neuen Bundesländern ist hingegen eine andere. Viele Erzieherinnen befürchten durch den rasanten Stellenabbau eine baldige Arbeitslosigkeit (Musiol 1994). Zudem sind sie verpflichtet, eine Anpassungsqualifizierung zur staatlichen Anerkennung als Erzieherin zu absolvieren (Frey & Kagel 1993; Ebert 1994; Musiol 1994). Es stehen jedoch dem enormen Bedarf und Interesse an Qualifizierungsmöglichkeiten auf Seiten der Erzieherinnen vielerorts keine oder nur wenige Fortbildungsmöglichkeiten gegenüber (Berger & Weyer 1993) bzw. das Fortbildungsangebot richtet sich nicht ausreichend an den derzeitigen Bedürfnissen der Erzieherinnen und ihrer pädagogischen Arbeit in Kindereinrichtungen aus (Frey, Schulz & Wolf 1995).

Da Erzieherinnen unterschiedliche Erfahrungen mit der Fachschule oder der Pädagogischen Schule sowie mit der internen und externen Fortbildung gesammelt haben und diese interindividuell unterschiedlich bewerten, dürften sich spezifische Effekte auf die pädagogische Arbeit der Erzieherinnen ergeben (vgl. Barow-Bernstorff, Günther, Krecker & Schuffenhauer 1979; Brauner, Goldner, Hohendahl, Kokigei, Preissing, Purmann & Zoch 1979; Buchmann 1985; Conrad 1982; Hebenstreit 1980; Höltershinken 1973; Liegle 1990).

2 Ergebnisse zur Fortbildung

Abbildung 2 stellt Ergebnisse unserer Befragung zur Fortbildung von Erzieherinnen dar und wird im deutsch-deutschen Vergleich interpretiert. Sie bezieht sich auf Inhalte von Fortbildungsveranstaltungen, mit denen sich die Erzieherinnen in den letzten vier Jahren intensiv auseinandergesetzt haben. Die Erzieherinnen konnten aus einer vorgegebenen Liste auswählen, welche Themen in ihrer Fortbildung eine Rolle gespielt haben.

Abbildung 2: Die am häufigsten besuchten Fortbildungsveranstaltungen in Ost- und Westdeutschland (Angaben in % der Erzieherinnen), unterteilt in kindorientierten und erzieherinorientierten Komponenten.

	Kindorientierung	Erzieherinorientierung
Neue Bundesländer	73%	27%
Alte Bundesländer	69%	31%

In Abbildung 2 kann man das folgende Gesamtergebnis erkennen: Erzieherinnen aus den neuen und alten Bundesländern unterscheiden sich insgesamt wenig bezüglich der von ihnen besuchten Fortbildungsveranstaltungen.

- Kindorientierte Fortbildungen, in denen die sozial-emotionale, die kreative und die kognitive Förderung der Kinder eine Rolle spielten:

Musikerziehung (59% NBL[1], 33% ABL[2]), Spielerziehung (66%, 28%), Bewegungserziehung (41%, 62%), Kunsterziehung (67%, 17%), Umwelterziehung (49%, 47%), Sozialerziehung (40%, 15%), Sexualerziehung (38%, 23%), emotionale Erziehung (40%, 18%), religiöse Erziehung (4%, 42%), Verhaltensauffälligkeiten (53%, 68%), Ausländerpädagogik (20%, 15%), Meditation mit Kindern (7%, 42%), Gesundheitslehre (47%, 21%), Elternarbeit (49%, 47%), Erziehungskonzepte (51%, 27%), Methodik/Didaktik (36%, 32%), Allgemeine Pädagogik (82%, 50%), Psychologie (69%, 30%) und Freizeitpädagogik (26%, 5%) wurden unter diesem Bereich zusammengefaßt. 73% der Ost- und 69% der Westerzieherinnen besuchten dazu Fortbildungsveranstaltungen.

- Erzieherinorientierte Fortbildungen, in denen überwiegend das Team, die Einrichtung oder die Erzieherinnen eine Rolle spielten:

Rechtskunde (36%, 19%), Kinder- und Jugendliteratur (55%, 42%), Konfliktfähigkeit im Team (26%, 43%), audiovisuelle Mittel (20%, 8%), Medien (22%, 28%), Instrumentalfortbildung (16%, 30%), Fremdsprachen (2%, 8%) und Leitungsaufgaben (12%, 33%) wurden unter dieser Komponente zusammengefaßt. 27% der Ost- und 31% der Westerzieherinnen besuchten Fortbildungsveranstaltungen, in denen die erzieherinorientierte Komponente eine wichtige Rolle spielten.

Diese Ergebnisse lassen nur vorläufige Interpretationen zu: Osterzieherinnen besuchten im ersten Bereich mehr Fortbildungsveranstaltungen, da sie nach der Wende und den damit verbundenen Veränderungen in der Kindergartenpraxis einen größeren „Informationsbedarf“ hatten, wobei die Themen Allgemeine Pädagogik, Psychologie, Kunst-, Spiel- und Musikerziehung, Verhaltensauffälligkeiten und Erziehungskonzepte im Vordergrund standen. Auch bei den Westerzieherinnen spielte der erstgenannte Bereich der Fortbildungsveranstaltungen eine wesentliche Rolle, wobei hier Themen wie Verhaltensauffälligkeiten, Bewegungs- und Umwelterziehung und Elternarbeit stärker gewählt wurden. Beeindruckend an diesem Ergebnis erscheint, daß sowohl in den neuen als auch in den alten Bundesländern das kindzentrierte Arbeiten im Mittelpunkt von Fortbildungsveranstaltungen stand. Diese Gewichtung kommt dem Anspruch entgegen, daß Kindereinrichtungen zugleich Betreuungs- und Bildungseinrichtungen sind und in ihnen die Kinder im sozial-emotionalen, kreativen und kognitiven Bereich gefördert werden. Der Frage, wie die tatsächliche Umsetzung der Inhalte in die pädagogische Praxis ausgesehen hat, kann an dieser Stelle nicht nachgegangen werden. Zu denjenigen Aufgabenfeldern, die durch gesellschaftliche Veränderungen wichtig geworden sind, wurden zwar Fortbildungsveranstaltungen besucht,

[1] Der erste Wert steht für die prozentualen Nennungen in den neuen Bundesländern (NBL)
[2] Der zweite Wert steht für die prozentualen Nennungen in den alten Bundesländern (ABL)

aber wichtige Bereiche - wie Integration von Behinderten oder kindlicher Konsum - spielen sowohl im Osten als auch im Westen Deutschlands kaum eine Rolle.

Die Fortbildungen mit erzieherinorientierten Komponenten sind in ganz Deutschland eher von untergeordneter Bedeutung. Die Osterzieherinnen belegten Fortbildungsveranstaltungen überwiegend in den Bereichen Rechtskunde, Kinder- und Jugendliteratur sowie Konfliktfähigkeit im Team. Damit wurden Themenbereiche ausgewählt, in denen wichtige Fragen erwachsenenbildnerischer Art angesprochen wurden. Bei den Westerzieherinnen sieht das Fortbildungsinteresse innerhalb dieser Komponente ähnlich aus: Die wichtigsten Themen sind Konfliktfähigkeit im Team, Kinder- und Jugendliteratur, Leitungsaufgaben, Instrumentalfortbildung und Fremdsprachen. Ein interessanter Trend läßt sich ansatzweise erkennen: Westerzieherinnen tendieren etwas stärker zur Erwachsenenbildung als ihre Ostkolleginnen. Als möglicher Grund ist hier der „burn-out" Effekt anzuführen, der die Westerzieherinnen eher nach Alternativmöglichkeiten innerhalb des pädagogischen Arbeitsfeldes suchen läßt. Wir gehen davon aus, daß sich dieser Prozeß auch bei den Erzieherinnen aus dem Osten in den nächsten Jahren verstärkt einstellen wird, wobei in diesem Fall auch die hohe Arbeitslosigkeit eine Ursache sein dürfte.

Zusammenhänge der Fortbildung mit pädagogischen Vorstellungen

Die 'Pädagogischen Zielvorstellungen' beinhalten 18 vorgegebene Aussagen, die von den Erzieherinnen auf einer 5-stufigen Skala von „sehr wichtig" (=1) bis „unwichtig" (=5) eingestuft wurden:

Abbildung 3: Pädagogische Zielvorstellungen im Ost-West-Vergleich (t-Test für zwei unabhängige Stichproben):

Pädagogische Zielvorstellungen	NBL $\overline{X}$	ABL $\overline{X}$	Unterschiede
Kinder sollen Konflikte vermeiden	3,7	4,3	**
Kinder sollen lernen, nach dem Sinn und Zweck von Verboten zu fragen	2,4	2,3	n.s.
Kinder sollten in der Schule gute Leistungen erbringen	2,7	3,4	**
Kinder sollen mitfühlend sein	1,4	1,8	**
Kinder sollten gute Umgangsformen haben	1,7	2,5	**
Kinder sollten lernen, Konflikte im Gespräch zu lösen	1,3	1,4	n.s.
Kinder sollten Achtung vor ihren Eltern haben	1,4	2,5	**

Pädagogische Zielvorstellungen	NBL $\overline{X}$	ABL $\overline{X}$	Unterschiede
Kinder sollten schnell Kontakt zu anderen knüpfen können	2,5	2,8	n.s.
Kinder sollten lernen, sich solidarisch zu verhalten	1,7	2,3	**
Kinder sollten sauber und ordentlich sein	1,9	3,1	**
Kinder sollten ehrgeizig sein	2,7	3,5	**
Kinder sollten lernen, gesellschaftliche Zusammenhänge zu durchschauen	3,2	3,2	n.s.
Kinder sollten lernen, sich durchzusetzen	2,3	2,2	n.s.
Kinder sollten gehorsam sein	3,1	3,5	*
Kinder sollten Familiensinn haben	2,0	2,7	**
Kinder sollten sich gut in eine Gemeinschaft einfügen können	1,9	2,2	n.s.
Kinder sollten die Konkurrenz mit anderen nicht scheuen	2,4	2,7	n.s.

(n.s.= nicht signifikant; * = $p < 0,05$; ** = $p < 0,01$)

Abbildung 3 zeigt, daß Osterzieherinnen im Hinblick auf fast alle Aspekte pädagogische Zielvorstellungen für wichtiger halten als ihre Westkolleginnen. Die folgenden drei Beispiele illustrieren dies bezüglich ausgewählter „Sekundärtugenden" (Beispiele 1 und 2) sowie bezüglich der „Leistungsorientierung" (Beispiel 3).

1. Beispiel:
Kinder sollten Achtung vor ihren Eltern haben. Osterzieherinnen halten diesen Aspekt für „sehr wichtig" (Mittelwert von 1,4). Westerzieherinnen hingegen bewerten die Achtung vor den Eltern eher als etwas „weniger wichtig" (Mittelwert von 2,5).

2. Beispiel:
Kinder sollten sauber und ordentlich sein. Osterzieherinnen stuften diesen Aspekt als „wichtig" ein (Mittelwert von 1,9), während Westerzieherinnen die Ordnung und Sauberkeit der Kinder als „weniger wichtig" beurteilten (Mittelwert von 3,1).

3. Beispiel:
Kinder sollten ehrgeizig sein. Osterzieherinnen hielten diese Aussage für „weniger wichtig" (Mittelwert von 2,7). Westerzieherinnen beurteilten diese Aussage als „eher unwichtig" (Mittelwert von 3,5).

Die Anzahl der Fortbildungstage korreliert in keinem Fall nennenswert mit den o.g. pädagogischen Zielvorstellungen in der Kindergartenerziehung (in allen Fällen ist $p > 0{,}05$).

3 Ergebnisse der Ausbildung

Die folgende Abbildung 4 gibt Aufschluß darüber, wie die Erzieherinnen bestimmte Aspekte der Ausbildung einstuften (auf einer Skala von 1= „wichtig" bis 5= „unwichtig"). Die Auswertung erfolgte über t-Tests für zwei unabhängige Stichproben:

Abbildung 4: Bedeutung von Ausbildungsaspekten

Aspekte	NBL $\overline{X}$	ABL $\overline{X}$	Unterschiede
Persönlichkeitsbildung	2,1	1,9	n.s.
Handlungskompetenz	1,9	1,9	n.s.
Gedankenaustausch im Team	2,5	2,1	*

Den t-Tests für zwei unabhängige Stichproben in der Abbildung 5 liegen Faktorwerte zugrunde, die auf folgenden Dimensionen beruhen:

- Faktor „Zufriedenheit mit der Ausbildung": Bei dieser Dimension geht es vor allem darum, ob die theoretische Ausbildung das Rüstzeug für die heutige Arbeit vermittelt hat und ob die Erzieherin sowohl mit der theoretischen als auch praktischen Ausbildung zufrieden war. Daneben geht es bei dieser Dimension um die Frage, ob die Ausbildung die Möglichkeit zur Selbsterfahrung geboten hat, ob Ausbildungsinhalte der Anerkennungszeit umsetzbar waren und ob die Erzieherin heute nach eigenen Vorstellungen arbeiten kann.
- Faktor „Soziabilität": Auf dem Hintergrund der Frage nach wichtigen sozialen Verhaltensweisen der Kinder werden in dieser Dimension folgende Aspekte gebündelt: Höfliche Umgangsformen; Mitgefühl, Hilfsbereitschaft, Rücksichtnahme; aktive Teilnahme am Gruppenleben; Zurückstellen eigener Wünsche und Bedürfnisse; Einhaltung von Normen und Regeln des Gemeinschaftslebens.
- Faktor „Ruhe, Ordnung und pfleglicher Umgang mit Material beim Spiel": Aus pädagogischer Sicht werden bezüglich des Spiels der Kinder folgende Aspekte hervorgehoben: Sorgsamer, pfleglicher Umgang mit den Spielutensilien; ruhige, geordnete Spielatmosphäre.
- Faktor „Soziales Lernen der Kinder": Für die Förderung des erwünschten Sozialverhaltens in der Gruppe werden in diesem Zusammenhang hervorgehoben: Ermöglichung von Handlungsssituationen für den sozialen Erfahrungserwerb; Projektarbeit

zu Themen des sozialen Handelns und Verhaltens; bewußtes Modellhandeln der Erzieherin.

- Faktor „Kindergarten als Ort gesellschaftlicher Veränderungen“: Hier geht es vor allem um die Einschätzungen der Erzieherinnen zu folgenden Fragen: Kann man durch die Arbeit gesellschaftliche Mißstände abbauen? Kann man Ungerechtigkeiten in der Gesellschaft verringern? Ist die Arbeit ein persönlicher Beitrag für die Allgemeinheit? Kann man seine Ideale dort einbringen? Ist Erziehungsarbeit auch politische Arbeit?

Die Abbildungen 4 und 5 zeigen, daß Osterzieherinnen mit ihrer Ausbildung zufriedener sind als ihre Kolleginnen im Westen. Persönlichkeitsbildung und Handlungskompetenz waren für alle Erzieherinnen in der Ausbildung von Bedeutung. Ein Gedankenaustausch im Team findet häufiger in Westteams statt. Die Soziabilität der Kinder ist Osterzieherinnen wichtiger als ihren Westkolleginnen. Im Vergleich mit Westerzieherinnen schätzen Osterzieherinnen Pflege, Ruhe und Ordnung der Kinder beim Spiel als wichtiger ein. Ost- und Westerzieherinnen unterscheiden sich demgegenüber nicht in der Einschätzung der Bedeutung des sozialen Lernens sowie in der Frage, ob der Kindergarten ein Ort gesellschaftlicher Veränderungen ist.

Abbildung 5: Latente Ausbildungsaspekte (Faktorwerte).

Aspekte	NBL $\overline{X}$	ABL $\overline{X}$	Unterschiede
Zufriedenheit mit der Ausbildung	-,22	,25	*
Soziabilität	-,38	,33	**
Ruhe, Ordnung und pfleglicher Umgang mit Material beim Spiel	-,26	,25	**
Soziales Lernen der Kinder	,10	-,13	n.s.
Kindergarten als Ort gesellschaftlicher Veränderungen	,15	-,12	n.s.

Ein hoher positiver Faktorwert bedeutet „unzufrieden“ bzw. „unwichtig“ bzw. „nicht zutreffend“.

Die differenzierten Zusammenhangsmuster zwischen Aus- und Fortbildung und pädagogischer Arbeit werden im folgenden beispielhaft anhand einer Regressionsanalyse dargestellt (Abbildung 6). In diese Berechnung geht die manifeste Variable „Bedeutung der Handlungskompetenz in der Ausbildung für die Erzieherin“ als Kriterium ein, das aus folgenden vier Prädiktoren abgeleitet wird, die gemäß ihrer Bedeutung für die Erklärung des Kriteriums geordnet sind:

Prädiktor 1: Manifeste Variable: Bedeutung der Persönlichkeitsbildung in der Ausbildung für die Erzieherin

Prädiktor 2: Faktorwert: „Soziales Lernen der Kinder“ (vgl. oben)

Prädiktor 3: Faktorwert:“Ruhe, Ordnung und pfleglichem Umgang mit Material beim Spiel“ (vgl. oben)

Prädiktor 4: Faktorwert „Kindergarten als Ort gesellschaftlicher Veränderungen“ (vgl. oben)

Zwischen diesen vier Prädiktoren und dem Kriterium ergibt sich ein Anteil zugeschriebener Varianz von 39% (Populationsschätzung des Quadrats des multiplen Korrelationskoeffizienten).

Abbildung 6: Regressionsanalyse mit dem Kriterium „Handlungskompetenz“

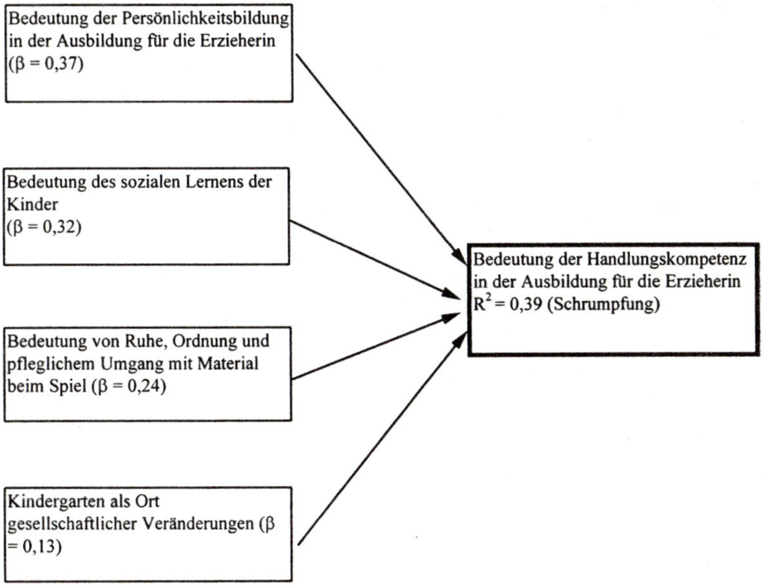

Die Abbildung 6 kann folgendermaßen interpretiert werden: Erzieherinnen, die die Handlungskompetenz in der Ausbildung für wichtig erachtet haben, geben eher an, daß:

– die Persönlichkeitsbildung in der Ausbildung für sie bedeutsam war

- häufiger soziales Modellernen praktiziert wird, um erwünschtes Sozialverhalten in der Gruppe zu fördern
- beim Spiel der Kinder ein größerer Wert auf die Einhaltung von Ordnung und Ruhe gelegt wird
- der Kindergarten ein Ort für gesellschaftliche Veränderungen ist.

Bei dieser Konstellation von Prädiktoren und dem Kriterium „Bedeutung der Handlungskompetenz während der Ausbildung" zeigt sich lediglich bei dem Prädiktor „Ruhe, Ordnung und pfleglicher Umgang beim Spiel" eine deutlich stärkere Betonung im Osten (gegenüber dem Westen), während sich in allen anderen Prädiktoren die Einflüsse aus Ost und West sehr ähnlich darstellten.

Literatur

Barow-Bernstorff, E., Günther, K.-H., Krecker, M. & Schuffenhauer, H. (1979). Beiträge zur Geschichte der Vorschulerziehung. Berlin: Volk und Wissen.

Berger, I. & Weyer, C. (1993). Initiativen von ErzieherInnen aus Kindertagesstätten und regionale Fortbildung. Erfahrungen aus den neuen Bundesländern. Informationen zur Jugendförderung der Arbeiterwohlfahrt Bundesverband e.V., 4, 93, S. 7-10.

Brauner, T., Goldner, S., Hohendahl, U., Kokigei, M., Preissing, Ch., Purmann, R. & Zoch, V. (1979). Bausteine für die Arbeit in Kindergarten und Hort. Weinheim: Beltz.

Buchmann, R. (1985). Das Vorschulkind und die Kindergartenarbeit. Bd. 3. Bern: Haupt.

Conrad, G. (1982). Kind und Erzieher in der BRD und in der DDR. Würzburg: Neumann.

Derschau, D. v. (1993). Die Entwicklung des Bedarfs an Erzieherinnen in der Jugendhilfe, Welt des Kindes, 6, 1993.

Dietrich, U. & Derschau, D. v. (1994). Der vergessene Beruf: Erzieher/in, klein & groß, 47, 2, S. 26-28.

Ebert, S. (1994). Zur beruflichen Situation der Erzieherinnen in Deutschland. München: Profil.

Frey, A. (1991). Welchen Stellenwert haben Beobachtungsbögen zum Sozialverhalten von Kindergartenkindern für Erzieherinnen? Eine empirische Erkundungsstudie. Unveröffentlichte Diplomarbeit. Landau: Universität.

Frey, A. & Kagel, I. (1993). Zur Aus- und Fortbildung von Erzieherinnen. Vorbereitetes Referat für die Tagung der Fachkommission „Pädagogik der frühen Kindheit" der DGfE in Eichstätt 1993. Landau: Zentrum für empirische pädagogische Forschung.

Frey, A. & Schulz, S. (1995). Das pädagogische Arbeiten im Kindergarten als Spiegelbild der Ausbildung - Die Praxisrelevanz in der Erzieherinnenausbildung, klein & groß, 48, 1, S. 34-35.

Frey, A., Schulz, S. & Wolf, B. (1995). Fortbildung von Erzieherinnen im deutsch-deutschen Vergleich, klein & groß, 48, 5, S. 20-23.

Fthenakis, W.E. (1994). Der vergessene Beruf: Erzieher/in, klein & groß, 47, 3, S. 26-28.

Gruschka, A. (1990). Ort der Bildung oder Verbildung. Welt des Kindes, 2, S. 17-21.

Hebenstreit, S. (1980). Einführung in die Kindergartenpädagogik. Stuttgart: Klett.

Höltershinken, D. (1973). Vorschulerziehung 2. Ausländische Erfahrungen und Tendenzen. Freiburg: Herder.

Kahle, I. & Dippelhofer-Stiem, B. (1994). Empirische Analysen zur pädagogischen Arbeit im Kindergarten. Zeitschrift für Frauenforschung, 12, 1+2, S. 111-122.

Küppers, H. (1993). Neue Formen der Erzieherausbildung. Weinheim: Beltz.

Lachenmaier, W. (1983). Welche Chancen hat der Kindergarten? Kindergarten heute, 13, 1, S. 3-9.

Liegle, L. (1990). Vorschulpädagogische Berufe in der BRD und in der DDR. In: Baske, S. (Hrsg.). Pädagogische Berufe in der BRD und der DDR (S. 9-22). Berlin: Dunker & Humblot.

Müller, H. & Müller-Neuendorf, M. (1990). Erzieherinnen in der Ausbildung. Welt des Kindes, 2, S. 12-15.

Musiol, M. (1994). Arbeitsmarktdynamik und Beschäftigungsverläufe in Sachsen Anhalt - Die Berufsgruppe der Erzieherin. Halle: Universität.

Rajewsky-Pfreundner, M. (1992). Überlegungen zur Erzieherausbildung. Kindergarten heute, 5, S. 38-47

Wolf, B. (1993). Alltag des Kindergartens im deutsch-deutschen Vergleich. Eine ökologisch orientierte Studie. In: Tarnai, C. (Hrsg.). Beiträge zur empirischen pädagogischen Forschung (S. 201-209). Münster: Waxmann.

Petra Lischer und Bernhard Wolf

Elternerwartungen und Realität der Elternarbeit im Kindergarten

1 Einleitung

Kindergartenkinder müssen sich täglich in den beiden sehr unterschiedlichen Lebensbereichen Familie und Kindergarten zurechtfinden. Dies ist sowohl für Erzieherinnen als auch für Eltern ein Anlaß, miteinander zu kommunizieren. Die entstehenden Kontakte werden von den verschiedenen Lebens- und Erfahrungszusammenhängen der Eltern und Erzieherinnen beeinflußt. Beide Interaktionspartner bringen ihre Erwartungen, Ziele und Erfahrungen in die Interaktionen ein. Je nach Ziel- und Erwartungshaltung der Eltern und Erzieherinnen wird die Elternarbeit im Kindergarten unterschiedlich durchgeführt.

Die Erfahrungen der Eltern und Erzieherinnen mit dem Kind können sich stark unterscheiden, da die Eltern über umfassende Alltagserfahrungen mit ihrem Kind verfügen, die Erzieherinnen das Kind jedoch vor dem Hintergrund ihrer pädagogischen Ausbildung und vor allem im Kontext des Kindergartens erleben. Eltern sehen sich zum einen als „Anwälte“ ihrer Kinder, sind sich jedoch andererseits auch ihrer Rolle als Erziehende unsicher. Diese Unsicherheit zeigt sich vor allem der ausgebildeten Erzieherin gegenüber, da die Eltern vom Kindergarten möglicherweise eine Kontrolle ihrer Erziehungskompetenz erwarten. Bei einigen Eltern können Schuldgefühle entstehen, weil sie ihre Kinder in einen Kindergarten geben, um berufstätig sein zu können. Auch kann sich bei Eltern Eifersucht entwickeln, da sie ihr Kind zum ersten Mal mit einer fremden Person „teilen“, nämlich der Erzieherin.

Für die Erzieherinnen ist die Arbeit mit den Eltern möglicherweise eine zusätzliche Belastung. Da die Tätigkeit der Erzieherinnen noch immer nicht als professionell eingeschätzt und relativ niedrig entlohnt wird, ergeben sich für Erzieherinnen unter Umständen Probleme in ihrem professionellen Selbstverständnis den Eltern gegenüber. Die Elternschaft, mit der die Erzieherin konfrontiert ist, setzt sich außerdem sehr heterogen zusammen, woraus sich für die Erzieherinnen wiederum Probleme ergeben.

Während in der Literatur noch häufig konstatiert wird, die Erzieherinnen schrieben den Eltern Interesselosigkeit zu (vgl. Wunderlich 1993; Merz 1992), fordert Becker-Textor

(1991) von der Seite der Eltern unter dem Titel „Warum darf ich nicht rein?" eine Öffnung des Kindergartens für die Eltern.

Doch nicht nur das zunehmende Interesse der Eltern, die unterschiedlichen und vielfältigen Sichtweisen von Erzieherinnen und Eltern, sondern auch die Möglichkeiten, durch Elternarbeit den kindlichen Lebensraum auszudehnen, lassen es ratsam erscheinen, über die Praxis der Elternarbeit gesicherte Informationen zu sammeln.

2 Erzieherinnen- und Elternbefragung

Die hier referierten Ergebnisse betreffen die Elternarbeit im Kindergarten aus den Perspektiven der 115 Erzieherinnen sowie der 555 Eltern, die an unserer Befragung teilgenommen haben. Dazu wurden in jedem der 115 Kindergärten fünf Fragebögen (insgesamt also 575) an Eltern ausgeteilt. 555 Fragebögen wurden zurückgegeben, was einer Rücklaufquote von 97 Prozent entspricht.

Bei der Erstellung der Fragebögen an Erzieherinnen und an Eltern zur Elternarbeit haben wir uns vor allem auf zwei Untersuchungen bezogen:

- Zum einen auf diejenige einer Dortmunder Projektgruppe zur „Qualifizierung von Erzieherinnen für Elternarbeit vom Elementarbereich aus" (Bundesminister für Jugend, Familie, Frauen und Gesundheit 1986). Diese Projektgruppe führte eine schriftliche Befragung von Erzieherinnen durch, um inhaltliche Bezugspunkte für eine Fortbildung zu ermitteln.
- Zum anderen auf eine von Textor (1992) im Rahmen der Begleituntersuchung zu dem Modellversuch „Familienunterstützende Maßnahmen im Kontext des Kindergartens" durchgeführte Befragung. Dort wurden 258 Eltern von Kindern aus zwei Projekt- und vier Kontrollkindergärten zu ihren Erwartungen hinsichtlich der Elternarbeit befragt.

3 Von den Erzieherinnen angebotene Formen der Elternarbeit während des letzten Jahres vor der Befragung

Die Gruppenleiterinnen wurden gefragt, wie häufig sie bestimmte Formen der Elternarbeit durchgeführt hatten. Es wurden Elternarbeitsformen aus den folgenden Bereichen vorgegeben:

- Gespräche
- Gemeinsames Arbeiten
- Informelle Anlässe

Die Erzieherinnen gaben an, wie häufig sie die vorgegebenen Formen der Elternarbeit während der letzten zwölf Monate vor der Befragung durchgeführt hatten.

Vor unserer Untersuchung nahmen wir an, daß in den neuen Bundesländern eher traditionelle Formen der Elternarbeit (wie Elternabende und Gespräche) im Vordergrund stehen, während in den alten Bundesländern zusätzlich eher informelle Kommunikationsmöglichkeiten (wie Feste, Stammtische oder Spieleabende) angeboten werden, da im Westen bereits vor einigen Jahren ein großes Interesse der Eltern an „allen Formen von geselligem Zusammensein, bei denen man sich kennenlernen und unterhalten kann" wahrgenommen wurde (Schmid-Eilber 1979, S. 56). Hausbesuche und Sprechstunden hingegen waren bereits in §21 der Kindergartenordnung der DDR aus dem Jahr 1983 verankert, weshalb wir meinten, daß im Osten wegen dieser Tradition auch jetzt noch häufiger als im Westen Hausbesuche und Sprechstunden angeboten werden.

Wir haben längere Einzelgespräche, Sprechstunden, Hausbesuche, Elternabende und Bastelabende als eher traditionell und Elternzeitungen/Elternbriefe, Feste, Spielabende und Stammtische als eher informell eingestuft.

Bezüglich der *eher traditionellen* Formen fanden wir einen tendenziellen Unterschied bei längeren Einzelgesprächen, die entsprechend unserer Hypothese häufiger im Osten durchgeführt werden ($\overline{X}$ Ost: 13,9; West: 8,5; $t = 1{,}99$; $p = 0{,}051$). Entgegen unserer Erwartungen werden Elternabende häufiger im Westen als im Osten durchgeführt. Das gleiche gilt für Bastelabende. Obwohl Sprechstunden und Hausbesuche bereits vor der Wende zum Alltag der DDR- Erziehung gehören sollten, fanden wir bei unserer Untersuchung keinen entsprechenden Unterschied zwischen neuen und alten Bundesländern. Es wurden sogar mehr Sprechstunden im Westen angeboten als im Osten und nur in 24 Kindergärten gibt es überhaupt Sprechstunden. Bei der Häufigkeit von Hausbesuchen gab es keine Unterschiede zwischen Ost und West, wobei Hausbesuche nur in 37 Kindergärten durchgeführt werden.

Weniger traditionelle Elternarbeitsformen:

Elternzeitungen und -briefe wurden entsprechend unserer Erwartungen wesentlich häufiger im Westen verteilt. Fast alle Kindergärten gaben dort Elternzeitungen und Elternbriefe heraus, aber nur 29% der Ost- Kindergärten. Feste wurden in Ost und West ungefähr gleich häufig veranstaltet. Spielabende, die nur in 25 Einrichtungen angeboten wurden, gab es unwesentlich häufiger im Westen. Auch Stammtische für Eltern gab es, wenn überhaupt, dann im Westen. Nur ein Ost- Kindergarten bietet Elternstammtische an.

Unsere ursprünglichen Hypothesen können nicht bestätigt werden: Fast alle von uns ausgewählten Elternarbeitsformen (Ausnahme: längere Einzelgespräche, Hausbesuche und Feste) werden häufiger im Westen als im Osten angeboten.

Tabelle 1: Anzahl der Kindergärten, in denen ausgewählte Formen der Elternarbeit durchgeführt wurden und mittlere Häufigkeiten der durchgeführten Elternarbeitsformen

	wurde während der letzten 12 Monate durchgeführt Anzahl der Kindergärten			mittlere Häufigkeit $\overline{X}$			t
	gesamt N=115	NBL N=55	ABL N=60	gesamt N=115	NBL N=55	ABL N=60	
Gespräche							
Einführungs- und Aufnahmegespräche	85	38	47	6	3	8	**3,41+**
Längere Einzelgespräche	101	46	55	11	14	9	1,99
Sprechstunde	24	9	15	3	1	6	2,59+
Hausbesuche	37	21	16	2	2	2	0,89
Gemeinsames Arbeiten							
Elternmitarbeit in der Gruppe	61	30	31	4	2	5	1,73
Elternzeitung/Elternbrief	73	16	57	5	1	8	**9,61+**
Elternabende	0			4	4	5	2,3+
Bastelabend	84	36	48	2	1	2	2,2+
Arbeitsgruppen	21	7	14	1	0,5	1	1,14
Gemeinsames Aussuchen didaktisch wertvoller Spielmaterialien	12	7	5	0,2	0,1	0,2	0,33
Mitarbeit der Elternvertreter	96	41	55	5	3	6	2,08+
Informelle Anlässe							
Ausflüge mit Kindern	89	38	51	4	3	5	1,26
Feste (z.B. Grillfest)	105	47	58	3	3	3	1,07
Spielabende	25	10	15	0,5	0,2	0,7	1,93
Offene Nachmittage	59	34	25	2	2	2	0,48
Stammtische	17	1	16	1	0	2	**3,7+**
Familiengottesdienst	38	1	37	1	0,1	2	**4,99+**

(bei allen Signifikanzprüfungen bedeutet „+“: $p < 0,05$ und „Fettdruck“: $p < 0,01$)

Die Erzieherinnen im Westen bieten den Eltern häufiger als die Erzieherinnen im Osten Möglichkeiten zur Interaktion an. Gemittelt über die von uns vorgegebenen Formen der Elternarbeit (wobei Tür- und Angel- Gespräche ausgenommen wurden, weil sie überall fast täglich stattfinden) boten die Erzieherinnen im Osten durchschnittlich 42 und diejenigen im Westen 65 Interaktionsmöglichkeiten an ($t = 3.78$; $p < 0,01$). Dabei gab es einen Kindergarten (im Osten) mit 2 und einen anderen (im Westen) mit 190 Angeboten.

4 Interesse der Eltern und Angebot an Formen der Zusammenarbeit

Wir erwarteten, daß diejenigen Formen von Elternarbeit am häufigsten durchgeführt werden, an denen die Eltern das meiste Interesse zeigen, bzw. umgekehrt, daß die Eltern Interesse an den angebotenen Formen der Elternarbeit zeigen. Deshalb haben wir die Eltern gefragt, für wie wichtig sie ihre Beteiligung an bestimmten Formen der Elternarbeit im Kindergarten halten.

Das Hauptinteresse der Eltern besteht an einer Beteiligung bei Einführungs- und Aufnahmegesprächen ($\overline{X}$ = 1,47 bei einer Skala von 1 = sehr wichtig bis 5 = sehr unwichtig), an Einzelgesprächen mit der Erzieherin ($\overline{X}$ = 1,56), an Tür- und Angel- Gesprächen ($\overline{X}$ = 1,72) sowie an Sprechstunden und Sprechtagen ($\overline{X}$ = 1,98). Auch der Informationsaustausch über ein „Schwarzes Brett" ist für Eltern wichtig ($\overline{X}$ = 1,96).

Der größte Unterschied zwischen den Elterninteressen und der Realität im Kindergarten besteht bei Einführungs- und Aufnahmegesprächen, die den Eltern sehr wichtig sind, aber von den befragten Erzieherinnen in 30 Kindergärten im letzten Jahr nicht durchgeführt wurden.

Im Osten waren 34 Kindergärten, in denen es altershomogene Gruppen gibt, in unsere Untersuchung einbezogen. Wenn in diesen Gruppen im letzten Jahr keine Kinder aufgenommen wurden, war es nicht notwendig, Aufnahmegespräche zu führen. Aber nur 10 der Erzieherinnen aus diesen Kindergärten gaben an, im letzten Jahr keine Einführungs- und Aufnahmegespräche geführt zu haben, das heißt, sieben weitere Erzieherinnen im Osten und 13 Erzieherinnen im Westen haben während des letzten Jahres keine Einführungs- und Aufnahmegespräche geführt, obwohl sie in altersgemischten Gruppen arbeiten, wo normalerweise in jedem Jahr neue Kinder in eine Gruppe aufgenommen werden.

Dieses Phänomen kann unserer Ansicht nach teilweise darin begründet sein, daß in diesen Kindergärten Aufnahmegespräche zum Aufgabengebiet der Kindergartenleiterin gehören, und sich von daher für die Gruppenleiterin keine Notwendigkeit ergibt, ein weiteres Einführungsgespräch zu führen. Oder aber: in manchen Kindergärten finden generell keine Einführungsgespräche mit den Eltern statt.

Auch Sprechstunden und Sprechtage, an denen Eltern ein relativ großes Interesse zeigen, werden von der Mehrzahl der Erzieherinnen (in 90 von 115 Kindergärten, 78%) nicht durchgeführt.

Insgesamt besteht bei den Eltern ein großer Bedarf an Gesprächen und Informationsaustausch, was von den Erzieherinnen vielfach aufgegriffen wird, wie die große Anzahl und Vielfalt der Angebote zeigt. Andererseits erkennen einige Erzieherinnen anscheinend nicht die Möglichkeiten, (wie Vermittlung von Informationen, Erhöhung der Transparenz von Erziehungsvorstellungen in der Einrichtung, Erhöhung der Transparenz der Arbeit in der Einrichtung, Austausch mit den Eltern über wechselseitige Unterschiede in den Erziehungsstilen und -zielen sowie ein Austausch über den Entwicklungsstand der Kinder) die ihnen Elternarbeit eröffnet. In einigen Kindergärten wird auf basale Formen der Interaktion wie Einführungs- und Aufnahmegespräche verzichtet, was auch dann ein Verlust ist, wenn diese Gespräche von der Kindergartenleiterin geführt werden, weil durch eine frühe Kontaktaufnahme zwischen der betreuenden Erzieherin und den Eltern eines Kindes eine kommunikative Beziehung geschaffen werden kann, wie dies nach einiger Zeit vielleicht nicht mehr möglich ist.

5 Gemeinsame Elternabende mit der Grundschule

Vor unserer Befragung nahmen wir an, daß gemeinsame Elternabende mit der Grundschule häufiger im Westen angeboten werden, da dort die Zusammenarbeit mit der Schule bereits in eine längere Tradition hat (z.B. Röhrs 1976) und die Erzieherinnen ermutigt wurden, mit der Grundschule zusammenzuarbeiten. Paragraph 26 der Kindergartenordnung der DDR (Ministerium für Volksbildung 1985, S. 287) geht zwar auf die Zusammenarbeit zwischen Kindergarten und Schule ein, sieht aber keine diesbezüglichen Elternabende vor.

Diese Annahme konnte bestätigt werden. Während in den neuen Bundesländern nur in fünf der 55 untersuchten Kindergärten Elternabende stattgefunden haben, an denen sich auch die Grundschule beteiligt war, waren es in den alten Bundesländern immerhin 27 von 60, also fast die Hälfte der untersuchten Kindergärten ($\chi^2 = 18,4$; $p < 0,01$).

6 Beteiligung der Eltern an der Kindergartenarbeit

Die Innovationsmöglichkeiten im Kindergarten durch eine aktive Beteiligung der Eltern sind vielfältig. Eltern können mit ihren speziellen Kenntnissen, Fähigkeiten und Fertigkeiten die Arbeit mit den Kindern bereichern, sie können aus den Erfahrungen mit ihren eigenen Kindern Ideen in die Gestaltung der Kindergartenarbeit einbringen und Ausflüge in die nähere und weitere Umgebung ermöglichen, was die Erzieherinnen allein nicht bewältigen können. Sie können auch mit ihrer Arbeitskraft der Erzieherin helfen, beispielsweise die Räume des Kindergartens umzugestalten. Wegen dieser vielen Bereicherungsmöglichkeiten durch die Eltern wollten wir wissen, an welchen Arbeiten die Eltern in den Kindergärten beteiligt werden.

Wir fragten die Erzieherinnen, wie häufig die Eltern in ihrer Gruppe an der Gestaltung des pädagogischen Konzeptes, des Gruppenraumes, der Außenanlagen, an der Gestaltung von Festen, an der Arbeit in der Gruppe, Begleitung bei Ausflügen, Reparaturen von Spielsachen sowie an Reinigungsaufgaben beteiligt sind. Die Erzieherinnen hatten die Möglichkeit, die Beteiligung der Eltern auf einer Skala von 1 = „immer" bis 5 = „nie" einzuordnen.

Am häufigsten sind die Eltern nach Aussage der Erzieherinnen an der Gestaltung von Festen beteiligt ($\overline{X}$ = 2,3). Relativ häufig begleiten sie auch die Kindergruppe bei Ausflügen ($\overline{X}$ = 2,71). An allen anderen von uns vorgegebenen Tätigkeiten sind die Eltern fast nie beteiligt. Die Mittelwerte liegen alle über dem mittleren Skalenwert von 3.

Tabelle 2: Beteiligung der Eltern an der Kindergartenarbeit aus der Perspektive der Erzieherinnen (Skala von 1 = „immer" bis 5 = „nie")

Sind Eltern an der Kindergartenarbeit beteiligt bezüglich:	gesamt N=115	NBL N=55	ABL N=60	t
Gestaltung von Festen	2,30	2,6	2,03	**3,25+**
Begleitung bei Ausflügen	2,71	2,62	2,8	0,79
Gestaltung der Außenanlagen	3,49	3,44	3,53	0,45
Konzepte der pädagogischen Arbeit	3,83	3,13	4,48	**6,56+**
Reparaturen von Spielsachen	3,9	4,06	3,77	1,40
Arbeit in der Gruppe	3,96	3,84	4,07	1,20
Raumgestaltung	4,14	3,73	4,52	**4,72+**
Reinigungsaufgaben	4,75	4,67	4,82	1,29

(bei allen Signifikanzprüfungen bedeutet „+": p < 0,05 und „Fettdruck": p < 0,01)

Zu den gleichen Tätigkeiten wurden die Eltern gefragt, für wie wichtig sie ihre aktive Beteiligung daran halten:

Während die Erzieherinnen außer bei der Gestaltung von Festen und der Begleitung bei Ausflügen angaben, die Eltern seien nur selten beteiligt, zeigen die Eltern in fast allen Belangen ein großes Interesse an der Kindergartenarbeit. Die Eltern konnten auf einer ebenfalls fünf-stufigen Skala von 1 = „sehr wichtig" bis 5 = „sehr unwichtig" angeben, für wie wichtig sie ihre Beteiligung an bestimmten Tätigkeiten im Kindergarten halten. In allen Bereichen außer bei Reinigungsaufgaben und Gestaltung des Gruppenraumes ergaben sich Mittelwerte, die im positiven Bereich, also unter dem mittleren Skalenwert von 3 liegen.

Tabelle 3: Beteiligungswünsche der Eltern an Arbeiten im Kindergarten (Skala von 1 = „sehr wichtig" bis 5 = „sehr unwichtig")

Für wie wichtig erachten Sie Ihre aktive Beteiligung bei:	gesamt N=115	NBL N=55	ABL N=60	t
Gestaltung von Festen	1,98	2,06	1,91	1,78
Begleitung bei Ausflügen	2,03	2,07	1,98	0,95
Arbeit in der Gruppe	2,62	2,71	2,55	1,4
Konzepte der pädagogischen Arbeit	2,66	2,71	2,62	0,8
Gestaltung der Außenanlagen	2,83	2,80	2,85	0,51
Reparaturen von Spielsachen	2,86	2,89	2,83	0,59
Raumgestaltung	3,01	2,86	3,15	**2,85+**
Reinigungsaufgaben	3,52	3,52	3,52	0,03

(bei allen Signifikanzprüfungen bedeutet „+": p < 0,05 und „Fettdruck": p < 0,01)

Es gibt in allen Kategorien Unterschiede zwischen den Einschätzungen der Eltern und denen der Erzieherinnen. Eltern halten ihre Beteiligung in den meisten der von uns vorgegebenen Bereiche der Kindergartenarbeit für sinnvoll, während die Erzieherinnen angeben, daß Eltern nur wenig an den Arbeiten im Kindergarten beteiligt werden. Eine Ausnahme besteht bei der Gestaltung von Festen und der Begleitung bei Ausflügen, die nicht direkt die Arbeit im Kindergarten betreffen.

Wir fanden jedoch nicht nur große Unterschiede zwischen den Wünschen der Eltern und ihrer realen Beteiligung an der Arbeit im Kindergarten, sondern auch teilweise zwischen den Einschätzungen der Befragten in den neuen und alten Bundesländern. So halten sowohl Eltern als auch Erzieherinnen aus dem Osten eine Beteiligung der Eltern an der Gestaltung des Gruppenraumes für wichtiger als diejenigen aus dem Westen. Die Beteiligung der Eltern an der Entwicklung eines pädagogischen Konzeptes, die die Eltern in den neuen wie in den alten Bundesländern gleichermaßen für sinnvoll halten, wird von den Erzieherinnen im Osten viel stärker befürwortet als von ihren Kolleginnen im Westen. Die Erzieherinnen im Westen beteiligen dagegen die Eltern stärker an der Gestaltung von Festen als ihre Kolleginnen im Osten.

In Bezug auf die hier vorgestellten Ergebnisse erkennen wir drei Tendenzen bezüglich der Elternarbeit:

1. Die Erzieherinnen im Westen machen den Eltern mehr Angebote zur Interaktion als ihre Kolleginnen im Osten.
2. Die Eltern halten ihre Beteiligung an der Arbeit im Kindergarten für wichtig. Das Interesse der Eltern wird von den Erzieherinnen jedoch nicht umgesetzt: Die Eltern werden nur wenig in die Kindergartenarbeit einbezogen.
3. Es gibt generell große Unterschiede zwischen der Elternarbeit Ost und West. Zum Beispiel integrieren die Erzieherinnen im Osten die Eltern stärker in ihre pädagogische Arbeit. Konzeptionelle Themen sind im Osten eher als im Westen auch Sache der Eltern.

Auch die weitere Auswertung des zum Teil bereits auf dem 14. DGfE- Kongreß in Dortmund (Wolf, Weber, Frey & Kagel 1994) vorgestellten Materials zeigt, daß es vier Jahre nach der Wende noch eine große Anzahl bedeutsamer Unterschiede zwischen der Kindergartenarbeit Ost und West bezüglich der Elternarbeit gibt.

Literatur:

Bayerisches Staatsministerium für Arbeit, Familie und Sozialordnung (1992). Familienunterstützende Maßnahmen im Kontext des Kindergartens. Bericht über einen Modellversuch in Passau. München: Selbstverlag.

Becker-Textor, I. (1991). Warum darf ich nicht rein? Welt des Kindes, (3), S. 34-35.

Bundesminister für Jugend, Familie, Frauen und Gesundheit (Hrsg.)(1986). Qualifizierung von Erzieherinnen für Elternarbeit vom Elementarbereich aus. Stuttgart: Kohlhammer.

Merz, C. (1992). Im Kontakt mit Eltern. Ratschläge für die Elternarbeit (5. Auflage). Freiburg i. Br.: Herder.

Ministerium für Volksbildung (1985). Programm für die Bildungs- und Erziehungsarbeit im Kindergarten. Berlin: Volk und Wissen.

Röhrs, H. (1976). Kindergarten, Vorschule, Elternhaus in Kooperation. München: Ernst Reinhardt.

Schmid-Eilber, H.H. (1979). Tübinger-Eltern-Arbeits-Modell. Elternarbeit im Spannungsfeld von Selbstbestimmung und Institutionalisierung. Stuttgart: Kohlhammer.

Textor, M.R. (1992). Forschungsergebnisse. In: Bayerisches Staatsministerium für Arbeit, Familie und Sozialordnung (Hrsg.). Familienunterstützende Maßnahmen im Kontext des Kindergartens (S. 73-93). München: Selbstverlag.

Wolf, B., Weber, C., Frey, A. & Kagel, I. (1994). Alltag des Kindergartens im deutsch- deutschen Vergleich. Bericht über den 14. Kongreß der DGfE 1994 in Dortmund. 32. Beiheft der Zeitschrift für Pädagogik, S. 281-284.

Wunderlich, T. (1993). Mit Erwachsenen muß man viel Geduld haben. Welt des Kindes, (2), S. 34-39.

Klaus Gebser

Belastungserleben von Erzieherinnen

1 Zur Situation in der Kindertagesstätte

Belastung bei der Bewältigung pädagogischer Anforderungen wurde bisher zumeist in der Berufsgruppe der Lehrer untersucht. Ich erinnere hierbei an die bemerkenswerten Untersuchungen Grassels (1970, 1974) unter den damaligen ostdeutschen Bedingungen.

Es ist jedoch unumstritten, daß gerade Sozialpädagogen/-innen durch den helfenden Aspekt ihrer Arbeit besonders gefährdet sind (Müller 1994). Anforderungen resultieren letztlich aus den Arbeitsaufgaben, die wiederum aus dem Arbeitsauftrag entstehen (Hacker 1986), ebenfalls aus den zu ihrer Erfüllung notwendigen Bedingungen.

Der Erzieherinnenberuf gehört zu den vielseitigsten Berufen. Kreativität, Empathie und körperlicher Einsatz sowie Fähigkeiten zum Elementarisieren, zur Perspektivübernahme usw. zeichnen ihn aus. Trotz solch hoher Anforderungen ist dieser Beruf in der Gesellschaft relativ wenig anerkannt, seine Anforderungen sind in der Regel nur den Pädagogen selbst geläufig. Das gilt für die neuen Bundesländer gleichermaßen wie für die alten (Mörsberger 1978, Redaktion „Kindergarten heute" 1990).

Diese geringe Anerkennung korreliert offensichtlich mit dem verbreiteten Verständnis, daß der Kindergarten als zeitweiliger Ersatz für Familienerziehung betrachtet werden kann. Eine solche Aufgaben könne dann praktisch von jedem geleistet werden. Hohe physische Belastung, ein zu hoher Anteil an Kontaktstunden für Erzieherinnen und niedrige Entlohnung verschärfen die Lage zusätzlich. Nicht ausreichende pädagogische Handlungsräume und damit verbundene Fähigkeiten zur Dezidenz (Gebser & Scholz 1990) führten in der Vergangenheit häufig zu Unzufriedenheiten und zu besonderen psychischen Belastungen bei Pädagogen/-innen in der damaligen DDR. Belastungen im Kindergarten resultieren weiterhin aus dem sozialen Ziel, allen Kindern einen Kindergartenplatz garantieren zu wollen. Permanente Personalprobleme (die freilich im Osten anders gelagert sind als in den alten Bundesländern) können als weitere Belastungsfaktoren angesehen werden. Breuer (1990) und Kreuseler (1990) führen zusätzlich Überstunden, fehlende Pausen, Häufung von Versammlungen des Personals an. Sich der Gesellschaft verpflichtet fühlen und Übernahmen von Arbeiten des technischen Personals kommen hinzu.

Nach 1990 nahm die Geburtenrate in den ostdeutschen Bundesländern systematisch drastisch ab und erreichte 1995 nur noch 25 bis 50 % (je nach Territorium) der ursprünglichen Höhe. Finanzielle Probleme der Träger von Vorschuleinrichtungen verlangen einen ständigen Personalabbau und Kosteneinsparung. Trotz der neuen Rechtlichkeit (in Ostdeutschland traten in allen Ländern neue Kindertagesstättengesetze in Kraft), wird jedem Kind ein Platz in einer Tagesstätte garantiert. Diese Rechtlichkeit wird von der Bevölkerung konsequent genutzt. Kinderrückgang und Personalabbau haben ein Ansteigen der existentiellen Ängste von Erzieherinnen zur Folge. Da ältere Erzieherinnen einen umfassenderen sozialen Schutz genießen, werden jüngere Erzieherinnen überrepräsentativ entlassen und die Altersstruktur verändert sich bedrohlich.

Orientierungslosigkeit, Unsicherheit in pädagogischen Konzepten, veränderte soziale Verhältnisse in der eigenen Familie und in denen der Kinder, dazu die veränderte Stellung des Kindergartens und der Erzieherinnen u.v.a.m. bringen weitere psychische Belastungen mit sich. Erfolg im Beruf ist andererseits unter den neuen gesellschaftlichen Größen von besonderer Bedeutung, weil gesellschaftliche Bewertung, Sozialprestige und finanzieller Status einer Person ganz wesentlich vom Besitz eines Arbeitsplatzes abhängig sind (Hurrelmann 1988). In den westlichen Bundesländern liegt das Durchschnittsalter von Erzieherinnen wesentlich niedriger als auf ostdeutschem Gebiet (Schenk 1980; Redaktion „Kindergarten heute“ 1990, S.1-8). Nachdem die Altersversorgung im Osten als Motiv für ein hohes Dienstalter hinfällig geworden ist, werden Erzieherinnen, wenn sie sich stark belastet fühlen, u. U. vorzeitig aus dem Arbeitsprozeß ausscheren, wenn sie von den Arbeitgebern Abfindungen oder weitere soziale Leistungen erhalten. Andere Tätigkeiten kommen seltener in Betracht, da im allgemeinen keine Arbeitsplätze vorrätig sind. So wird es für die Personalplanung der Träger von Einrichtungen der Vorschulerziehung, die Kommunen und für die Ausbildungsstätten von Interesse sein, wie die Erzieherin eigene Leistung und Grenzen ihrer Arbeitskraft reflektiert. Ein weiteres Ziel dieses Beitrages besteht im Sichtbarmachen von Beanspruchungsfaktoren für vorschulpädagogische Arbeit.

Durch die Neubestimmung der Funktion des Kindergartens im Beitrittsgebiet als familienergänzende und -unterstützende Institution mit eigenständigem Erziehungsauftrag wird die Erzieherin gegenüber den Eltern in ihrer Verantwortung befreit. Andererseits erhöht sich der Anspruch an ihre erzieherische Kompetenz. Ähnlich den „Tugendkatalogen“ der Reformpädagogik sind auch jetzt für die Erzieherin als Identifikationsmodell Leistungseigenschaften in Quantität und Qualität gefragt, die nicht leicht zu erbringen sind. Hervorzuheben ist die hohe Verantwortung für jedes einzelne Kind, für sein Fühlen, Denken und Handeln.

> „Was der Erzieher in die Entwicklung des Kindes einbringt, kann er bisweilen nicht mehr zurücknehmen. Vermitteltes Wissen ist oft tief ins Gedächtnis eingegraben. Normen, die gelehrt wurden, beherrschen das kindliche Gewissen... Die vom Erzieher eingepflanzten Wertmaßstäbe sind wegweisend auch für die Lebensphasen jenseits der Kindheit. Sie überdauern ihn im Gewissen des Kindes."

(Schmidt 1989, S. 18).

2 Ableitung der Thematik

Eben wurden von mir vorwiegend äußere Belastungsbedingungen (Stressoren) in der Tätigkeit der Erzieherin angedeutet. Sie allein bewirken Streßentstehung nicht. Erst durch ihr wechselseitiges Zusammenwirken mit den inneren Bedingungen, in ihrer Tätigkeit zur Bewältigung von bestimmten Anforderungen, kann eine Streßsituation entstehen. Streß soll nach Lazarus (1966) als die Gesamtheit der belastend erlebten Situationselemente und die physische und psychische Reaktion auf sie definiert sein.

Die bestimmenden Größen im Prozeß der Streßentstehung, seiner Bewältigung und Wirkung sind die Anforderungen. Anforderungen resultieren aus den sich aus dem Arbeitsauftrag ergebenden Aufgaben und aus den zu ihrer Erfüllung vorhandenen Bedingungen. Sie bilden insgesamt das Berufsanforderungsprofil. Die objektiven Anforderungen sind somit die Belastungsbedingungen und die Gesamtheit dieser Faktoren ergibt die Belastung (Hacker 1986; Ulich 1991). Sie ist unabhängig von einer Person und führt zu unterschiedlichen Wirkungen. Die Ermittlung der für die effektive Bewältigung dieser Anforderungen notwendigen psychischen Anforderungen an eine Erzieherin als theoretische Analyse ist m. E. zu einem Gutteil noch zu leistende Forschungsarbeit. Entscheidend für die Art der Belastungswirkung ist die Art der subjektiven Widerspiegelung der objektiven Anforderungen. Nach Hackman (1970) und Lazarus (1966) erfolgt zunächst vom Subjekt eine kognitive, jedoch von motivationalen und emotionalen Gegebenheiten der handelnden Person stark beeinflußte (d. Verf.) Redefinition, die mit einer Interpretation der Anforderungen verbunden ist.

Zweitens finden eine kognitiv-emotionale Bewertung der redefinierten Anforderung statt, die von der Kompetenz einer Person bestimmt und ebenfalls von emotionalen, motivationalen und volitiven Faktoren beeinflußt ist. Die subjektiv redefinierten und bewerteten objektiven Anforderungen ergeben die subjektive Anforderung als Ebene der Beanspruchung und Gesundheit einer Person.

Aus diesem Zusammenhang ergibt sich die Frage, wie die Erzieherin die Anforderungen redefiniert und bewertet und sich in Abhängigkeit davon positiv oder negativ beansprucht fühlt.

Einige wesentliche Bewertungsdimensionen seien im folgenden genannt.
- Transparenz und Vorhersehbarkeit des Ergebnisses

- Variabilität der Arbeit
- Handlungs- und Entscheidungsräume
- Nützlichkeit des Auftrages
- Verantwortlichkeit
- Belastung

Außerdem wirken die sozialen Beziehungen, sozialpolitische Bedingungen, Lage und Ausstattungsgrad des Kindergartens, die Kindergruppe, der Wert des Arbeitsplatzes und die Wertschätzung des Kindergartens. Im positiven Sinne können sie zu erhöhter Leistungs- und Anstrengungsbereitschaft, zunehmender Kompetenz, Erfolgserleben, Arbeitszufriedenheit, psychoemotionaler Stabilisierung und Persönlichkeitsentwicklung führen. Bei längerer Dauer eines positiven Zustandes produzieren sich diese Variablen neu und effektive Handlungsstrukturen generieren sich. Im negativen Sinne sind Beanspruchungsfolgen wie Ärger, Enttäuschung, allgemeine Unzufriedenheit (also Disstreß) und Ermüdung zu nennen. Diese Zustände sind zunächst an aktuelle Situationen gebunden und reversibel. Sind sie von Dauer, produzieren sie sich gleichfalls selbst. Handlungsstrukturen werden destabilisiert und ständige Mißerfolge führen zu Übermüdung und chronischem Streß, zu daraus erwachsener Arbeitsunzufriedenheit und Erschöpfung. Damit ist eine Ätiologie für psychosomatische Erkrankungen gegeben. In diesem Zusammenhang steht die Frage nach den Wirkungen extremer und anhaltender Belastung auf Befinden und Gesundheit der Erzieherin, wenn sie negativ bewertet wird. Auch diese Problematik ist noch weiter zu klären.

Andererseits müssen negative Bewertungen von Anforderungen nicht negative Beanspruchungsfolgen nach sich ziehen. Entscheidend ist die kognitive Durchdringung und Bewältigung der Anforderung. Wird eine Situation aber negativ bewertet, stellt sie sich als eine Problemsituation dar. Bei verfügbaren Kapazitäten kann sie durchaus positiv bewältigt werden, wenn volitive Faktoren von Einfluß sind. Die Qualität der kognitiven Bewältigung ist abhängig von kompetenten Personenvariablen. Sie sind als auf problemhafte Anforderungen bezogene verfestigte individuelle Bewältigungsstile zu verstehen und kennzeichnen die Arbeitsweise einer Person. Auch solche Faktoren wie Lärm, Klima, Gestaltung des Gruppenraumes u. a. beeinflussen nicht nur den Erfolg pädagogischer Tätigkeit, sondern auch das Befinden der Erzieherin. Beide Größen bedingen sich wechselseitig. Die allgemeinen Bedingungsmechanismen sind von der Arbeitspsychologie eingehend untersucht worden (Hacker 1986). Es soll hier auf eine weitergehende Diskussion verzichtet werden.

Nach diesen etwas eingehenden theoretischen Erörterungen zur Problematik des Verhältnisses zwischen Belastung und Beanspruchung jetzt zu einigen empirische Daten Welche Faktoren werden von Erzieherinnen in ihrer täglichen Arbeit nun als besonders belastend angesehen? Wie reflektieren Erzieherinnen diese Belastungen? Im folgenden werden von mir einige wesentliche Ergebnisse vorgestellt. Eine weitergehende Analyse findet sich in der Publikation *Beiträge zur Ökologie des Kindergartens*, die von Dippelhofer-Stiem & Wolf vorbereitet wird. Erzieherinnenreflexionen unter sozial-kommunikativem Aspekt sind an anderer Stelle beschrieben worden (Gebser 1995).

3 Darstellung einiger empirischer Befunde

Für die Untersuchung zur Erfassung des Belastungserlebens wurden insgesamt 80 Erzieherinnen aus Kindergärten Brandenburgs gewonnen. Es wurden nach ihrem Lebensalter drei Gruppen unterschieden:
25 bis 40 Jahre: Gruppe I (n=34)
41 bis 50 Jahre: Gruppe II (n=27)
51 bis 60 Jahre: Gruppe III (n=19)

Die Anzahl der befragten Erzieherinnen in den Gruppen I bis III entsprach der altersgemäßen Anzahl der Erzieherinnen in den ausgewählten Kindergärten. Aus den Einrichtungen waren insgesamt 16 Erzieherinnen nicht bereit, Aussagen zu treffen. Und zwar aus folgenden Gründen:
9 sahen keinen Sinn in „solchen Befragungen"
5 gaben Angst um den Arbeitsplatz als Ursache an
2 hatten persönliche Gründe

Für eine Vergleichsmöglichkeit war die Untersuchung in fünf (West)Berliner Kindergärten (WBKG) geplant. Aus organisatorischen und Genehmigungsgründen konnten die Aussagen von nur 23 Erzieherinnen gewonnen werden. Wegen mangelnder Repräsentanz und aus methodischen Gründen wurde jedoch auf einen Vergleich verzichtet. Die Untersuchungen führte Frau Ursula Lichtenheldt durch.

Tabelle 1: Angaben zum befragten Personenkreis

	Durchschnitt in den Gruppen				
	I	II	III	I - III	WBKG
Alter	29,6	46,9	53,8	41,2	28,0
Anzahl der Dienstjahre	12,1	26,8	29,2	21,1	7,0
Anzahl der Gruppen im Kindergarten	5,8	5,6	5,6	5,7	8,0
Anzahl der gemeldeten Kinder	15,7	17,0	16,6	16,3	11,5
Anzahl der im Haushalt lebenden Personen	3,6	2,9	2,1	2,7	2,2

Zunächst wurden aus der Literatur und aus einer Expertenbefragung heraus überhaupt in Frage kommende Belastungsfaktoren aufgelistet. Die Frage an die Erzieherinnen lautete:

Bitte kreuzen Sie an, inwieweit Sie sich durch folgende Faktoren und Bedingungen Ihrer Arbeit belastet fühlen: (Antwortmöglichkeiten *Belastet mich nicht / mittelmäßig / stark*). Die ersten Positionen enthält Tabelle 2.

Die Bewältigung pädagogischer Anforderungen wird auf Grund der Komplexität, des Umfangs und des hohen Anspruchsniveaus sowie der dabei wirkenden objektiven Belastungsfaktoren als belastend erlebt von (vgl. Tabelle 2)
Gruppe I: 53,9% der Erzieherinnen
Gruppe II: 58,2% der Erzieherinnen
Gruppe III: 66,7% der Erzieherinnen

Tabelle 2: Rangfolge des Belastungsempfindens „mittel" und „stark" in Prozent (Durchschnittswerte)

Rang	Faktoren und Bedingungen	I	II	III	I - III
	Belastungsfaktoren				
1.	Lärm	88,3	92,6	89,4	90,1
2.	pausenlose Aufmerksamkeit	79,4	88,8	100,0	84,1
3.	Kinderzahl in der Gruppe	82,4	74,0	79,0	78,6
4.	trockene Luft	78,2	81,4	68,4	77,0
5.	Intensität der Arbeit	64,7	77,7	89,5	75,1
6,5.	Sprechbelastung	61,7	70,3	89,5	71,3
6,5.	körperliche Anstrengungen	55,9	81,3	84,2	71,3
8.	Dauer der Arbeitszeit	50,0	59,2	73,7	58,8
9,5.	Arbeitsklima im Kindergarten	55,8	48,1	57,9	53,8
9,5.	räumliche Bedingungen	27,0	48,1	73,6	45,3
11.	Atmosphäre in der Gruppe	47,0	40,7	42,2	43,8
	Vorbereitung und Durchführung von Elternversammlungen	70,6	70,4	89,5	75,1
	Belastungshintergrund				
1.	Anforderungen im Haushalt	61,7	75,1	73,7	69,1
2.	Anforderungen in der Familie	58.8	55,6	63,1	52,4
3.	Wohnverhältnisse	29,3	29,6	5,3	23,8

Die Ergebnisse zeigen einen deutlichen Trend in der Reflexion der genannten Belastungsfaktoren in Abhängigkeit vom Alter der Erzieherinnen auf. Weiterhin sind alle

Werte generell als sehr hoch einzustufen. Die Angaben machen deutlich, wie zunehmend schwer es Erzieherinnen fällt, komplexe und die aufgeführten Belastungsfaktoren widerspiegelnde Anforderungen zu bewältigen. Es kommt zum Ausweichverhalten wie Intensivierung der Arbeit und zu Störungen in der Beziehung der Erzieherin zum Kind, zu den Teamangehörigen bzw. zu den Familienmitgliedern, vor allem zur Verdrängung von Problemen. Gerade die im Osten Deutschlands oben genannte neue Altersstruktur der Erzieherinnen macht hier betroffen und sollte von den Trägern und vom Land wahrgenommen werden.

Die Belastungsfaktoren lassen sich drei Gruppen zuordnen:

Gruppe 1 enthält objektive und nicht oder z. Z. nicht durch eine Erzieherin veränderbare Faktoren. Dazu zählen: Dauer der Arbeitszeit, Kinderzahl in der Gruppe (Gruppenfrequenz), Luftverhältnisse im Gruppenraum, (weitere) räumliche Bedingungen, Elternversammlungen

Gruppe 2 enthält Faktoren, die Bestandteil und Resultat der eigenen pädagogischen Arbeit sind bzw. sie mitbedingen. Dazu zählen: Arbeitsklima im Kindergarten und die Atmosphäre in der Kindergruppe

Gruppe 3 enthält Faktoren, die unmittelbar mit den vorhandenen und eingesetzten Copings korrespondieren.

Elternversammlungen können auch den Gruppen zwei oder drei zugeordnet werden, je nachdem welcher Aspekt dieser Tätigkeit hervorgehoben wird. Erzieherisches Verhalten ist durch Empathie, Perspektivübernahme und Verständnis geprägt. Pädagogische Kompetenz und Performance generieren weiterhin zu einem gewissen Anteil kindliche (und elterliche?) Compliance. Die Erzieherin erwartet verständlicherweise, daß ein Kind sich auch so verhält, wie sie es wünscht bzw. fordert. Diese Kompetenzen sind offensichtlich vom pädagogischen Hintergrund und damit von Erziehungsstil geprägt bzw. abhängig. Den Trägern ist zu empfehlen, Fortbildung, Verhaltenstraining und supervidierische Möglichkeiten anzubieten, um die Entwicklung zweckmäßigerer Copings zu unterstützen. Weiteres professioneller ausgeprägtes Handeln, auch im Sinne des Aufbaus einer „professionellen Distanz“ zum Kind und damit dem eigenen Persönlichkeitsschutz dienend, sind zu intendieren. Andernfalls verfestigen sich ungünstige Verhaltensstrategien. Seelische „Verkrampfungen“, körperliche Verspannungen und ein Sinken der Befindlichkeit bzw. ein erhöhter Leidensdruck sind die Folge. Das sind negative Beanspruchungsfolgen, wie sie weiter oben beschrieben wurden. Belastungen bewältigen lernen heißt Beanspruchungen steuern lernen. Meine eigene Praxiserfahrung belegt, daß die Erzieherinnen für diese Thematiken bereits eine beachtliche Motivation entwickelt haben, wie die Resonanz auf erste angebotene Veranstaltungen beweist, die notwendige Einsicht seitens der Träger jedoch noch zu wünschen läßt.

Weitere erfragte Positionen erwiesen sich als nicht bzw. nicht in solchen Umfang, wie eben geschildert, belastend. Sie sind in Tabelle 3 festgehalten.

Tabelle 3: Weitere Faktoren in der subjektiven Bewertung durch Erzieherinnen

Faktoren und Bedingungen	I	II	III
Alter der Kinder (*)	17,6	44,4	42,1
Lichtverhältnisse	29,4	33,3	36,8
materielle Bedingungen (**)	52,9	55,5	77,8
Mahlzeiten mit Kindern	38,1	22,2	36,8
Verhältnis zur Leitung	44,1	33,3	47,4
Verhältnis zu Eltern (***)	26,4	25,9	26,3

Anmerkungen:

* Zum Erhebungszeitraum wurde teilweise noch mit altersreinen Gruppen gearbeitet

** Noch keine Entlohnung nach BAT-O

*** Neue elterliche Rechte und deren Gebrauch verursachen teilweise Probleme

Die in Tabelle 3 genannten Faktoren bzw. Bedingungen sollen an dieser Stelle nicht weiter erörtert werden. Zeitgemäße didaktische Überlegungen wie die Arbeit in altersgemischten Gruppen, offene bzw. halboffene Gruppenarbeit, Projektarbeit, offene Planungen usw. werden jedoch ihren Niederschlag finden.

Abschließend wird noch ein Item aus einem erhobenen Belastungsfragebogen vorgestellt.

Das Item lautete

a) Ich bin gern Kindergärtnerin.
b) Die Arbeit mit Kindern macht mir immer wieder Spaß.
c) Ich kann mir keinen schöneren Beruf vorstellen.

Die Fragen waren gemäß eines Ratings zu beantworten (-2: trifft gar nicht zu, ..., +2: trifft voll und ganz zu). Die Ergebnisse sind aus den folgenden Abbildungen ersichtlich.

Bei Fragen nach der beruflichen Motivation sind erwartungsgemäß den Beruf stark bejahende Antworten gegeben worden. Diese Zustimmung ist in allen drei Altersgruppen enthalten, nimmt in der Tendenz mit dem Alter geringfügig ab. Hier reflektieren sich gerade für ältere Erzieherinnen zunehmend spürbar werdende Beanspruchungen. Volle berufliche Auslastung mit 40 Stunden in der Woche zeigen hier Grenzen auf. In jüngster Zeit bieten die Arbeitgeber - der sinkenden Geburtenrate entsprechend - reduzierte Arbeitszeit an. Häufig 32, aber auch 30 Stunden je Woche. Eine solche Arbeitsdauer wird Kompensationsmöglichkeiten für berufliche Beanspruchung bieten,

Abbildung 1: Frage: „Ich bin gerne Kindergärtnerin“

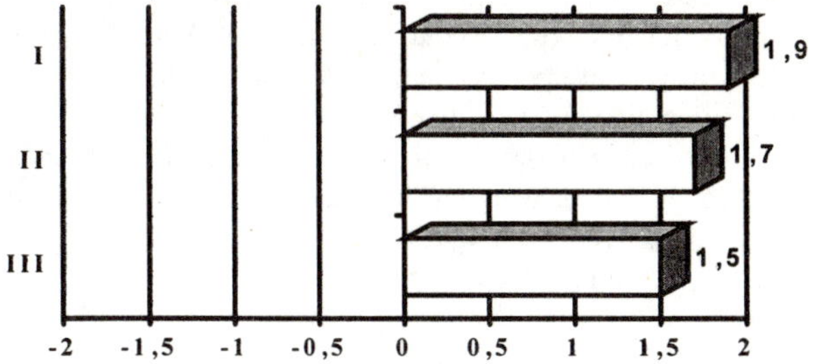

Abbildung 2: „Die Arbeit mit Kindern macht mir immer wieder Spaß.“

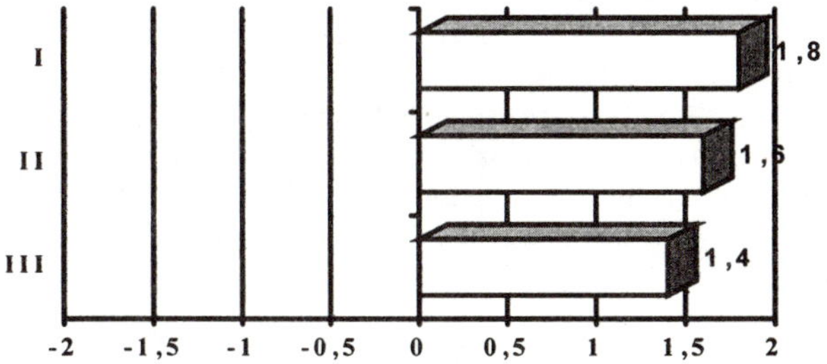

Abbildung 3: „Ich kann mir keinen schöneren Beruf vorstellen.“

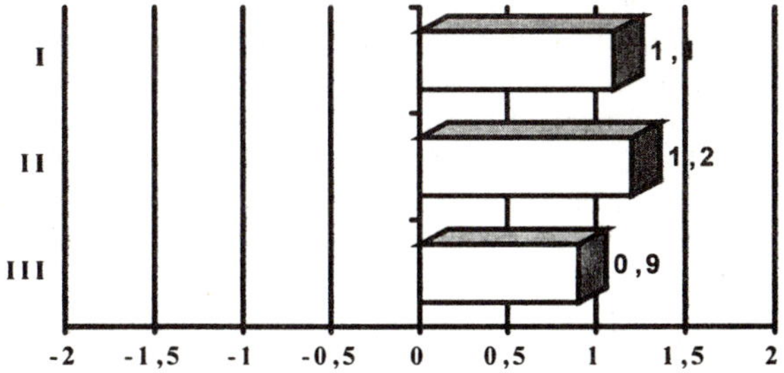

bringt auf der anderen Seite für die Erzieherinnen finanzielle Einbußen bzw. reduziertes Arbeitslosengeld und dgl. m. mit sich. Die letzte Frage zielt nach der persönlich erlebten beruflichen Attraktivität. Zweifelsohne ist nach wie vor der Erzieherinnenberuf für viele Frauen aus persönlicher Wertung heraus attraktiv. Die Werte liegen insgesamt jedoch schon etwas niedriger. In der Tendenz werden weiter absinkende Werte die Folge sein. Dafür seien subjektive und objektive Faktoren als Verursacher genannt. Aus objektiver Sicht heraus ist eine spürbare Abnahme der beruflichen Wertschätzung (s. o.) seitens der Gesellschaft zu beobachten. Andererseits bieten gerade die heutigen Umstände Entfaltungsmöglichkeiten, zumindest für einige (junge) Frauen, Entfaltungsmöglichkeiten, die vordem nicht existent waren.

4 Zusammenfassung und Ausblick

Es wurden Erzieherinnen nach ihrem Belastungserleben gefragt. Die Antworten machen deutlich, wie sich in den verschiedenen Altersgruppen Beanspruchungen zeigen. Zumeist fühlen sich ältere Erzieherinnen stärker belastet und erschöpft, besitzen auf Grund ihrer langjährigen Erfahrungen aber wiederum Kompetenzen, die jüngere Mitarbeiterinnen sich erst noch erarbeiten müssen. So wirken nicht alle Belastungsfaktoren gleichermaßen beanspruchend. Einen besonders hohen negativen Stellenwert hat die Anforderung nach ständiger Aufmerksamkeitsleistung (in Gruppe drei fühlen sich dadurch 100% belastet), aber auch Lärm, Intensität der Arbeit, Sprechbelastung und körperlicher Einsatz machen sich besonders bemerkbar. Einige altersbedingte Differenzierungen seien noch genannt (vgl. Tabelle 4).

Es zeigt sich, daß die Wechselbeziehungen zwischen Anforderungsbewältigung und negativem Belastungserleben das Befinden der Erzieherin destabilisiert. Bis auf die letzte Zeile von Tabelle 4 sind Diskriminationen zwischen den Altersgruppen feststellbar. Diese Aussagen zur Befindlichkeit und Leistungsfähigkeit widersprechen den Aussagen zu Sorgen um die Gesundheit (0,2/0,9) und zu „... ich muß kürzer treten“ (0,5/0,8). Sie geben Einblick in die Sorgen der Erzieherinnen, wegen unzureichender Leistungsfähigkeit den Arbeitsplatz verlieren zu können. Besonders deutlich ist diese Erscheinung in Gruppe III. Hohe Bewertung eigener Kompetenz und Belastungsfähigkeit lassen auf ein Unbedingt-Bestehen-Wollen und hohen Kraftaufwand schließen. Das Durchschnittsalter dieser Gruppe lag bei 53,8 Jahren. Sie bestätigen, engagiert und erfolgreich zu arbeiten (1,4). Die Leiterin Bärbel Geyersbach nimmt zur Problematik des Alters von Erzieherinnen in einer Leserzuschrift an die Zeitschrift „Kindergarten heute“ Stellung, wenn sie schreibt:

> „Wir haben große Achtung vor der Arbeit der älteren Kolleginnen in unseren Kindergruppen. Sie leisten die gleiche gute Arbeit wie unsere jüngere Kolleginnen und sind aktiv am Erneuerungsprozeß beteiligt“ (1995, S. 40f.).

Möge dieser Satz unwidersprochen bleiben.

Tabelle 4: Einige ausgewählte Diskriminationsmerkmale bezogen auf Beanspruchungsfolgen zwischen den Altersgruppen II und III

	II	III
ich bin ruhig und ausgeglichen	0,9	0,3
ich werde manchmal hektisch	-0,2	0,2
ich brauche zwischendurch Pausen	0,3	0,5
an manchen Tagen bin ich besonders unausgeglichen	0,0	0,4
ich dürfte nicht so weiterarbeiten wie bisher	-1,2	0,3
ich bin fix und fertig und kann mich nicht ausreichend entspannen	-0,4	0,0
ich bin zu Hause müde und abgespannt	0,2	0,6
manchmal brauche ich totale Ruhe und habe zu nichts Lust	1,0	1,0
ich habe Schlafschwierigkeiten	-0,1	0,1
ich habe andere berufsbedingte Beschwerden	0,9	0,1

Anmerkung: Die Zahlenwerte erklären sich aus dem oben genannten Fünferrating

Die vorgestellte empirische Untersuchung zeigt, wie Träger und Länder gleichermaßen in die Pflicht zu nehmen sind, um mit den Erzieherinnen gemeinsam durch zu entwickelnde Strategien einerseits Möglichkeiten zur Anforderungsbewältigung zunehmend ins Auge zu fassen und den Kindern andererseits Chancen zu einem erlebnisreichen Aufenthalt in der Einrichtung zu ermöglichen.

Literatur

Breuer, H. (1990). Wie weiter mit dem Kindergarten? Neue Erziehung im Kindergarten. 43, S. 2-3.

Dippelhofer-Stiem, B. & Wolf, B. (in Vorber.). Beiträge zur Ökologie des Kindergartens. Weinheim, München: Juventa.

Gebser, K. (1995). Erzieherinnenreflexionen in sozial - kommunikativem Kontext. In: Arbinger, R. & Jäger, R. S. (Hrsg.). Zukunftsperspektiven empirisch-pädagogischer Forschung (S. 436-446). Landau: Empirische Pädagogik.

Gebser, K. (in Vorber.). Belastung im Kontext erzieherischen Verhaltens. In: B. Dippelhofer-Stiem & B. Wolf (Hrsg.). Beiträge zur Ökologie des Kindergartens. Weinheim, München: Juventa.

Gebser, K. & Scholz, G. (1990). Diagnostische Entscheidungen im Unterricht. Pädagogische Forschung. 31, S. 101-109.

Geyersbach, B. (1995). Wir sind befremdet. Leserzuschrift. Kindergarten heute. 25, S. 40f.

Grassel, H. (1970). Probleme und Methoden der Lehrerforschung. Probleme und Ergebnisse der Psychologie. 34, S. 9-36.

Grassel, H. (1974). Lehrertätigkeit - Lehrerpersönlichkeit. Zu einigen medizinischen und psychologischen Problemen des Lehrerberufes. Deutsches Gesundheitswesen. 29, S. 1328-1333.

Hacker, W. (1986). Arbeitspsychologie. Psychische Regulation von Arbeitstätigkeiten. Bern, Stuttgart, Toronto: Huber.

Hackman, J. R. (1970). Tasks and task performance in research on stress. Social and psychological factors in stress. New York: Ed. J. E. McGrath.

Hurrelmann, K. (1988). Sozialisation und Gesundheit. Weinheim, München: Juventa.

Kreuseler, U. (1990). Offener Brief an alle Kindergärtnerinnen unseres Landes. Neue Erziehung im Kindergarten. 42, S. 1.

Lazarus, R.S. (1966). Psychological stress and the copings process. New York: McGrawhill.

Mörsberger, H. (1978). Der Kindergarten. Freiburg, Basel, Wien: Herder.

Müller, E. H. (1994). Ausgebrannt - Wege aus der Burnout - Krise. Freiburg, Basel, Wien: Herder

Schenk, M. (1980). Bedingungen der Erzieher in unterschiedlichen Vorschuleinrichtungen unter besonderer Berücksichtigung des Erzieherverhaltens. Bonn: Universität (Diss.)

Schmidt, H.-D. & Schneeweiss, B. (1989). Schritt für Schritt. Berlin: Volk und Gesundheit, S. 18.

Ulich, E. (199). Arbeitspsychologie. Stuttgart: Poeschel.

Gerhard Lehwald

Soziales Interaktionsverhalten zur Informationssuche bei Vorschulkindern: Entwicklungs- und ökopsychologische Aspekte[1]

1 Einführung in das Thema

In der psychologischen Theoriebildung wird den Effekten des Kindes bei der Gestaltung seines eigenen Entwicklungsprozesses zu wenig Rechnung getragen. Trotz der jetzt wieder verstärkt propagierten ökopsychologischen Perspektive (vgl. Kruse 1990), die dem Lebensraum einen berechtigt hohen Stellenwert zumißt, sollte erkundet werden, wie das Kind selbst dazu beiträgt, seine Lebens- und Entwicklungsbedingungen mitzugestalten. Die Beachtung der Selbstentwicklung des Individuums, die es durch sein Handeln bewirkt, ist ein wichtiges Prinzip der Entwicklungspsychologie (Doise 1985; Mönks & Lehwald 1991; Oerter 1993). Empirische Untersuchungen haben klar gezeigt, wie das Kind seine Betreuungsperson beeinflußt und damit den Interaktionsprozeß ausgestaltet.

Die Gestaltung eigener Handlungsräume stellt sich dabei als fortlaufender Prozeß dar: durch eigenständiges Explorieren der Umwelt werden vom Kind offensichtlich Verhaltensweisen der Betreuer „hervorgelockt", die stabilisierend für kindliche Erfahrungen wirken und gleichzeitig zu weiterem Erkundungsverhalten Anlaß geben. Durch eigenes Zutun können so permanent neue Aspekte der Umwelt entdeckt werden.

2 Soziale Interaktionsverhaltensweisen zur Informationssuche bei 4- und 6-jährigen

In einer Studie (Lehwald 1993) interessierten wir uns dafür, ob Vorschulkinder etwa bereits soziale Interaktionsverhaltensweisen herausgebildet haben, die der Förderung der Informationsgewinnung vom Interaktionspartner (Eltern) dienlich sein können. Wäre das der Fall, dann könnte über das objektbetonte Explorationsverhalten (Keller & Voss 1976) hinaus ein sozialbezogenes Erklärungsmuster für den selbstbestimmten Aufbau von Wissensstrukturen im Kindesalter angeboten werden. Dabei kommt es u. E. auf „angemessene" soziale Interaktionsverhaltensweisen zwischen Kind und Er-

[1] Die Untersuchungen wurden durch die DFG gefördert.

wachsenen bei der Informationssuche des Kindes zum Aufbau von Wissensstrukturen an. Was heißt in diesem Sinne „angemessen"? Wir verstehen unter angemessen alle die sozialen Interaktionsverhaltensweisen z.B. zwischen Eltern und Kind, durch die eine *effektive Informationsgewinnung, i.S. der Wissensbereicherung,* erzielt werden kann. Uneffektiv wäre demnach eine ausschließlich seitens der Eltern gesteuerte Wissensaufnahme und seitens des Kindes, ein ausschließlich eigenes Erforschen von Wissen ohne Rückfragen oder Austauschmöglichkeiten von gewonnenen Informationen. „Angemessene" soziale Interaktionsverhaltensweisen der Eltern bei der Informationssuche des Kindes wären dann gegeben, wenn die Eltern ihren Kindern altersgerechte Informations- bzw. Wissensangebote machen, ihnen große Freizügigkeit beim Selbst-Erschließen, Selbst-Erkunden ihrer Umwelt lassen und Hilfestellungen beim eventuellen Stagnieren der Wissensaneignung leisten (vgl. Bruner 1974, Steiner 1978).

Als eine wesentliche Möglichkeit, relevante Lösungsinformationen von der Betreuungsperson über den „sozialen Kanal" zu erhalten, sehen wir sogenannte auffordernde Interaktionsweisen an. Für das Vorschulalter haben wir *das Fragenstellen, das Auffordern, das Beobachten und das aktive Zuhören* bestimmt. Diese vier Verhaltensweisen werden im sozialen Interaktionsgeschehen eingesetzt, um fehlendes Wissen aus der Umwelt zu suchen und selbst zu erkunden (vgl. Kretschmer 1990):

Fragenstellen: Formulierung einer Frage an den Kommunikations- bzw. Interaktionspartner, um fehlende (kognitive) Information zu erhalten. (d.h. in Frageform und verbaler Art)

Beispiel: Wo liegt der passende Baustein, Mutti?

Auffordern: Auffordern des Kommunikations- bzw. Interaktionspartners in sprachlicher und nichtsprachlicher Form, um fehlende (kognitive) Informationen zu erlangen, ohne die Frageform zu nutzen.

Beispiel: Hilf mir, den richtigen Bauklotz zu finden.

Zuhören: Zuhören, um (kognitive) Informationen, die in Gesprächen oder Monologen gegeben werden, zu erfassen.

direkt: Mutter spricht, das Bauen wird regelrecht unterbrochen, Mutter wird dann angeschaut

indirekt: Mutter spricht, das Bauen wird nicht unterbrochen, Aufnahme der Information während des Bauens.

Beobachten: Beobachten eines Partners bei einer Handlung, um diese nachahmen zu können bzw. das Resultat der Handlung zu erfahren.

Beispiel: Schauen, Beobachten, Verfolgen der mütterlichen Aktionen während ihres Bauens

Die eben beschriebenen Verhaltensweisen *Fragen, Auffordern, Beobachten und Zuhören* lassen sich nach dem Umfang der Steuerung des Interaktionspartners zum Geben der Informationen in *„aktive"* und *„passive"* Informationssuche unterteilen. Die *„passiven"* sozialen Interaktionsverhaltensweisen zur Informationssuche veranlassen einen Interaktionspartner nicht direkt zum Geben einer bestimmten Information. Vielmehr werden Informationen aus einem vom Interaktionspartner gesteuerten Prozeß (z.B. Erzählen einer Geschichte, Bauen eines Turmes usw.) gewonnen. *Zuhören und Beobachten* als in diesem Sinne (und nur in diesem!) passive soziale Interaktionen zur Informationssuche sollen hier also in einem engeren Sinne als Verhaltensweisen verstanden werden, die als Reaktionen auf vom Interaktionspartner initiierte Handlungen erfolgen. Im weiteren Sinne gehören Zuhören und Beobachten natürlich zu jedem Interaktionsverhalten und sind je Bestandteil einer Frage- oder Aufforderungshandlung.

Beim *Stellen von Fragen und beim Auffordern* steuert der Informationssuchende dagegen aktiv das Verhalten des Interaktionspartners. Er veranlaßt ihn direkt, gewünschte Informationen zu geben. Wir können davon ausgehen, daß Kinder bereits ontogenetisch frühzeitig „aktive" und „passive" soziale Interaktionsverhaltensweisen zur Informationssuche realisieren (vgl. Papousek & Papousek 1977).

In unseren zusammenfassend dargestellten Untersuchungen sollen Bedingungen zur Ausbildung der o.g. Verhaltensweisen zur Informationssuche bei 4- bis 6-jährigen Kindern untersucht werden. Dabei interessiert uns, in welcher Weise kognitive und soziale Rahmenbedingungen diese Entwicklung beeinflussen und welche Zusammenhänge zwischen der Nutzung der sozialen Interaktionsverhaltensweisen und der kognitiven Entwicklung, bestehen.

Folgende Fragestellungen bildeten den Rahmen für die empirischen Untersuchungen:

1. Welche der sozialen Interaktionsverhaltensweisen werden von 4- und 6-jährigen Vorschulkindern zur Suche von Informationen genutzt? Gibt es Unterschiede zwischen diesen beiden Altersgruppen hinsichtlich der Anzahl der genutzten Verhaltensweisen, der Bevorzugung bestimmter Verhaltensweisen bzw. des Einsatzes in ausgewählten Situationen?

2. Welche Zusammenhänge bestehen zwischen der Herausbildung der sozialen Interaktionsverhaltensweisen zur Informationssuche und anderen Komponenten der kindlichen Entwicklung? Insbesondere interessiert, wie sich die Nutzung solcher Verhaltensweisen auf den Aufbau von Kontextwissen im Vorschulalter auswirkt. Weiterhin interessiert uns, welche Zusammenhänge zwischen dem hilfegewährenden Betreuerverhalten und dem Aufbau früher Formen von Metakognitionen bestehen. Gibt es geschlechtsspezifische Unterschiede zwischen Jungen und Mädchen?

Als Untersuchungsmethode wurde eine Problemlöseaufgabe entwickelt. Alle Kinder sollen bei dieser Aufgabe das Modell eines Hausdachs (Spitzdach, gleichseitig) nachbauen. Vor den Kindern lag rechts das Modell und etwas mehr links ein Haufen von insgesamt 14 Bausteinen verschiedenster Formen. Jeweils 3 Steine haben gleiche Form und Größe. Die Mutter saß links vom Kind und mußte zunächst ohne das Kind einmal das „Hausdach" aus den Einzelbausteinen mit Hilfe des Modells zusammensetzen. Dabei wurden weitgehend auf Hilfen seitens des Versuchleiters verzichtet. Noch in Abwesenheit des Kindes erhielt die Mutter folgende Instruktion:

„Ihr Kind kann jetzt selbst aktiv dieses Hausdach aus den Bausteinen zusammenbauen. Sie sollen nur dann in die Aktionen des Kindes eingreifen, wenn *sie der Meinung sind, daß es allein nicht mehr weiterkommt* bzw. *wenn das Kind von ihnen Hilfeleistungen fordert.*"

Nachdem das Kind hinzukommt, erhält es folgende Instruktion vom Versuchsleiter:

„Schau einmal hierher! (Vl zeigt zum Modell und hebt es hoch.) Ich habe dir hier etwas mitgebracht, was aus vielen Bausteinen zu einem Ganzen zusammengesetzt wurde. Was könnte das denn sein? (Eine eventuelle Antwort abwarten, sonst noch weitere Erklärungen geben) Ja, richtig das ist ein Dach von einem Haus. Jetzt schauen wir einmal hier herüber! (Vl zeigt auf die einzelnen Bausteine.) Hier liegen verschiedene Bausteine mit unterschiedlicher Größe und Form, aus denen du jetzt genau so ein Dach wie dieses hier (Vl zeigt zum Modell) zusammenbauen kannst. Wenn du alle Teile richtig zusammensetzt, dann erhältst du genau so ein Dach wie dieses hier.

Falls du beim Bauen einmal nicht mehr weiterweißt, bittest du die Mutti um Hilfe. Hast du noch Fragen? ... Fang bitte an!"

Um den Aufbau von Wissensstrukturen zu kontrollieren, setzten wir zum einen ein Verfahren zur Erfassen von Kontextwissen ein (Friedrich 1985). Dieses ermöglicht die Verfügbarkeit semantische Relationen zu bestimmen. Zum anderen griffen wir auf das intelligenzdiagnostische Verfahren (BILKOG) von Berg & Schaarschmidt (1989) zurück.

Untersucht wurde eine anfallende Stichprobe aus Kindergärten in der Stadt Leipzig. Insgesamt wurden 49 Kindergartenkinder erfaßt, wobei 24 Kinder zur jüngeren Gruppe und 25 Kinder zur älteren Gruppe gehörten. Die jüngeren Kinder und die älteren Kinder waren zu je zwei Gruppen aufgeteilt. Es wurde die Erwartung formuliert (vgl. Fragestellungen), daß sowohl 4- als auch 6-jährige Kinder die sozialen Interaktionsverhaltensweisen nutzen, um Wissen durch Informationssuchprozesse zu erhalten.

Die Abbildung 1 zeigt, daß alle 4 Interaktionstypen sowohl von jüngeren als auch von älteren Kindern angewendet werden. Die Signifikanzprüfung (U-Test) ergab, daß jede der geprüften Interaktionsverhaltensweisen (Fragen F, Auffordern A, Zuhören Z, Beobachten B) von jüngeren Kindern signifikant häufiger verwendet wird als von älteren Kindern! Dieses Ergebnis mag nur auf den ersten Blick überraschen. Die Aufgaben haben für jüngere Kinder offensichtlich einen höheren Schwierigkeitsgrad. Sie sind deshalb stärker genötigt, sozial zu interagieren, um ihre Wissenslücken für die Aufgabenlösung schließen zu können. Außerdem sind bei älteren Kindern offensichtlich Formen selbständigen Erkundens bereits besser ausgeprägt und werden häufiger zur Informationsgewinnung verwendet.

Abbildung 1: Soziale Interaktionsweisen zur Informationssuche (SII) bei jüngeren (4-jährigen) und älteren Kindern (6-jährigen). (Angabe des Medians)

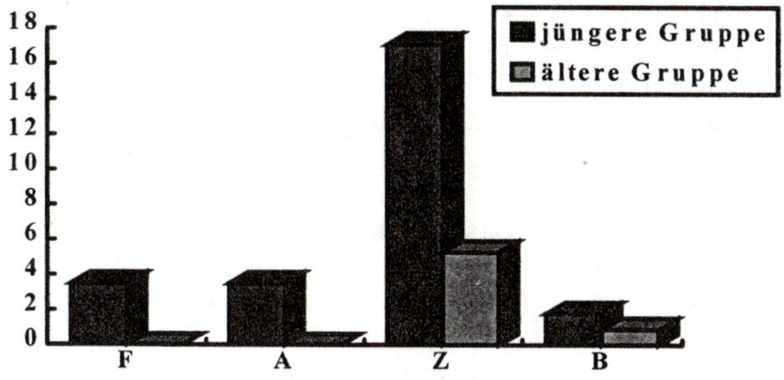

F: Fragen, A: Auffordern, Z: Zuschauen, B: Beobachten

Abbildung 2: Vergleich aktiver und passiver Sozialer Interaktionsweisen zur Informationssuche (SII) bei jüngeren(4-jährigen) und älteren Kindern (6-jährigen). (Medianangaben)

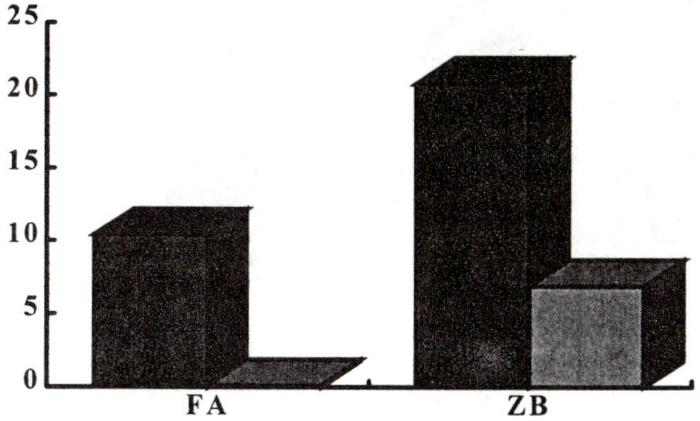

FA: Fragen; Auffordern; ZB: Zuschauen, Beobachten

Vergleichen wir aktive und passive Interaktionen zur Informationssuche, so ergeben sich zwischen den Altersgruppen ebenfalls signifikante Unterschiede. Jüngere Kinder wenden sowohl mehr aktives (Fragen, Auffordern) als auch mehr passives (Zuhören, Beobachten) Interaktionsverhalten zur Informationssuche an.

Wie sieht es aber mit der Intelligenzabhängigkeit des sozialen Interaktionsverhaltens zur Informationssuche aus? Wir erwarteten, daß Intelligenz (Bilkog - IQ) und soziales Interaktionsverhalten zur Informationssuche negativ korreliert. Diese Vermutung kann eindrucksvoll bestätigt werden. Die Korrelation beträgt r = - 0,41. Bildet man Subgruppen (was bei korrelationsstatistischen Erhebungen nicht gerade günstig ist, da sich die Varianz vermindert), so ergibt sich zwischen der Intelligenz und den passiven Interaktionsverhaltensweisen (Zuschauen, Beobachten) ein r = - 0,51. Setzen wir die aktive Informationssuche (Fragen, Auffordern) und die Bilkog- Intelligenz in Beziehung, so ist die Korrelation r = - 0,20. Das bedeutet, Intelligenz korreliert niedriger mit passiver Interaktion zur Informationssuche als mit aktiven Interaktionsformen. Wir interpretieren dieses Ergebnis äußerst vorsichtig: Es könnte sein, daß Kinder mit hohen intellektuellen Fähigkeiten (Bilkog) weniger passive als aktive soziale Interaktionsformen zur Informationssuche anwenden. Dieses Ergebnis würde Sinn machen, denn im Einklang mit selbständigem Erkunden erwerben intelligente Kinder in der Sozialisation einen Wissensvorsprung.

Abbildung 3: Häufigkeit semantischer Relationen im Test in der Kategorie „Erfragen" bei jüngeren (4-jährigen) und älteren Kindern (6-jährigen). (Medianangaben)

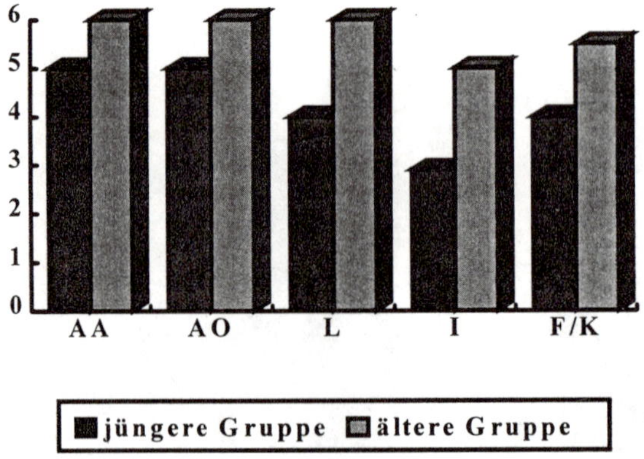

AA: Aktor-Aktions-Relation, AO: Aktor-Objekt-Relation, L: Lokations-Relation, I: Intrumentsrelation, F: Finalitätsrelation, F/K: Anzahl der gestellten Fragen der Kinder

Wir vermuteten weiter, daß Kontextwissen in Abhängigkeit vom Alter und von der Ausprägung des sozialen Interaktionsverhaltens zur Informationssuche aufgebaut und spontan genutzt wird. Die Befunde zeigen, daß 6-jährige Kinder die untersuchten semantischen Relationen im größeren Umfang nutzen und potentiell eher verfügbar haben als die 4-jährigen Kinder. Die Tendenz, daß 6-jährige Kinder ausgewählte Relationsklassen häufiger nutzen als 4-jährige ist in den Relationsklassen deutlich zu verzeichnen (vgl. Abb. 3).

Betrachtet man die Extremgruppen von Kindern, die aktive Interaktionsverhaltensweisen zur Informationssuche häufig anwenden, so kann man zeigen, daß ältere Kinder einen Leistungsvorteil aus der Aktor-Objekt-Relation (Wer macht was?), aus der Lokationsrelation (Wo?) und der Instrumentsrelation (Womit?) ziehen. Es scheint also so zu sein, daß Kinder, die ihr Wissen über aktive Interaktionsstrategien zu erweitern bemüht sind, zumindest in einigen Relationsklassen ihr repräsentiertes Wissen auch besser anwenden. Offensichtlich ziehen 4-6-jährige Vorschulkinder aus aktivem Interaktionsverhalten (Fragen, Auffordern) in einigen semantischen Relationsklassen einen Leistungsvorteil und sind in der Lage, Kontextwissen aufzubauen und zu nutzen.

3 Der Aufbau und die Übertragung metakognitiven Wissens im sozialen Kontakt: Empirische Studien bei Sechsjährigen

Die für diese Untersuchung herangezogene Stichprobe setzt sich aus 31 Kindern (13 Mädchen und 18 Jungen) im Alter von 6;0 - 6;11 Jahren und deren Müttern zusammen. Die zufällig ausgewählten Kinder kamen aus zwei Kindergärten der Stadt Leipzig. Alle der oben aufgeführten Personen (Mutter und Kind) nahmen an der mit Videotechnik aufgezeichneten Problemlöseaufgabe „Hausdach“ (siehe 2.) teil. Zwei Mütter lehnten es ab, die in Zusammenhang mit der Studie ausgegeben Fragebögen zu beantworten, so daß komplette Datensätze von 29 Kind - Mutter - Paaren vorhanden sind.

Bevor wir mit der Ergebnisdarstellung beginnen, wollen wir einige inhaltliche Erklärungen zu der nachfolgenden Studie voranstellen.

Metakognitives Wissen wird im Vorschulalter insbesondere im sozialen Kontakt mit den Bezugspersonen implizit übertragen. Das war der Ausgangspunkt für unsere Studie. Dabei verstehen wir unter *Metakognition (*prinzipiell verbalisierbares) Wissen über die Leistungsfähigkeit und die Funktion des eigenen kognitiven Apparates. Hierzu zählen wir die Verfügbarkeit und die Effektivität von Denk - und Gedächtnisstrategien und die Kenntnis der eigenen Denk- und Gedächtniskapazität.(vgl. Perleth 1992). In der Metakognitionsforschung (siehe zusammenfassend bei Schneider 1989) wird nun häufig angenommen, daß „effektive“ Strategien für die Anwendung von Wissen in verschiedenen Situationen nützlich seien. Impliziert ist damit die Annahme, daß solche Strategien vermittelt werden können, die es letztendlich Kinder ermöglichen, aktiv an

Lernprozessen teilzunehmen. Für unsere Studie betrachten wir die Mütter als Vermittler metakognitiven Wissens, die in Abhängigkeit bestimmter Spiel- und Aufgabensituationen. und in Kenntnis von Interaktionsgewohnheiten ihrer Kinder (aktiv, passiv/unangemessen, angemessen), zu gewissen metakognitiv gestützten Hilfen (Direktiven) greifen. *Unter metakognitiven Direktiven verstehen wir die Reflexion des Kindes anregende Hilfeleistungen von Betreuungspersonen. Sie werden besonders bedeutsam beim gemeinsamen Problemlösen. Typ und Ausmaß gewährter Hilfestellungen (nonverbale Eingriffe, Aufgabenhinweise, Strategiehinweise, Hinweise auf kindliche Personmerkmale) sind zum einen abhängig vom aktiven Lernverhalten und zum anderen von interaktionswirksamen überdauernden Personenmerkmalen der Betreuungsperson.* Es ist wohl kein Geheimnis, daß Kinder, die via metakognitive Direktiven metakognitives Wissen aufbauen, auch zur Bildung von Kontextwissen bevorzugt in der Lage sind.

In der vorgelegten Studie betrachten wir ausschließlich das Fragenstellen als verbale Variante des aktiven Interaktionsverhaltens bei 6-jährigen Vorschulkindern. Im Sinne einer wechselseitigen Beeinflussung berücksichtigen wir ferner die Kompetenzeinschätzung des Kindes durch die Mutter. Außerdem erfaßten wir weitere interaktionswirksame Persönlichkeitseigenschaften, wie Feinfühligkeit und extreme Leistungsorientierung.

Kind und Mutter bearbeiten, wie bereits beschrieben, eine Problemaufgabe, die darin besteht, aus kompliziert geschnittenen Bausteinen ein Hausdach zusammenzusetzen. Folgenden Kategorien wurden Handlungen und Äußerungen der Mutter und des Kindes im Rahmen der interaktionsbezogenen Problemlöseaufgabe zugeordnet und gingen als Variablen in die weiteren Untersuchungen ein (vgl. Frost 1992):

1. *Nonverbale Eingriffe* der Mutter: Damit ist jede Hilfestellung oder Unterbrechung des Lösungsprozesses, welche physisch erfolgte, gemeint.

2. *Aufgabenhinweise* der Mutter: Verbalisierungen, die sich auf einen einzelnen Stein beziehen, wie z.B. Äußerungen zu Form, Gestalt oder Größe des einzelnen Bausteines oder Plazierungs- und/oder Aufforderungshinweise.

3. *Strategiehinweise* der Mutter: Verbalisierungen zum Vorwissen, zur Bearbeitung, zu Prozeßmerkmalen, zum Zielzustand, zu Beziehungen zwischen den Steinen usw. Dabei wurden spezifische Strategiehinweise („Vergleiche die beiden Teile") von allgemeinen Strategiehinweisen („Schau zuerst auf das Modell") unterschieden.

4. *Hinweise zur Steuerung der Selbstregulation* des Kindes: Darunter fielen alle Äußerungen der Mutter, die den von ihr wahrgenommenen emotionalen Zustand verbalisierten bzw. eine gewisse Steuerung desselben zu Ziel hatten

Wir hatten im vorliegendem Abschnitt zum Ausdruck gebracht, daß soziale Interaktionsverhaltensweisen seitens des Kindes (hier war insbesondere das Fragenstellen gemeint) das Geben metakognitiver Direktiven durch die Mutter aktiviert. Die Abbildung 4 stellt beispielhaft jene Befunde dar, die bei der Analyse des Frageverhaltens der Sechsjährigen gewonnen wurden.

Abbildung 4: Gegebene Strategiehinweise von Müttern bei viel fragenden bzw. wenig fragenden sechsjährigen Jungen und Mädchen (Mittelwertangaben)

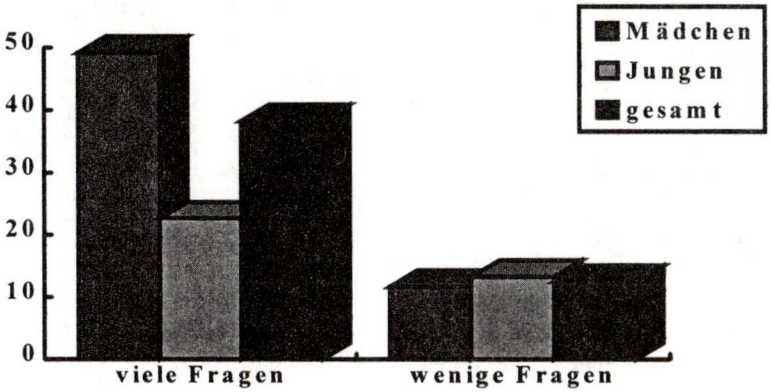

Es fällt zunächst auf, daß „Vielfrager“ und „Wenigfrager“ sich hinsichtlich der Gewährung mütterlicher Strategiehinweise hochsignifikant unterscheiden. (vgl. Spalte „insgesamt“). Von Interesse könnten hier zusätzlich *geschlechtsspezifische Unterschiede* sein. „Vielfragende Jungen“ erhalten sowohl mehr Strategiehinweise als „vielfragende Mädchen“. Offensichtlich wird bei den Müttern neben der Perzeption des aktuellen Frageverhaltens parallel auch eine geschlechtsspezifische „Erwartungshaltung“ aktualisiert und handlungswirksam. Ähnliche Befunde ergeben sich bei der Analyse von Aufgabenhinweisen.

Um zu klären, welche Persönlichkeitseigenschaften der Mutter für den hilfegewährenden Interaktionsprozeß (Geben metakognitiver Direktiven) handlungswirksam werden, wurden deren Leistungsorientierung und deren Feinfühligkeit erfaßt. Zur Bestimmung der Leistungsorientierung wurde die entsprechende Skala des Freiburger Persönlichkeitsinventars (FPI-R) ausgewertet. Das geschah, um überdauernde Persönlichkeitseigenschaften in extremer Ausprägung (wie es der FPI mißt) bestimmen zu können. Mütter mit stark erhöhter Leistungsorientierung sind möglicherweise nur sehr eingeschränkt zu einem kindzentrierten Interaktionsverhalten in der Lage. Wie die nachfolgende Übersicht zeigt, ließen sich diese Vermutungen nicht bestätigen:

Zwar ergeben sich Unterschiede, die jedoch bei gegebener Stichprobengröße die Signifikanzgrenze nicht erreichen. Mütter mit extrem hoher Leistungsorientierung geben demnach nahezu gleich viele metakognitive Direktiven wie Mütter, bei denen mit dem FPI eine niedrige Leistungsorientierung gemessen wurde. Interessant ist jedoch, daß Kinder bei den verschiedenen „Müttertypen" unterschiedlich viel fragen.

Tabelle 1: Metakognitive Direktiven und Leistungsorientierung der Mutter

	hohe Leistungsorientierung	niedrige Leistungsorientierung
Fragen der Kinder	5,1	3,9
Aufgabenhinweise	9,0	8,8
Strategiehinweise	16,9	15,3
Nonverbale Hinweise	8,5	9,1
Hinweise Selbstregulierung	6,1	6,3

Zur Erfassung der mütterlichen Feinfühligkeit setzten wir die sogenannten Erikson - Skalen ein. Sie lagen uns in einer niederländischen Fassung vor (Riksen-Walraven 1991). Die Skalen erfassen den Grad der *Gestaltung* und *Unterstützung* durch die Mutter, die Qualität der *mütterlichen Unterweisung*, *die Selbständigkeitsgewährung* und *die Feindseligkeit*. Für unsere Belange ermittelten wir aus den fünf Skalen einen Gesamtscore (hoch vs. niedrig) feinfühlig. Die nachfolgende Übersicht stellt die Fragen der Kinder, die metakognitiven Direktiven der Mütter und die nonverbalen Eingriffe dar. Die Unterschiede erwiesen sich mit Ausnahme nonverbaler Eingriffe als nicht signifikant, was bedeutet, daß niedrig feinfühlige Mütter erwartungsgemäß häufiger nonverbal in den Problemlösungsprozeß (störend) eingreifen.

Tabelle 2: Metakognitive Direktiven und Feinfühligkeit der Mutter

	niedrig feinfühlig	hoch feinfühlig
Fragen der Kinder	4,4	3,7
Aufgabenhinweise	7,2	6,5
Strategiehinweise	19,6	24,2
Nonverbale Eingriffe	12,3	5,0
Hinweise Selbstregulierung	5,0	5,1

4 Zusammenfassung

Es werden soziale Verhaltensweisen auf der Grundlage der Interaktion mit der Bezugsperson darstellt, die der Informationsgewinnung dienen (Soziales Interaktionsverhalten zur Informationssuche). Die Befunde zeigen, daß aktive Interaktionsverhaltensweisen (Fragenstellen, Auffordern) in erheblich höherem Maße als passive Interaktionen (Zuschauen, Beobachten) zur Informationssuche und damit zum Aufbau des Kontextwissens beitragen. Das geschieht besonders, wenn diese Interaktionsformen angemessen i.S. der Wissensbereicherung vom Kind eingesetzt werden. Angemessene soziale Interaktionen sind dann gegeben, wenn die Betreuungspersonen ihren Kindern altersgerechte Informations- oder Wissensangebote machen, ihnen Freizügigkeit beim Selbst-Erschließen zubilligen und Hilfestellungen beim eventuellen Stagnieren der Wissensaneignung leisten. Die Untersuchungsergebnisse zeigen, daß die Kinder, die aktiv und angemessen in der Interaktion mit ihren Müttern Informationssuchprozesse realisieren, mehr semantische Relationen in der Aktions-Objekt, Lokations- und Instrumentsrelation aufbauen können. Durch den damit erreichten Wissensvorsprung haben sie in Problemsituationen auch mehr alternative Lösungsvorschläge zur Verfügung. Es ist hervorzuheben, daß in der Interaktion aber nicht nur „Objektwissen" erworben wird, sondern gleichzeitig „Handlungswissen" (hier Metakognitionen) übertragen werden. Dabei gewinnen offensichtlich die Fragen des Kindes „Signalfunktion", denn sie geben der Mutter darüber Auskunft, wie sie ihr hilfegewährendes Verhalten organisieren kann (nonverbal eingreifen, Aufgaben- und Strategiehinweise geben, emotionale Zustände des Kindes steuern).

Literatur:

Berg, M. und Schaarschmidt, U. (1989). BILKOG. Testsystem zur Diagnostik angeregter kognitiver Leistung. Intelligenztest für das Kindergarten- und frühe Schulalter. Handanweisung. Berlin: Psychodiagnostisches Zentrum.

Bruner, J.S. (1974). Lernen, Motivation und Curriculum. Frankfurt: Fischer.

Doise, W. (1985). Social regulations in cognitive development. In: Hinde, R.A. u.a. (Hrsg.). Social relationships and cognitive development. Oxford: Pergamon Press.

Friedrich, G. (1985). Diagnostische Ansätze zur Erfassung der Sprachentwicklung im Kleinkindalter. (unveröffentlichte Diplomarbeit). Leipzig: Universität.

Frost, M. (1992). Überlegungen zur Entstehung und zur Realisierung metakognitiver Direktiven im Rahmen einer Mutter-Kind-Interaktion. (unveröffentlichte Diplomarbeit). Leipzig: Universität.

Keller, H. & Voss, G. (1976). Neugier und Exploration. Theorien und Ergebnisse. Stuttgart: Kohlhammer.

Kretschmer, J. (1990). Zur Ontogenese des Frageverhaltens und dessen Bedeutung für die kognitive Entwicklung zwei- bis dreijähriger Krippenkinder. (Dissertation). Leipzig: Universität.

Kruse, L. et. al. (1990). Ökologische Psychologie. Ein Handbuch in Schlüsselbegriffen. München: PVU.

Lehwald, G. (1993 b). Informationssuche und die Herausbildung von Kontextwissen bei 4- und 6-jährigen Kindern. Abschlußbericht DFG Az 1212 / 1-1, 1-2.

Mönks, F.J. & Lehwald, G. (1991). Neugier, Erkundung und Begabung bei Kleinkindern. München: Reinhardt.

Oerter, R. (1993). Können Kinder ihre Zukunft mitbestimmen? Entwicklungspsychologische Befunde zur Entscheidungsfähigkeit von Kindern. Kinderleben. Werkhefte 1. Freiburg: Päd. Hochschule.

Papousek, M. & Papousek, H. (1977). Mothering and the cognitive headstart: Psychobiological confiderations. In: Schaffer H.R. (Ed.). Studies in mother-infant interaction. London: Academic Press.

Perleth, Ch. (1992). Strategienutzung, Metagedächtnis und intellektuelle Begabung. Querschnitts- und Interventionsstudien bei Grundschülern. (Dissertation). München: LMU.

Riksen-Walraven, M. (1991). Die Entwicklung kindlicher Kompetenz im Zusammenhang mit sozialer Unterstützung. In: Mönks, F.J. & Lehwald, G. (Hrsg.). Neugier, Erkundung und Begabung bei Kleinkindern. München: Reinhardt.

Schneider, W. (1989). Zur Entwicklung des Meta-Gedächtnisses bei Kindern. Bern: Huber.

Steiner, G. (1978). Vorwort. In Psychologie des 20. Jahrhunderts. Band 7. Zürich: Kindler.

Karen Dohle und Anne Wessel

Familiale Voraussetzungen für Bildungsaspirationen von Eltern in den neuen Bundesländern

Die Wahl der weiterführenden Schule, wie sie das gegliederte Schulwesen verlangt, stellt die Eltern in den neuen Bundesländern vor eine schwierige Aufgabe. In einem von der DFG geförderten Projekt wird daher das Schulwahlverhalten der Eltern und Schüler beim Übergang zur Oberschule untersucht. Es handelt sich um eine Längsschnittuntersuchung, die das Bildungsverhalten von Eltern und Schülern unter den geänderten gesellschaftlichen Bedingungen in Ostberlin und Brandenburg mit dem Anspruch erforscht, Verläufe von Bildungskarrieren sozialer Gruppen zu erhellen. Es werden sowohl Eltern und ihre Kinder als auch Lehrer von Grundschulen über den Zeitraum der Klassen 4 bis 7 schriftlich befragt. Alle Befragungen werden mit Hilfe von standardisierten Fragebögen sowie Tests längsschnittlich und mit einem einzelnen Schüler als Stichprobenpunkt organisiert. Es wurde eine Stichprobe von ca. 700 Schülern in Ostberlin, Cottbus und Frankfurt/Oder gezogen.

Plaziert ist die Untersuchung damit in einem sich noch vollziehenden Transformationsprozeß des Bildungswesens in den neuen Bundesländern. In der DDR wurden im Verlauf der zehnklassigen Polytechnischen Oberschule von den Eltern - mit Ausnahme der Übergänge zu verschiedenen Spezialschulen für eine relativ geringe Anzahl von Kindern - keine Schulwahlentscheidungen gefordert. Auch der Übergang zur Erweiterten Oberschule bzw. zur Berufsausbildung mit Abitur unterlag nicht dem alleinigen Eltern- und Schülerwunsch. Die Eltern, die wir in unserer Studie befragen, haben also kaum Erfahrungen in der Wahl eines Schultyps.

Sowohl international (vgl. Blossfeld 1992) als auch national (vgl. Rolff et al 1994; Ditton 1992) konnte zwar in den letzten 20 Jahren eine Expansion der Bildungschancen erreicht werden. Damit verbunden war jedoch keine Chancengleichheit innerhalb des Systems. Im Gegenteil: „Im Wettlauf um höhere Schulabschlüsse verloren die Arbeiterkinder gegenüber den anderen Gruppen weiter an Boden“ (Geißler 1992, S. 223). Dieser Trend konnte sogar für die ehemalige DDR nachgewiesen werden. Wie Untersuchungen der APW (Steiner & Wenzke 1991) belegen, stieg der Anteil der Abiturienten aus der Schicht der Intelligenz , trotz staatlicher Lenkung, ständig an. Von

1973 bis 1990 stieg der Anteil dieser Kinder von 27% auf 58% an, während der Abiturientenanteil von Arbeiter- und Facharbeiterkindern bei 13% stagnierte.

1 Theoretischer Bezug

Die Wahl der Schulform wird als ein Instrument betrachtet, mit dessen Hilfe eine Positionierung in der Gesellschaft vorbereitet werden kann. Um die Ressourcen zu erklären, auf die Eltern in diesem Falle zurückgreifen können, stützt sich unsere Untersuchung mit ihrem theoretischen Konzept auf Bourdieu, der drei Dimensionen des familialen Kapitals unterscheidet (vgl. 1983):

1. Kulturelles Kapital

    als inkorporiertes (verinnerlichtes, verkörperlichtes) Kapital, z.B. kulturelle Fähigkeiten und Gewohnheiten

    als objektiviertes (an materielle Träger gebundenes) Kapital, z.B. Bücher, Gemälde, Musikinstrumente

    als institutionalisiertes (schulisch sanktioniertes) Kapital, z.B. Schulabschlüsse

2. Ökonomisches Kapital, z.B. Einkommen

3. Soziales Kapital, z.B. soziale Position, soziale Beziehungen.

Diese drei Dimensionen beschreiben in ihrer wechselseitigen Beziehung das Bildungskapital, auf welches Eltern zurückgreifen können. Der Begriff des kulturellen Kapitals bietet unseres Erachtens eine Basis, um die Ungleichheit der schulischen Leistungen von Kindern aus verschiedenen sozialen Schichten zu erklären. Kulturelles Kapital entsteht in engem Zusammenhang mit ökonomischem und sozialem Kapital und wird in dieser Kombination effektiv verwertet.

2 Schulwahl als ein komplexer Prozeß

Die Schulgesetze der Länder Brandenburg und Berlin räumen den Eltern das Recht ein, den Bildungsweg ihrer Kinder nach der 6. Grundschulklasse frei zu wählen. Im Schulreformgesetz des Landes Brandenburg heißt es beispielsweise dazu: „Die Fähigkeiten und Neigungen des Kindes sowie der Wille der Eltern bestimmen seinen Bildungsweg“ (§1, Abs. 2). Diese Entscheidung bedeutet für die Eltern eine äußerst verantwortungsvolle Interessenwahrnehmung für das eigene Kind und dessen Bildungsweg. Die Eltern befinden sich dabei im Spannungsfeld, ihrem Kind einerseits den höchstmöglichen Schulabschluß eröffnen zu wollen und andererseits eine Dauerüberforderung ihres Kindes zu vermeiden.

In den folgenden Tabellen sind die gewünschten Schulabschlüsse in der Gesamtstichprobe allgemein und differenziert nach den Befragungsorten dargestellt.

Tabelle 1: Gewünschter Schulabschluß* (Gesamtstichprobe)

	N	%
Hauptschulabschluß	50	7,1
Realschulabschluß	121	17,1
Abitur	429	60,6
noch unklar	108	15,3
N	708	

* Hier wurde absichtlich nicht der gewünschte Schultyp sondern der gewünschte Abschluß gewählt, da im Land Brandenburg der Schultyp Hauptschule nicht vertreten ist und der Hauptschulabschluß daher nur an einer Gesamtschule erworben werden kann.

Erstaunlich ist, daß zwei Jahre bevor eine Entscheidung verlangt wird nur 15% der Eltern noch keine konkreten Vorstellungen über den bevorzugten Schulabschluß ihres Kindes haben. Betrachtet man die Schulabschlüsse nach dem Schultyp, an dem sie erworben werden sollen, zeigt sich folgendes Bild: 56% der Eltern möchten, daß ihr Kind das Abitur auf einem Gymnasium erwirbt, während lediglich 4% ein Abitur an der Gesamtschule favorisieren, was darauf hinweist, daß die Gesamtschule als Ort für das Abitur offensichtlich unattraktiv ist.

Tabelle 2: Gewünschter Schulabschluß (nach Stadt)

	Berlin		Cottbus		Frankfurt	
	N	%	N	%	N	%
Hauptschulabschluß	15	4,6	16	9,4	19	9,1
Realschulabschluß	69	21,0	23	13,4	29	13,9
Abitur	201	61,3	105	61,4	123	58,8
noch unklar	43	13,1	27	15,8	38	18,2
N	328		171		209	

Wir nahmen an, daß es hinsichtlich der Schulabschlußwünsche größere Unterschiede zwischen Berlin einerseits und Cottbus, Frankfurt andererseits geben könnte. Bei den Abiturwünschen treten kaum Unterschiede auf; in den brandenburger Städten wünschen mehr Eltern den Hauptschulabschluß und weniger den Realschulabschluß als in Berlin.

Unsere Ergebnisse stimmen mit anderen Studien aus der Bildungsforschung (z.B. Rolff et al 1994; Ditton 1992) überein, wonach von allen Schulabschlußwünschen der Eltern die Abiturwünsche für ihre Kinder überwiegen. In der BRD konnte von 1979 bis 1991 kontinuierlich eine Abnahme der Wünsche nach dem Hauptschulabschluß von 22% auf 5% und eine Zunahme der Abiturwünsche von 41% auf 54% festgestellt werden (Rolff et al 1992, S. 15).

In den neuen Bundesländern erfolgte die Schulwahl erstmalig 1991 (Berlin) bzw. 1992 (Brandenburg). Verschiedene Bildungsforscher hatten derzeit eine schnelle Annäherung der Trends nach hohen schulischen Abschlüssen von „Ost“ an „West“ vorausgesagt. Diese Erwartungen wurden jedoch in Berlin weit übertroffen: in Ostberlin lagen die Abiturwünsche 1992 um 20% höher als in Westberlin (vgl. „Jugendstudie“, FU).

Tabelle 3: Abiturwünsche in Ost- und Westberlin (in %)

	1992	1993	1994
Westberlin	46	55	59
Ostberlin	66	74	64

Wie aus der Tabelle erkennbar, stellt sich offensichtlich die vorausgesagte Annäherung zunehmend ein: die Differenz zwischen Ost- und Westberlin beträgt 1994 nur noch 5%.

3 Familiale Voraussetzungen der Schulwahl

Den Zusammenhang zwischen Bildungsabschlüssen und sozialer Herkunft haben bereits Bourdieu und Passeron (1971) in Frankreich belegt und aufgezeigt, daß die Bildungschancen - bezogen auf die soziale Herkunft - sehr ungleich verteilt sind. Auch Ditton (1987, 1992), Weishaupt und Zedler (1993) und andere konnten Korrelationen zwischen Bildungsaspirationen und dem sozialen Status der Eltern feststellen.

Auch in unserer Untersuchung zeigt sich ein starker Zusammenhang zwischen den Schulabschlußwünschen und dem sozialen Status der Familie. Der soziale Status wurde dabei aus den Berufstätigkeiten beider Eltern und dem erworbenen Berufsabschluß konstruiert, wobei eine Gruppierung der Berufstätigkeiten in Anlehnung an Geißler (1992) erfolgte. Im folgenden ist am Beispiel der Mutter die Verteilung der gewünschten Schulabschlüsse in Abhängigkeit vom sozialen Status dargestellt. Die 9-stufige Skala des sozialen Status ist hierarchisch strukturiert und reicht von „Arbeitslose“ als niedrigste Stufe bis „hochqualifizierte Angestellte mit Hochschulabschluß“ als höchste Stufe. Während mit höherer sozialer Stellung der Wunsch nach einem höher qualifizierten Abschluß für die Kinder stetig wächst, wird hier ersichtlich, daß sich die Gruppe der „Arbeitslosen“ nicht in das erwartete Bild einfügt. Diese arbeitslosen Mütter müssen als „Opfer der Wende" betrachtet werden, die erst nach 1989 erwerbslos geworden sind.

Tabelle 4: Schulabschlußwunsch nach Sozialstatus der Mutter (in %)

Sozialstatus	Hauptschulabschluß	Realschulabschluß	Abitur	unklar
1	10,7	17,9	51,2	20,2
2	12,0	24,0	34,7	29,3
3	5,1	28,0	51,7	15,3
4	8,3	25,0	55,6	11,1
5	8,8	14,7	62,7	13,7
6	4,6	13,9	66,7	14,8
7	0,0	8,0	86,0	6,0
8	0,0	0,0	92,3	7,7
9	3,1	4,7	87,5	4,7
N	6,5	16,9	61,7	14,9

Des weiteren läßt sich aus der obigen Tabelle ablesen, daß die Bildungsvorstellungen mit höherem sozialen Status ausgeprägter sind. Nur knapp 5% der Mütter mit höchstem sozialen Status sind sich noch im unklaren über den Schulabschluß ihrer Kinder im Gegensatz zu 30% der Mütter mit niedrigerem sozialen Status. Einen Zusammenhang zwischen der Anzahl der in der Familie lebenden Kinder und den Bildungserwartungen bestätigen unsere Untersuchungen nicht, anders als Ditton (1992, S.162), der bei steigender Geschwisterzahl sinkende Bildungserwartungen der Eltern beobachten konnte.

4 Woran orientieren sich Eltern bei der Schulwahl?

Mit der Schulwahl kommt den Eltern nicht nur eine große Verantwortung zu, sondern sie müssen außerdem die Sensibilität besitzen, die besonderen Fähigkeiten und Neigungen ihres Kindes zu erkennen und einzuschätzen. Sie haben u.E. ein bestimmtes *Leistungsbild* von ihrem Kind. Wir fragten uns, woran sich Eltern der 4. Klasse zu einem Zeitpunkt, der zwei Jahre vor der endgültigen Entscheidung liegt, orientieren könnten und prüften folgende Faktoren:

- Zensuren in Mathematik, Deutsch und Sachkunde
- Zufriedenheit mit der Zensur ihres Kindes
- Einschätzung der Leistungsfähigkeit ihres Kindes

- Einschätzung der Begabung ihres Kindes
- Einschätzung der Fähigkeiten und Verhaltensweisen ihres Kindes (16 Items)
- Elternkontakte zur Schule.

Im Ergebnis der Prüfung konnten wir feststellen, daß es einen eindeutigen Zusammenhang zwischen Zensuren und Schulabschlußwünschen gibt ($r_s = .47$)[1]. Eltern, deren Kinder sehr gute und gute Zensuren haben, wünschen mehrheitlich einen Abiturabschluß und als Ort das Gymnasium. Mehr als 80% der Eltern sind mit den Leistungen ihrer Kinder zufrieden, wobei Eltern mit hohem sozialen Status zufriedener sind als andere. Trotzdem meinen etwa ein Drittel der Eltern, daß ihr Kind noch mehr leisten könnte. Dabei sind Eltern mit hohem Sozialstatus stärker als andere davon überzeugt, daß ihr Kind weniger leistet als seiner Begabung entspricht. Die Einschätzung ihres Kindes in 7 Fächern bzw. Bereichen (Mathematik, Deutsch, Naturwissenschaft/Technik, Kunst/Musik, Handwerk, Sport, Sprachen) ergab, daß rund 50% der Eltern ihr Kind in allen genannten Bereichen (außer Sport) für durchschnittlich begabt halten, rund 40% geben eine überdurchschnittliche und nur rund 10% eine unterdurchschnittliche Begabung an. Interessant ist in diesem Zusammenhang, daß 40% der Eltern ihr Kind als überdurchschnittlich begabt, bzw. als über dem Durchschnitt liegend einschätzen, aber 60% der Eltern für ihr Kind das Abitur wünschen. Dabei tendieren wiederum Eltern mit hohem Sozialstatus mehr dazu, ihr Kind für überdurchschnittlich begabt zu halten ($r_s = .21$).

Für die Einschätzung der Fähigkeiten und Verhaltensweisen des eigenen Kindes lag den Eltern eine Skala mit 16 Items vor. Um den Merkmalsraum zu dimensionieren, wurde eine explorative Faktorenanalyse gerechnet, die eine Lösung von drei Faktoren ergab:

In Faktor 1 - „leistungsstark" (leis) - gingen ein: Kind hat schulischen Ehrgeiz, lernt leicht, ist konzentriert und ausdauernd, ist fleißig, erledigt Aufgaben ordentlich (alpha = .84);

Faktor 2 - „sozial-integrativ" (soz) - umfaßt: Kind ist lieber allein, hat großes Selbstvertrauen, schließt schnell Freundschaften, ist in Gegenwart anderer gehemmt (alpha = .69);

Faktor 3 - „ängstlich" (ang) - beinhaltet: Kind ist ängstlich und nervös, traut sich nicht zu melden, hat Angst vor schlechten Noten (alpha = .60).

Diese 3 Faktoren wurden - gemeinsam mit anderen, noch darzustellenden - einer weiteren Analyse unterzogen.

Wichtig für den Schulabschlußwunsch erweist sich offensichtlich auch, wie aktiv sich die Eltern in der Schule für ihr Kind engagieren, an Elternabenden und in Sprechstun-

[1] Hier wurden Rangkorrelationskoeffizienten nach Spearman berechnet. Alle Koeffizienten sind auf dem 1%-Niveau signifikant.

den Kontakt zum Lehrer suchen. Wir konnten feststellen, daß nur rund 50% der Eltern diese Gelegenheit - einmal bis mehr als dreimal im Jahr - überhaupt nutzen. Interessant ist allerdings, was dann von den Eltern angesprochen wird.

Dies wurde von uns mit einer Skala (8 Items) überprüft. In einer Faktorenanalyse hat sich nur ein Faktor herausgebildet, in den die 5 Items eingegangen sind, die aktives Verhalten von Seiten der Eltern ausdrücken (z.B. „dem Lehrer sagen, wie das Kind auf ihn und seinen Unterricht reagiert"). Dagegen sind passive Verhaltensweisen der Eltern (z.B. „erfahren, wie mein Kind im Vergleich zur Klasse steht"') nicht in einen Faktor eingegangen. Der Faktor wurde mit „Elternaktivität" (akt) bezeichnet und in weitere Analysen einbezogen.

Wir nahmen an, daß Eltern mit höherem sozialen Status sich eher engagieren, um ihre Interessen durchzusetzen, konnten aber keine signifikanten Unterschiede zwischen Eltern mit unterschiedlichem Sozialstatus hinsichtlich ihrer Schulkontakte nachweisen.

Nachdem wir einige wesentliche Zusammenhänge zwischen dem sozialen Status der Familie und den Bildungserwartungen feststellen konnten, wurden - unserem theoretischen Ansatz entsprechend - ergänzend Zusammenhänge zwischen dem kulturellen Kapital nach Bourdieu und dem Sozialstatus der Familie geprüft.

Tabelle 5: Rangkorrelationen zwischen kulturellem Kapital und Sozialstatus der Familie

Variablen	rs	Sign.
gelesene Bücher	.44	.00
Besitz von Büchern	.45	.00
Einstellung zur Malerei	.33	.00

Dabei zeigen sich recht hohe Korrelationskoeffizienten einerseits sowohl zwischen der Anzahl gelesener Bücher (aus einer vorgegebenen Liste von 10 Titeln) und dem Besitz von Büchern (Anzahl der Bücher im Haushalt von 'weniger als 100' bis 'mehr als 500'), die objektiviertes kulturelles Kapital repräsentieren, als auch der Einstellung zur Malerei (einer 5-stufigen Skala nach Bourdieu), die inkorporiertes kulturelles Kapital darstellt, und dem Sozialstatus der Familie andererseits.

5 Wichtung der Einflußfaktoren für die Schulwahl

Wir gingen von der Annahme aus, daß nicht alle von uns geprüften Variablen den Schulwahlprozeß in gleicher Weise beeinflussen. Uns interessierte, ob es Variablen gibt, die einen stärkeren Einfluß haben als andere. Deshalb wurde in einem nächsten Schritt überprüft, welche Variablen am besten geeignet sind, die Unterschiede zwischen den gewünschten Schulabschlüssen in der 4. Klasse zu erklären.

Als Methode haben wir die *Diskriminanzanalyse* gewählt und zwar in einer schrittweisen Ausführung „stepwise“, um die Wichtung des Einflusses verschiedener unabhängiger Variablen (intervallskaliert) auf die abhängige Variable Schulabschluß (nominalskaliert) zu bestimmen.

Tabelle 6: Diskriminanzanalyse mit der Gruppierungsvariablen „Schulabschluß“

Merkmalsvariable	Korrelation der Variablen mit der Diskriminanzfunktion	
	Funktion 1	Funktion 2
Zensur Mathematik	-.67	
leistungsstark	.66	
ängstlich	-.48	
Sozialstatus der Familie	.43	
sozial-integrativ	.15	
Elternaktivität		.85

Die gewählte Art der schrittweisen Auswahl der Variablen gibt stufenweise den Fortschritt der Varianzaufklärung an und bricht ab, wenn durch Hinzuziehung weiterer Variablen nicht mehr Varianz aufgeklärt werden kann. In unserem Fall gingen mit 38% Varianzaufklärung folgende Variablen in die Analyse ein:

- die Zensur in Mathematik (ähnliche Ergebnisse bei Deutsch und Sachkunde)
- verschiedene Items, die Leistungsstärke der Kinder abbilden (Faktor 'leis')
- verschiedene Items, die Nichtängstlichkeit der Kinder ausdrücken (Faktor 'ang')
- der Sozialstatus der Familie
- verschiedene Items, die sozial-integrative Verhaltensweisen erfassen (Faktor 'soz')
- hohe Aktivität der Eltern.

Bei dieser stufenweisen Auswahl der Variablen wird deutlich, welche Faktoren die Eltern zur Zeit (d.h. Ende der 4. Klasse) am stärksten in ihrer Schulwahlentscheidung beeinflussen bzw. welche Variablen hinsichtlich der Entscheidung für einen Schulabschluß am besten diskriminieren.

Der Vorteil dieser Methode ist, daß Variablen, die stark miteinander korrelieren, nicht in die Analyse einbezogen werden. Dadurch gingen allerdings alle Variablen, die kulturelles Kapital repräsentieren, wie gelesene Bücher, Besitz von Büchern und Einstellung zur Malerei, nicht als Bestimmungsfaktoren für die Schulwahl in die Analyse ein.

Literatur

Blossfeld, H.-P. (1992). Soziale Ungleichheit im Bildungssystem. Neuere Daten aus 13 Ländern. In: Lebensverhältnisse und soziale Konflikte im neuen Europa. 26. Deutscher Soziologentag Düsseldorf 28.9.-2.10.1992, Abstract-Band.

Bourdieu, P. (1983). Ökonomisches Kapital, kulturelles Kapital, soziales Kapital. In: Kreckel, R. (Hrsg.). Soziale Ungleichheiten. Sonderband 2 der Zeitschrift 'Soziale Welt' (S. 183-198). Göttingen.

Bourdieu, P. & Passeron, J.-C. (1971). Die Illusion der Chancengleichheit. Untersuchungen zur Soziologie des Bildungswesens am Beispiel Frankreichs. Stuttgart: Ernst Klett Verlag.

Ditton, H. (1987). Familie und Schule als Bereiche des kindlichen Lebensraumes. Eine empirische Untersuchung. Frankfurt/M: Verlag Peter Lang.

Ditton, H. (1992). Ungleichheit und Mobilität durch Bildung. Weinheim, München: Juventa.

Geißler, R. (1992). Die Sozialstruktur Deutschlands. Opladen: Westdeutscher Verlag.

Rolff, H.-G.,Bauer, K.-O., Klemm, K. & Pfeiffer, H. (Hrsg.). Jahrbuch der Schulentwicklung. Band 7 (1992), Band 8 (1994). Weinheim, München: Juventa.

Steiner, I. & Wenzke, G. (1991). Der Zusammenhang von sozialer Herkunft und Schulerfolg am Beispiel der Schule der DDR. Zentrum für Europäische Bildungsforschung e.V. Unveröffentlichtes Manuskript.

Weishaupt, H. & Zedler, P. (1993). Schulstrukturwandel in Thüringen. Erfurter Studien zur Entwicklung des Bildungswesens. Band 1. Pädagogische Hochschule Erfurt.

Horst Weishaupt

Determinanten der Bewertung des schulstrukturellen Wandels in Thüringen durch Lehrer und Eltern

Die Einführung der neuen Schulstruktur in Thüringen war nicht das Ergebnis eines unter Beteiligung der Eltern und Lehrer geführten öffentlichen Diskussionsprozesses. Bereits wenige Monate nach der Konstitution des Thüringer Landtags wurde im März 1991 das „Vorläufige Thüringer Bildungsgesetz" verabschiedet, das die Grundzüge des neuen Schulsystems festschrieb. Es ist kaum beeinflußt von den 1990 an den Schulen geführten Diskussionen um eine Reform des Schulwesens, die überwiegend eine innere Reform des Einheitsschulsystems intendierten (siehe Köhler 1993).

Vor diesem Hintergrund ist die Verarbeitung des strukturellen Wandels des Schulwesens in Thüringen 1991 für Lehrer und Eltern als ein langwieriger und vielschichtiger Prozeß anzusehen. Aus der Innovationsforschung wissen wir nur allzu gut, wie von oben verordnete Reformen von unten unterlaufen werden. Daß auch der schulstrukturelle Wandel in den neuen Ländern, so unspektakulär er sich auch vollzogen hat, mit Akzeptanzproblemen rechnen muß, wurde einer breiten Öffentlichkeit erstmals durch die Befragungsergebnisse des IFS in Dortmund deutlich, die zeigten, daß die Schularten des DDR-Schulsystems bei 1991 und 1993 befragten Erwachsenen höhere Wertschätzung genossen als die Schularten des neuen Schulsystems (IFS-Umfrage, 1994). In der Diskussion dieser Ergebnisse wurde „DDR-Nostalgie" als Erklärung angeführt. Doch was steckt dahinter? Erwächst die Zurückhaltung gegenüber den neuen Schulstrukturen aus bildungspolitischen Zielvorstellungen, aus den ersten negativen Erfahrungen mit dem neuen Schulsystem oder aus tiefliegenden Verunsicherungen durch die Wende?

Im Rahmen einer in Erfurt durchgeführten Untersuchung „Schule in Thüringen im Wandel" wurden Eltern und Lehrer im Sommer 1993 nach ihrer Bewertung des DDR-Schulsystems und nach ihren Reformerwartungen befragt. Sie wurden um Auskunft darüber gebeten, wie sie neue und ehemalige Schularten beurteilen, welche Mängel sie gegenwärtig an den Schulen sehen und welche Schwerpunkte der weiteren schulischen Entwicklung sie sich wünschen. Insofern läßt sich detailliert untersuchen, in welchem Zusammenhang die Bewertung des schulstrukturellen Wandels durch Eltern und Lehrer mit schulpolitischen Orientierungen, Reformerwartungen und aktuellen Einschätzungen der Schulsituation steht.

Zur Einschätzung des schulstrukturellen Wandels wurde Lehrern und Eltern folgende Frage vorgelegt: „Wenn Sie über alles insgesamt nachdenken, bringt das 1991 eingeführte neue Schulsystem Ihnen/Ihrem Kind dann eher Vorteile oder eher Nachteile?"[1] Die Ergebnisse der Antworten auf diese Frage enthält Abbildung 1. Im Vergleich zu den Eltern sehen Lehrer nach unseren Ergebnissen den schulstrukturellen Wandel positiver und von diesen wiederum die Gymnasiallehrer am positivsten. Sie sehen die Veränderungen zu 70 Prozent als vorteilhaft an.

Abbildung 1: Bilanzfrage - „Wenn Sie über alles insgesamt nachdenken, hat das 1991 eingeführte neue Schulsystem Ihnen/Ihrem Kind dann eher Vorteile oder eher Nachteile gebracht?" Vergleich zwischen Lehrern und Eltern.

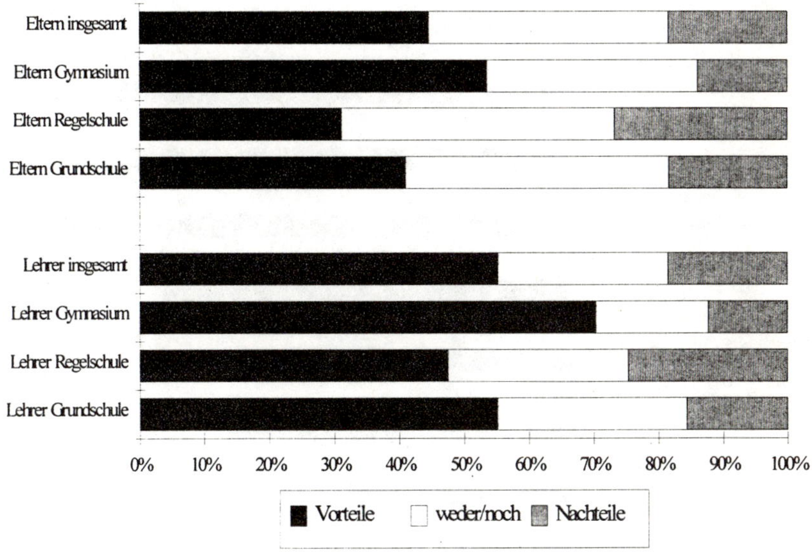

Die Eltern ziehen mehrheitlich keine eindeutig positive Bilanz. Nur 45 Prozent von ihnen sehen im neuen Schulsystem eher Vorteile, 18 Prozent eher Nachteile, 38 Pro-

[1] Obwohl diese Frage auch den Schülern vorgelegt wurde, bleiben sie in diesem Beitrag ausgeklammert, weil ihnen nur wenige der zur Interpretation der Antwort auf die Bilanzfrage analysierten Eltern- und Lehrerfragen gestellt wurden. (Zur Auswertung der Schülerergebnisse siehe Plath 1996)

zent sowohl Vorteile als auch Nachteile. Auch bei den Eltern ist die Sicht der Gymnasialeltern am positivsten.

Dieses Ergebnis ist insofern plausibel, als für die Lehrer - trotz aller noch bestehenden Unsicherheiten ihrer gegenwärtigen Beschäftigung - deutliche Status- und Einkommensverbesserungen mit dem Schulstrukturwandel verbunden waren. Die Gymnasiallehrer sind unter ihnen nochmals die Gruppe mit den größten Vorteilen, denn in ihrer Ausbildung und früheren Beschäftigung unterscheiden sie sich nicht von den Regelschullehrern. Die Eltern sind demgegenüber noch verunsichert und haben Orientierungsprobleme, die sich nicht zuletzt in dem hohen Anteil von unentschiedenen Antworten ausdrücken.

Abbildung 2: „Welche Elemente des alten Schulwesens haben sich Ihrer Meinung nach bewährt, welche nicht?" Vergleich zwischen Lehrern und Eltern. Anteil der Antworten „bewährt".

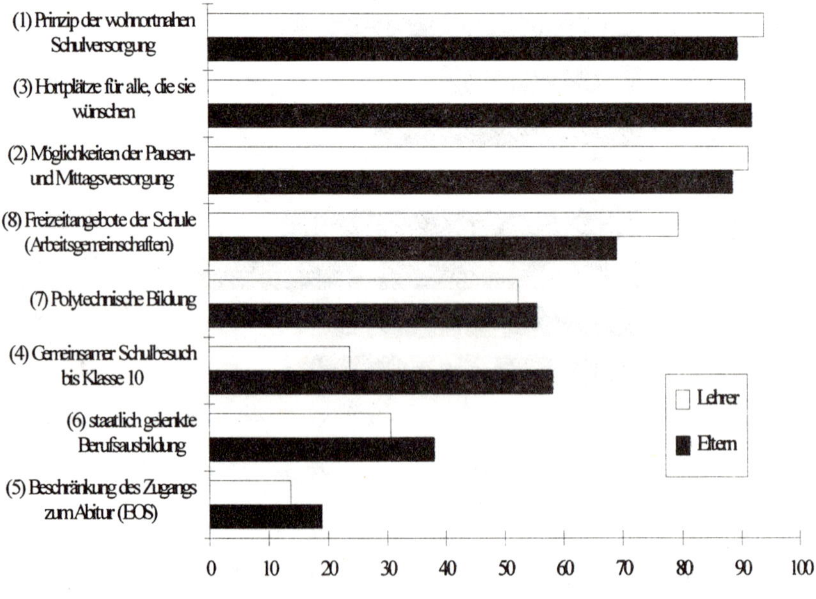

Nachfolgend soll untersucht werden, in welchem Umfang - über die Schulart hinaus - weitere Einflüsse auf die Bewertung des schulstrukturellen Wandels beobachtbar sind. Beispielsweise ist anzunehmen, daß diejenigen, die bereits zu DDR-Zeiten das Schulwesen für weitgehend reformbedürftig hielten, die jetzige Schulstruktur anders bewerten als diejenigen, die die DDR-Schule überwiegend bejahten.

Um die Position der Befragten zum alten Schulsystem zu erfassen, wurden sie erstens danach befragt, welche Elemente des alten Schulsystems sich ihrer Meinung nach bewährt haben. Zweitens wurden Eltern und Lehrer um Angaben darüber gebeten, welche Veränderungen des DDR-Schulwesens sie schon vor der „Wende" für notwendig hielten. Dann sollten sie angeben, welche dieser Elemente aus ihrer Sicht verwirklicht wurden. Als „bewahrenswert" (siehe Abbildung 2) betrachten Eltern und Lehrer in gleicher Weise: die wohnortnahe Schulversorgung, den Hort, die Möglichkeiten der Mittagsversorgung und die Möglichkeiten der Freizeitgestaltung an den Schulen.[2] Schulische Freizeitangebote werden von den Lehrern mehr gewünscht als von den Eltern.

Abbildung 3: Als notwendig angesehene und verwirklichte Veränderungen des alten Schulwesens. Vergleich der Bewertungen von Lehrern und Eltern. (in v.H.)

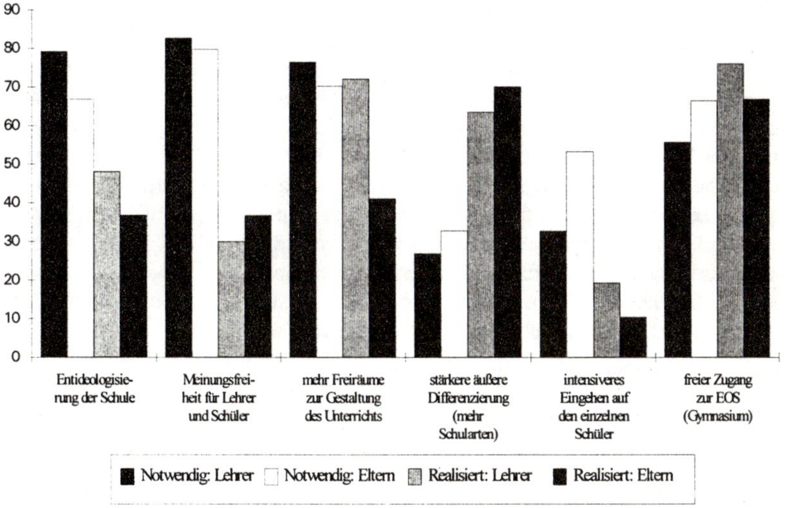

[2] Einige der von uns den Eltern und Lehrern vorgelegten Antwortvorgaben sind mit dem Fragebogen der IFS-Umfrage vergleichbar (IFS-Umfrage 1994, S. 29). Der Vergleich zwischen den Antworten der Schülereltern der IFS-Umfrage aus den neuen Ländern 1993 mit unseren Ergebnissen von Eltern aus Thüringen zeigt nahezu übereinstimmende Ergebnisse.

Ein deutlich höheres Interesse als die Lehrer haben die Eltern am gemeinsamen Schulbesuch der Kinder bis zur 10. Klasse. 58 Prozent der Eltern (im Vergleich zu 24 Prozent der Lehrer) betrachten ihn als ein bewährtes Element des alten Schulsystems. Nach besuchter Schulart des Kindes differenziert wünschen ihn sich 65 Prozent der Grundschüler-Eltern, 70 Prozent der Regelschüler-Eltern und immerhin auch 48 Prozent der Eltern von Gymnasiasten. Die Notwendigkeit eines gegliederten Schulsystems nach einer vierjährigen Grundschule ist im Bewußtsein der Eltern - und darauf deuten auch andere Ergebnisse unserer Befragung hin - keineswegs verankert.

Nach übereinstimmender Meinung von Eltern und Lehrern waren folgende Veränderungen des Schulwesens vor der „Wende" am vordringlichsten (siehe Abbildung 3): „Meinungsfreiheit für Lehrer und Schüler", „mehr Freiräume zur Gestaltung des Unterrichts" und „Entideologisierung der Schule". Vorrangig verwirklicht wurden aber nicht diese Wünsche, sondern die „stärkere äußere Differenzierung (mehr Schularten)" und der „freie Zugang zur EOS".

Ich erwähne hier besonders diese Ergebnisse, weil sie die eingangs getroffene Feststellung unterstreichen, daß die Lehrer und Eltern nicht vorrangig an einer Strukturreform des Schulwesens interessiert waren.

Anzunehmen ist, daß bei Eltern und Lehrern mit steigender Zahl der positiv bewerteten Elemente des alten Schulsystems die negative Bewertung des schulstrukturellen Wandels zunimmt. Zugleich ist anzunehmen, daß die Lehrer und Eltern, die viele der genannten Veränderungen für wünschenswert hielten, auch den schulstrukturellen Wandel eher positiv bewerten. Die Korrelationskoeffizienten, mit denen diese Vermutungen überprüft wurden, enthält Tabelle 1. Sie zeigt die erwarteten Zusammenhänge. Die Tabelle enthält ebenfalls die Korrelationen zwischen der Einschätzung des schulstrukturellen Wandels und anderen möglichen Einflußfaktoren, zu denen wir Angaben erhoben haben. Einige dieser Dimensionen wurden aus mehreren Items der Befragung gebildet. Die unterschiedenen Dimensionen sind:

Die schulpolitischen Orientierungen

Vorgegeben wurden Aussagen zu verschiedenen schulpolitischen Themen

- „Leistungserwartungen" meint, daß mit dem Wandel der Schulstruktur höhere Leistungserwartungen an die Schüler verbunden werden.
- „Reformoffenheit" bezeichnet die Bereitschaft zur Vergrößerung der einzelschulischen Autonomie und zur Einführung alternativer Schularten bzw. der Ganztagsschule.
- „Selektionsinteresse" bezeichnet den Wunsch nach früher äußerer Differenzierung von Bildungsgängen.

- „Schülerorientiertes Lehrerverhalten" bedeutet, daß sich nach dem schulstrukturellen Wandel die Lehrer in ihrem Verhalten mehr auf die Bedürfnisse der Schüler einstellen.

Selektionsinteresse und schülerorientiertes Lehrerverhalten sind bei Lehrern und Eltern bedeutsam für die Bewertung des schulstrukturellen Wandels. Reformoffene Befragte sind eher von dem Wandel enttäuscht. Höhere Leistungserwartungen verbinden vornehmlich Lehrer mit den Veränderungen im Schulwesen.

Tabelle 1: Bewertung des schulstrukturellen Wandels (Bilanzfrage) und Einstellungen zum DDR-Schulsystem (Kendalls tau b Koeffizienten)

Zusammenhang zwischen der Bewertung des schulstrukturellen Wandels und...		Lehrer N=1320	Eltern N=4806
der Bewertung des alten Schulsystems			
BEWAS	der Anzahl bewährter Elemente des alten Schulsystems[1]	-.18	-.19
RASN	der Anzahl zu verändernder Elemente des alten Schulsystems[1]	.19	.23
Schulpolitischen Orientierungen			
	Leistungserwartungen	.17	.08
	Reformoffenheit	-.08	-.04
SI	Selektionsinteresse	.21	.22
SLV	Schülerorientiertes Lehrerverhalten	.20	.19
Inhalten und sozialen Bedingungen des Lernens			
SOZL	Soziales Lernen	.10	.10
WuT	Wirtschaft-Technik	-.04	-.03
	Offene Schule	.01	-.04
LFOE	Leistungsförderung	.02	-.06
Gegenwärtigen Schulproblemen			
	Problem: materielle Situation	-.03	-.03
	Problem: Lebensraum	-.08	-.11
FSB	Problem: Fehlende Schülerbeteiligung	-.20	-.17

Zusammenhang zwischen der Bewertung des schulstrukturellen Wandels und...		Lehrer N=1320	Eltern N=4806
der Benotung alter und neuer Schularten			
	Note: Grundschule	.10	.13
NR	Note: Regelschule	.19	.15
	Note: Gymnasium	.21	.20
NGS	Note: Gesamtschule	-.19	-.08
BVB	Benotung Vollzeit-Berufsschulen	.04	.16
BAS	Benotung alte Schularten	-.18	-.21
anderen Einflußfaktoren[2]			
ZUFRI	Zufriedenheit insgesamt	.23	
ABZ	Angst vor beruflicher Zukunft	-.19	
GIS	Zufriedenheit mit der Schule		.18
GIK	Zufriedenheit mit der Klasse		.12
ABZ	Angst vor beruflicher Zukunft des Kindes		-.17

1) berechnet wurden Mittelwertscores über die Antworten auf die vorgegebenen Statements.
2) Das Geschlecht des Lehrers und des Kindes, das Alter des Lehrers und die soziale Lage der Eltern zeigten keinen Zusammenhang mit der Bewertung des schulstrukturellen Wandels.

Die Inhalte und sozialen Bedingungen des Lernens

Antworten auf Fragen zu curricularen Schwerpunkten des Unterrichts und auf Fragen zur weiteren Entwicklung der Schule und des Schullebens sind hier zusammengefaßt. Es ist anzunehmen, daß die Bewertung des schulstrukturellen Wandels vornehmlich mit dem Wunsch nach Veränderungen im Fächerkanon in Beziehung steht. Deshalb wurden - wiederum durch eine faktorenanalytische Überprüfung bestätigt - zwei Gruppen neuer Fächer gebildet. Die Themenbereiche Wirtschaft/Technik/handwerkliche Fähigkeiten/Kenntnisse von Verwaltung und Recht wurden in der Gruppe „Wirtschaft-Technik“ zusammengefaßt, die Antwortvorgaben Politik und Soziologie (Soziales)/Umgang mit anderen Menschen (Psychologie und Pädagogik)/Religion in der Gruppe „Soziales Lernen“.

Aus Antwortvorgaben, die unterrichtsergänzende Aktivitäten an den Schulen zum Gegenstand haben, wurde die Dimension „Offene Schule“ und aus Antwortvorgaben, die eine Umorientierung des Unterrichts ansprechen, die Dimension „Leistungsförderung“ gebildet.

Die Effekte dieser Dimensionen über alle Lehrer- und Elterngruppen hinweg sind vergleichsweise niedrig, bei einzelnen Lehrer- und Elterngruppen sind sie jedoch bedeutsam (siehe unten).

Die Bewertung der gegenwärtig an den Schulen bestehenden Probleme

Ein weiterer Gesichtspunkt, der die Bewertung des schulstrukturellen Wandels beeinflussen kann, sind die gegenwärtigen Probleme an den Schulen. Zu geringe Finanzen, eine unzureichende Ausstattung mit Lehrmitteln und ein „schlechter baulicher Zustand des Schulgebäudes“ bilden die Problemgruppe „materielle Situation“. „Fehlende Freizeitangebote nachmittags in der Schule“, „unzureichende Versorgung (am Mittag, in den Pausen)“, „Vernachlässigung der musischen Fächer“ und „zu geringe Kenntnisse der Lehrer über das Elternhaus und die Herkunft der Schüler“ stehen für die als „Lebensraum“ bezeichnete Dimension. Antwortvorgaben, die sich auf die Schüler beziehen, deren Verhalten und deren Förderung, werden der Dimension „Fehlende Schülerbeteiligung“ zugeordnet. Alle drei Problemdimensionen korrelieren negativ mit der Bewertung des schulstrukturellen Wandels. Vor allem die Kritik an der Schülerbeteiligung im neuen Schulsystem hat einen nachhaltigen negativen Effekt auf diesen Zusammenhang.

Auch die Bewertung der aktuellen schulischen Situation ist folglich nicht bedeutungslos für das Urteil über die Schulreform in Thüringen.

Die Benotung der alten und neuen Schularten.

Im Zusammenhang der Beurteilung des schulstrukturellen Wandels durch Eltern und Lehrer in Thüringen wurde ebenfalls um eine Benotung alter und neuer Schularten gebeten, die nach der Notenskala zwischen 1 und 6 bewertet werden sollten (siehe Weishaupt & Zedler 1994, S. 420). Die Ergebnisse, weichen teilweise erheblich von den Befunden der IFS-Umfrage ab (siehe IFS-Umfrage 1994). Sie sind m. E. auf landesspezifische Unterschiede in der Schulorganisation zurückzuführen.

Bei dieser Benotung der alten und neuen Schularten bewerteten Lehrer und Eltern die Unterstufe der POS (Kl. 1-4) insgesamt etwas besser als die Grundschule und die Mittel- und Oberstufe der POS besser als die Regelschule. 84 Prozent der Eltern benoten die Unterstufe der POS mit „sehr gut“ und „gut“ im Vergleich zu nur 78 Prozent, die die Grundschule in gleicher Weise bewerten. 72 Prozent der Eltern geben der Mittel- und Oberstufe der POS die Noten „sehr gut“ oder „gut“ und nur 61 Prozent der Regelschule. Vergleichbar hohe Bewertungen wie die Grundschule findet bei Eltern nur das Gymnasium, dessen Bewertung allerdings noch von den positiven Bewertungen des Beruflichen Gymnasiums und der Berufsschule übertroffen wird.

Die Unterschiede in den Elternmeinungen nach besuchter Schulart des Kindes sind relativ gering im Vergleich zu den Urteilen der Lehrer über das alte und neue Schulsystem in Abhängigkeit von der Schulart, in der sie unterrichten. Wichtig ist, daß Grundschullehrer - im Gegensatz zu ihren Lehrerkollegen an Regelschulen und Gymnasien - die neue Grundschule besser bewerten als die Unterstufe der POS.

Die positive Bewertung der alten Schularten dürfte in hohem Maße mit Elementen des alten Schulsystems zusammenhängen, die von Lehrern und Eltern gleichermaßen als „bewahrenswert" angesehen werden. Insofern ist die Annahme naheliegend, daß zwischen der Benotung der Schularten und der Bewertung des schulstrukturellen Wandels ein enger Zusammenhang besteht, der von den in Tabelle 1 enthaltenen Korrelationen bestätigt wird. Zusammengefaßt wurden die Noten für die vier allgemeinbildenden DDR-Schularten und die Noten für die drei beruflichen Vollzeitschulen (Höhere Berufsfachschule, Fachoberschule und Berufliches Gymnasium), die sehr einheitlich vergeben wurden.

Erwartungsgemäß ist, daß Befürworter des Wandels die neuen Schularten besser und die alten Schularten schlechter bewerten. Gesamtschulbefürworter lehnen eher den schulstrukturellen Wandel ab.

Nur bei der Bewertung der Gesamtschule und der beruflichen Vollzeitschulen unterscheiden sich die Korrelationen zwischen Eltern und Lehrern nennenswert. Für Lehrer ist die Einstellung zur Gesamtschule bedeutsamer für ihr Urteil über den schulstrukturellen Wandels als bei Eltern. Bei Eltern ist demgegenüber die Benotung der beruflichen Vollzeitschulen bedeutsamer als bei Lehrern.

Zusammenfassende Auswertung der Ergebnisse

Um die Bedeutung der untersuchten Faktoren für das Urteil von Lehrern und Eltern über den schulstrukturellen Wandel nicht zu überschätzen, werden in der zusammenfassenden Betrachtung noch weitere als wichtig angesehene Variablen berücksichtigt. Bei den Lehrern erwiesen sich

- die Zufriedenheit an der Schule und
- die Angst vor der beruflichen Zukunft

als zwei wichtige, ergänzend zu berücksichtigende Merkmale.

Bei den Eltern stellte sich als bedeutsam für die Bewertung des schulstrukturellen Wandels heraus,

- ob das Kind gerne die Schule besucht und gerne in seiner Klasse ist und
- ob die Eltern Angst haben vor der beruflichen Zukunft des Kindes.

Die soziale Lage der Eltern, das Geschlecht des Kindes, das Geschlecht des Lehrers und die Dauer der Berufstätigkeit des Lehrers sind nicht bedeutsam für den interessierenden Zusammenhang.

Für die abschließende Analyse der Haupteffekte in den sechs Gruppen (Eltern und Lehrer nach drei Schularten) wurden Kausalmodelle berechnet, in denen die Effekte der verschiedenen Aspekte der bildungspolitischen Orientierung, der Bewährung des alten Schulsystems und der Einschätzung von Reformerfordernissen auf die Benotung der alten Schularten berücksichtigt sind. Obwohl die Benotung der DDR-Schularten sowohl Folge der Bewertung des schulstrukturellen Wandels als auch deren Grundlage sein kann, wird also nachfolgend unterstellt, daß die Bilanz der Reform eine Folge der Bewertung der DDR-Schularten ist. Ebenfalls wurde die Note für die Gesamtschule bei diesen Analysen der bildungspolitischen Orientierung zugeordnet, denn sie resultiert bei den Befragten nicht aus der Erfahrung mit dieser Schulart (es gibt nur drei Gesamtschulen in Thüringen), sondern aus der Wertschätzung des mit diesem Schulmodell verbundenen pädagogischen Konzepts. Die Berechnungen wurden mit der Prozedur CALIS des Programmsystems SAS durchgeführt.

Abbildung 4: Einflußfaktoren auf die Bewertung des schulstrukturellen Wandels durch Lehrer, differenziert nach Schularten (Ergebnisse von drei LISREL-Modellen)

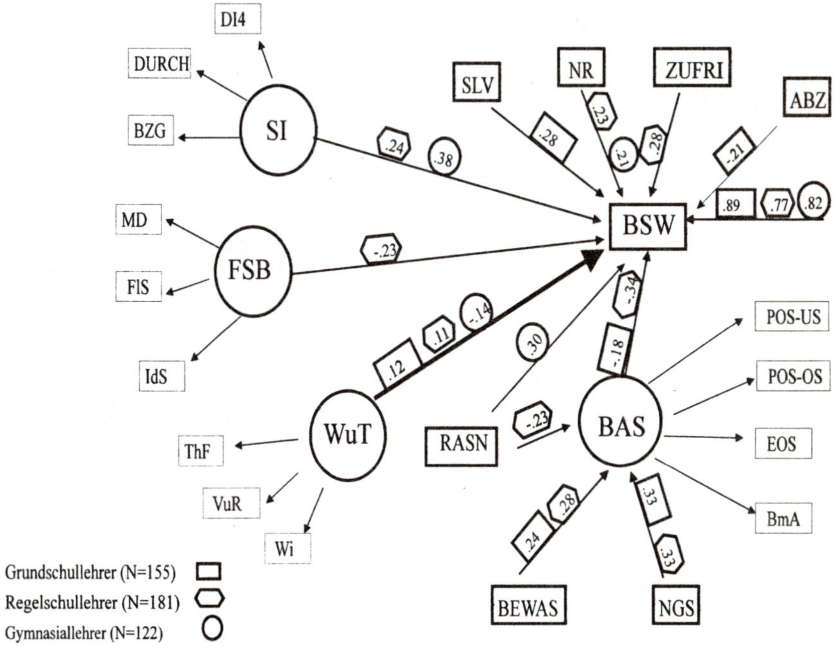

Abbildung 4 stellt die Struktur der bedeutsamen Einflüsse auf die Bewertung des schulstrukturellen Wandels durch Grundschul-, Regelschul- und Gymnasiallehrer dar.

Erkennbar ist, daß zwischen den Lehrergruppen deutlich unterschiedliche Bewertungen des schulstrukturellen Wandels bestehen. Dabei stehen die Regelschullehrer zwischen Grundschul- und Gymnasiallehrern.

Es zeigt sich, daß die individuelle Lebenslage der Grund- und Regelschullehrer ihre Einschätzung des schulstrukturellen Wandels beeinflußt. Die Angst der Grundschullehrer vor ihrer beruflichen Zukunft hat einen negativen Einfluß, die Zufriedenheit der Regelschullehrer an ihrer Schule einen positiven Einfluß. Bei beiden Lehrergruppen hat die Benotung der alten Schularten einen negativen Effekt auf die Befürwortung des schulstrukturellen Wandels. Für die Benotung des alten Schulsystems ist die Benotung der Gesamtschule und die Anzahl der als bewährt angesehenen Elemente des DDR-Schulsystems bedeutsam. Grundschullehrer bewerten dann noch den schulstrukturellen Wandel positiv, wenn sie die Schülerorientierung des Lehrerverhaltens als verbessert einschätzen. Regelschullehrer beurteilen die schulstrukturellen Veränderungen dann als negativ, wenn sie meinen, daß die neue Schulstruktur den Schülern keine ausreichenden Möglichkeiten zur Berücksichtigung ihrer Interessen gibt.

Bei allen drei Lehrergruppen hat die Fächergruppe Wirtschaft und Technik als curricularer Aspekt einen Einfluß auf die Bewertung des schulstrukturellen Wandels: bei den Grund- und Regelschullehrern einen positiven, bei den Gymnasiallehren einen negativen. Regelschul- und Gymnasiallehrer bewerten die Reform in Abhängigkeit von der Benotung der Regelschule und dem Interesse an einer frühen äußeren Selektion.

Bei Gymnasiallehrern hat der Wunsch nach einer Veränderung der DDR-Schule noch einen bedeutsamen positiven Effekt auf die Bilanzfrage.

Deutlich wird an den Ergebnissen, daß sehr vielfältige und unterschiedliche Motive in die Bewertung des schulstrukturellen Wandels durch Lehrer eingehen. Die private Lebenslage und die verschiedenen Aspekte der bildungspolitischen Orientierung und der Einstellungen zum alten Schulsystem beeinflussen teils direkt, teils vermittelt über die Bewertung des alten Schulsystems die Einschätzung des schulstrukturellen Wandels. Immerhin „erklären" die herangezogenen Dimensionen und Variablen ein Viertel bis ein Drittel der Varianz der Lehrerurteile über die Reform.

Die Aussagen für die Lehrer treffen im wesentlichen auch auf die Eltern zu. Die Kausalmodelle für die drei Elterngruppen (Abbildung 5) zeigen ebenfalls eine differenzierte Struktur der Einflüsse. Bedeutsamer als bei den Lehrern ist die Benotung der alten Schularten für das Urteil über die Schulreform. Für die Benotung der alten Schularten wiederum ist in allen drei Gruppen die Anzahl bewährter Elemente des alten Systems und bei den Eltern von Grund- und Regelschülern die Anzahl zu reformierender Elemente bedeutsam. Wünschten sich die befragten Eltern weitreichende Reformen des alten Systems, dann wirkt sich diese Einstellung in allen drei Elterngruppen direkt auf eine positive Bewertung der Schulreform aus. Auch das Interesse der Eltern an einer frühen Selektion der Schüler und die Benotung der Vollzeit-Berufsschulen ist in allen drei Gruppen bedeutsam für die Bewertung des schulstrukturellen Wandels. Schließlich ist das Wohlbefinden des Kindes in der Schule als personengebundenes Merkmal in allen Elterngruppen ein weiterer wichtiger Aspekt für die Beurteilung der Schulreform.

Abbildung 5: Einflußfaktoren auf die Bewertung des schulstrukturellen Wandels durch Eltern, differenziert nach Schularten (Ergebnisse von drei LISREL-Modellen)

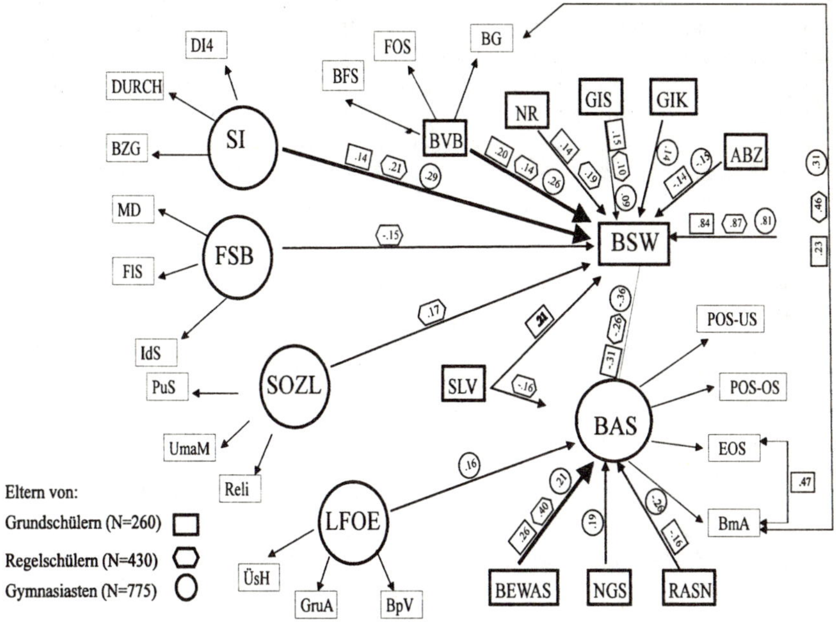

Die Einschätzung des schulstrukturellen Wandels ist zwischen den Eltern der verschiedenen Schularten einheitlicher als zwischen den Lehrergruppen. Dies ist sicher darauf zurückzuführen, daß die Lehrer ihr Urteil aus ihrer spezifischen Berufssituation herleiten und die Eltern sich eher an generelleren Erwartungen orientieren. Dennoch gibt es bei den Eltern spezifische Einflüsse, die nur bei einzelnen Elterngruppen beobachtbar sind. Bei Eltern von Regelschülern wirkt sich beispielsweise die Betonung sozialen Lernens und eine geringe Einsicht in die Notwendigkeit einer speziellen Förderung von Problemgruppen unter den Schülern auf die Reformbilanz aus.

Die Ergebnisse dieser Analysen zeigen recht eindeutig, daß monokausale Erklärungen der Bewertung des schulstrukturellen Wandels in Thüringen - und wohl auch in den anderen neuen Ländern - nicht angebracht sind. Lehrer wie Eltern bilden sich ihr Urteil auf der Grundlage vielfältiger Überlegungen und Einflüsse, die größtenteils noch zwischen den unterschiedenen Gruppen unterschiedlich gewichtet werden. Trotzdem lassen sich auch darüber hinaus bei Lehrern und Eltern ähnliche Bezugspunkte für ihr Urteil über Vor- und Nachteile des schulstrukturellen Wandels erkennen. An den Ergebnissen wird deutlich, daß die positive Bewertung der DDR-Schularten kein Ausdruck von „Nostalgie“ ist, sondern sich in dieser Bewertung bildungspolitische Vorstellungen ausdrücken, denen die Schulreform von 1991/92 in den neuen Ländern nicht entsprach. Probleme der Akzeptanz des neuen Schulsystems müssen deshalb auf diese unterschiedlichen Vorstellungen von der Aufgabe und Funktion des Schulwesens bezogen werden. Sie lassen sich nur überwinden, wenn eine einseitige Anpassung der Betroffenen an veränderte Strukturen aufgegeben wird und den Schulen Spielraum für eine eigenständige Ausgestaltung der neuen Schulstrukturen gegeben wird. Beispiele zeigen (Böttcher,Plath & Weishaupt 1995), daß sich daraus produktive pädagogische Wege ergeben.

Literatur

Böttcher, I., Plath, M. & Weishaupt, H. (1995). Die Regelschule in Thüringen - Drei Schulporträts. Arnstadt: Thillm.

IFS-Umfrage: Die Schule im Spiegel der öffentlichen Meinung. Ergebnisse der achten IFS-Repräsentativbefragung der bundesdeutschen Bevölkerung. In: Rolff, H.-G. u.a. (1994). Jahrbuch der Schulentwicklung. Bd. 8 (S. 13-55). Weinheim/München: Juventa.

Köhler, G. (1993). Die Umgestaltung des Schulwesens in Thüringen. Anmerkungen zu Verlauf und Ergebnissen des Schulstrukturwandels in der Zeit von 1989 bis 1992. In: FORSCHUNGSGRUPPE SCHULSTRUKTURWANDEL IN THÜRINGEN: Schulstrukturwandel in Thüringen (S. 11-32). Erfurt.

Plath, M. (1996). Wie wohl fühlen sich Schüler an Thüringer Schulen? Ein Beitrag zur Diskussion um die innere Schulreform. In: Weishaupt, H. & Zedler, P. (Hrsg). Umbruch und Kontinuität. Thüringer Schulen im Urteil von Schülern, Lehrern und Eltern. Weinheim: Dt. Studienverlag (in Vorbereitung)

Weishaupt, H. & Zedler, P. (1994). Aspekte der aktuellen Schulentwicklung in den neuen Ländern. In: Rolff, H.-G. u.a. (Hrsg.). Jahrbuch der Schulentwicklung. Band 8. Daten, Beispiele und Perspektiven (S. 395-429). Weinheim/München: Juventa.

Ilona Böttcher

Außerunterrichtliche Angebote - Situation in Thüringen

1991 wurde in Thüringen eine neue Schulstruktur eingeführt. Nach einer vierjährigen Grundschulzeit können sich die Schüler und ihre Eltern entweder für den gymnasialen Bildungsgang oder für den Besuch der Regelschule, an der der Realschulabschluß- bzw. ein Hauptschulabschluß erworben werden kann, entscheiden.

Unsere Forschungsgruppe „Schulstrukturwandel in Thüringen" des Instituts für Allgemeine Erziehungswissenschaft und Empirische Bildungsforschung der Pädagogischen Hochschule Erfurt hat 1993 im Rahmen einer repräsentativen Umfrage Schüler, Eltern sowie Lehrer und Schulleiter Thüringer Schulen befragt nach Bewahrenswertem der DDR-Schule, nach ersten Erfahrungen mit den neuen Schularten, nach ihren Erwartungen und Wünschen bezüglich der weiteren Ausgestaltung des Thüringer Schulsystems u.a.m. Zwei Jahre nach Einführung des neuen Schulsystems in Thüringen interessierten uns auch Aussagen von Schulleitern sowie Schülern, Eltern und Lehrern zu folgenden Fragen: Welche Freizeitangebote für Schüler gibt es an Thüringer Grundschulen, Regelschulen und Gymnasien, und wie nehmen die Schüler diese freiwilligen Angebote innerhalb, aber auch außerhalb der Schule an?

1 Perspektive Eltern

Eltern, danach befragt, welche Elemente des alten Schulwesens sich ihrer Meinung nach bewährt haben, geben den Freizeitangeboten in der Schule mit 67% einen vorderen Rangplatz. Gegenwärtige Veränderungen, die schulischen Freizeitangebote betreffend, sehen etwa die Hälfte der befragten Eltern, insbesondere Regelschuleltern der 5. und 7. Klassen, als ein großes Problem an. Über 40% der befragten Schüler schätzen die Situation ähnlich ein. Ein Teil verbalisiert diese Meinung durch folgende Aussage: „Es müßte mehr Freizeitangebote an unserer Schule geben!"

Eltern und Schüler der 11. Klassen wurden außerdem gefragt, wie wichtig/weniger wichtig ihnen u.a. „mehr kulturelle Anregungen" und „mehr sportliche Freizeitangebote" bei der weiteren Entwicklung der Schule sind. Danach halten zwei Drittel der befragten Schüler und Eltern solche Angebote für wichtig. Die entsprechenden Aussagen der Erfurter Pilotstudie „Schulstrukturwandel in Thüringen" (1993) werden damit bestätigt, „daß die Schülerinnen und Schüler in ihrer Schule nicht nur einen unterrichtlichen Lernort, sondern einen Lebensraum sehen, in dem Bedingungen und Möglichkeiten für Unterricht und Freizeitgestaltung zu schaffen sind" (Schmidt & Weishaupt 1993, S.118).

Selbst bei Überlegungen zur Wahl der Schulart für das eigene Kind äußern über die Hälfte der befragten Eltern, daß sie für ihre Entscheidung auch das Freizeitangebot der Schule berücksichtigten (Mehrfachnennungen waren möglich). Dieser Aspekt ist für Regelschuleltern (70%) jedoch bedeutsamer als für Gymnasialeltern (50%).

Abbildung 1: Angebote, die sich Eltern ergänzend zum Unterricht ihrer Kinder wünschen

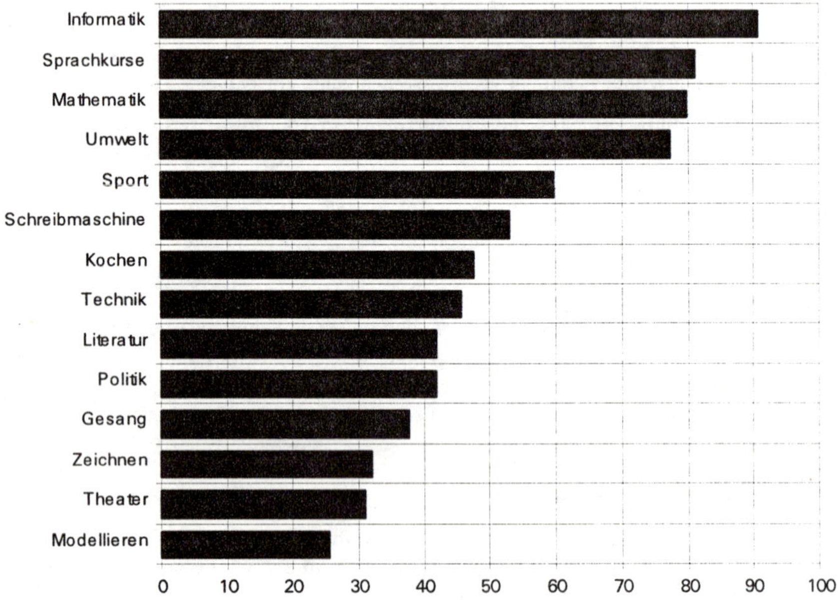

Welche Art Freizeitangebote für ihre Kinder präferieren nun speziell die Eltern? Um Antwort auf diese Frage zu erhalten, wurden den Eltern vierzehn Antwortmöglichkeiten vorgegeben. Anhand einer vierstufigen Skala konnten sie entscheiden, welche Nachmittagsangebote aus ihrer Sicht sehr wichtig bzw. welche unwichtig sind. Da die Meinungen von Grundschuleltern und Eltern weiterführender Schulen übereinstimmen, ist ihr Antwortverhalten bezüglich ergänzender schulischer Angebote (Antwortkategorien 1 und 2: „sehr wichtig und wichtig") in der Abbildung 1 zusammengefaßt .

In der Erfurter Pilotstudie (vgl. Schmidt & Weishaupt 1993) führten Informatik/Computerkurse (90%) und Mathematik/Naturwissenschaften (84%) die Rangreihe der Elternerwartungen an Freizeitangebote in der Schule an. Vergleichbare Aussagen lassen sich ebenfalls in der thüringenweit durchgeführten Erhebung feststellen. Als Ergänzung zum obligatorischen Unterricht ihrer Kinder erachten die befragten Eltern Informatik, Sprachkurse, Mathematik sowie Umwelt und Sport für wichtig. Der Wunsch nach Sprachkursen rückt mit 81 % in der Thüringer Erhebung sogar vom vierten (78% - Erfurter Pilotstudie) auf den zweiten Rangplatz. Die Kreativität fördernden, musisch-künstlerischen Tätigkeitsbereiche wie Theater, Gesang und Zeichnen nehmen demgegenüber in beiden Erhebungen hintere Rangplätze ein. Eltern wünschen sich für ihre Kinder eher Angebote in solchen Bereichen, in denen sie selbst Defizite festgestellt haben (z.B. Informatik und Sprachkenntnisse). Sportliche Betätigung spielt mit fast 60% für Eltern ebenfalls eine wichtige Rolle. Der Wunsch der Eltern z.B. nach einer 'Mathematik-Arbeitsgemeinschaft' könnte damit erklärt werden, daß dieses Fach mit der Veränderung des Mathematikabschlusses 1962 innerhalb der DDR-Schule eine hohe Wertigkeit besaß (vgl. Chalupsky & Hoffmann 1991).

2 Perspektive Schulleiter

Am Beispiel von 236 Schulen soll im folgenden dargestellt werden, welche traditionellen Veranstaltungen das Leben dieser Schulen prägen. Außerdem wurden die Schulleiter danach befragt, welche schulischen Freizeitangebote in ihrer Schule existieren und wie diese von den Schülern genutzt werden.

Nach Aussage der Schulleiter gibt es an vielen Schulen mehrere unterschiedliche Freizeitangebote. „Haben sich Schulleiter und Kollegium erst einmal zu einem außercurricularen Angebot entschlossen, so erhöhen sich mit zunehmenden Lehrer- und Schülerzahlen die Gestaltungsmöglichkeiten“ (Baumert & Leschinsky 1985, S. 19)[1].

Aus der Perspektive der Schulleiter stellt sich das Leben an den meisten dieser Schulen sehr vielfältig dar: jährlich mindestens ein Schulfest, Theateraufführungen sowie weitere kulturelle und sportliche Aktivitäten. Die einzelnen Schularten vergleichend, nehmen die Grundschulen einen vorderen Platz ein. „Daß viele Grundschulen regelmäßige Schulfeste ausrichten, wird man wohl in Zusammenhang mit der spezifischen Aufgabe bringen können, die Kinder schrittweise und mit besonderer Sorgfalt aus

[1] Baumert & Leschinsky können über alle Schulformen hinweg eine Korrelation zwischen Schulgröße und Angebotsbreite (r= .32) nachweisen. Gegenüber Grundschulen gilt dieser Zusammenhang im Sekundarschulbereich jedoch in abgeschwächter Form. Die Autoren führen die höheren schulischen Belastungen älterer Schüler im Vergleich zu Grundschülern ebenso als Begründung an wie die Möglichkeit dieser Jugendlichen, aus einem insgesamt breiteren Angebot in und besonders außerhalb der Schule auswählen zu können.

Familie und Spiel in die Welt formaler Organisation und gezielter Arbeit überzuleiten" (Baumert & Leschinsky 1985, S. 16).

Wird nach der Existenz von Fördervereinen und nach der Herausgabe einer Schülerzeitung an Thüringer Schulen gefragt, zeigen sich ähnliche Ergebnisse wie bei Baumert & Leschinsky (1985). Etwa ein Drittel der in die Befragung einbezogenen Schulen verfügt über einen Förderverein bzw. über eine Schülerzeitung. Den größten Anteil weisen hierbei die Gymnasien auf. Als mögliche Erklärungen können Alterseffekte bezüglich der beteiligten Schüler, aber auch Effekte, die sich aus den Lehrer- und Schülerzahlen ergeben, herangezogen werden. Gegenüber der Grundschule haben beispielsweise Schüler und Lehrer des Gymnasiums ein größeres Interesse, Traditionen der eigenen Schule über einen Schulverein zu entwickeln.

Tabelle 1: Aktivitäten an Thüringer Schulen (Anzahl der Nennungen)

	Grundschule (N=125)	Regelschule (N=78)	Gymnasium (N=33)
Schulfest	116	67	27
Förderverein	23	30	24
Schülerzeitung	15	29	28
Schulpartnerschaft	4	3	2
Tag der offenen Tür	10	3	1
Projekte	39	27	10
Sportfest	37	17	4
Theater	13	3	2
Talentewettbewerbe	10	3	5

Wie in Tabelle 1 zu erkennen, bemühen sich Thüringer Lehrer und Schüler um ein attraktives Schulleben. An fast allen Schulen sind Schulfeste ein Höhepunkt innerhalb des Schuljahres. Daneben finden an einigen Schulen Theateraufführungen und Talentewettbewerbe statt. Das Sportfest, das an der Polytechnischen Oberschule (POS) einen festen Platz im Jahresplan hatte, ist gegenwärtig nur noch an etwa einem Viertel der Schulen zu finden. Der Anteil der Gymnasien, die angeben, ein solches auszurichten, ist eher niedrig. Obwohl Lehrer nach eigenen Angaben selbst keine Projekte als außerunterrichtliche Aktivität anbieten wollen, werden an etwa einem Drittel der Schulen Projektarbeiten angeführt.

In ihrer Studie von 1985 geben Baumert & Leschinsky an, daß an über 88% der Gymnasien ein Förderverein existiert. In den Thüringer Gymnasien wurden, im Vergleich zu den anderen Schularten am häufigsten Fördervereine (73%) gegründet. Der niedrige Anteil der Grundschulen (18%), die über einen Förderverein verfügen, kann seine Ursachen in der kurzen Verweildauer der Kinder in dieser Schule haben.

Für Schulen unterschiedlicher Schulart fällt auf, daß nur wenige einen Tag der offenen Tür anführen. Eine mögliche Erklärung ist, daß die Öffnung der Schule für interessierte Eltern und Kinder mit dem Schulfest verbunden wird (vgl. Böttcher, Plath & Weishaupt 1995).

Abb. 2: Vergleich einzelner Aktivitäten nach Schulart Ost und West

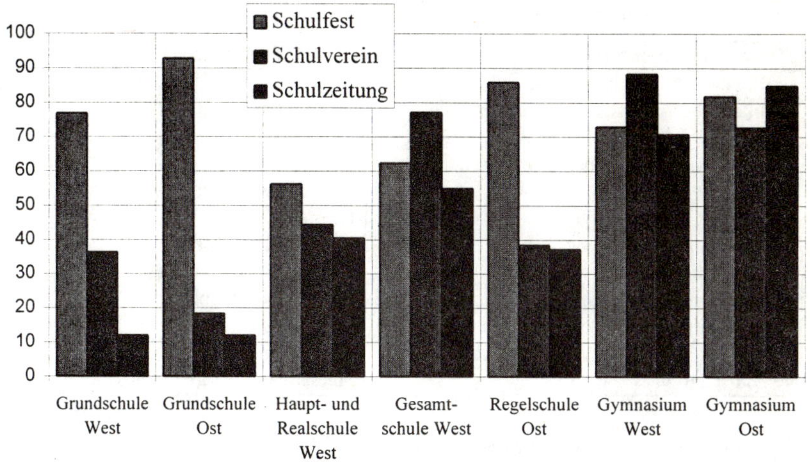

Ein Ost-West-Vergleich nach Schulart bezüglich Schulfest, Schulzeitungen und Förderverein, basierend auf den Daten (West) von Baumert und Leschinsky (1985), zeigt, daß in Thüringer Schulen versucht wurde, bestimmte Traditionen zu bewahren (z.B. Schulfeste in der Grundschule und in der Regelschule) und gleichzeitig neue Impulse zur Gestaltung eines interessanten Schullebens aufzugreifen (z.B. Schulzeitung und Schulförderverein an Regelschulen und Gymnasien). Erst nach 1989 entstanden Fördervereine in Schulen aller drei Schularten. Der Anteil der Schulen, die einen solchen gegründet haben, ist gegenüber den vergleichbaren Schulen im Westen gegenwärtig noch geringer. Die Schwierigkeiten beim Finden von Sponsoren, aber auch von Eltern und 'Freunden der Schule', die bereit und in der Lage sind, die jeweilige Schule in verschiedener Hinsicht zu unterstützen, wird von Schulleitern als Erklärung hierfür angeführt (vgl. Böttcher, Plath & Weishaupt 1995).

Letztlich hängt es jedoch vom Engagement der Lehrer, Schüler und Eltern einer Schule ab, welche Traditionen und besonderen Aktivitäten sich an einer Schule ausbilden (vgl. Böttcher, Plath & Weishaupt 1995).

Neben dem obligatorischem Unterricht und entsprechenden traditionellen Veranstaltungen während des Schuljahres prägen die angebotenen Arbeitsgemeinschaften das Schulleben. Die Schulleiter wurden anhand einer offenen Frage um Auskunft danach gebeten. Um die gewonnenen Ergebnisse mit anderen Untersuchungen vergleichen zu können, haben wir die Kategorienliste der Thüringer Untersuchung der sechs Bereiche umfassenden Struktur von Arbeitsgemeinschaften nach Baumert und Leschinsky (1985) angepaßt (vgl. Tabelle 2).

Tabelle 2: Struktur nach Baumert & Leschinsky (1985)
Zuordnung der Kategorienliste „Schule in Thüringen im Wandel"

Struktur nach Baumert & Leschinsky	eigene Kategorienliste
sportliche Arbeitsgemeinschaften	Sport
musikalische Arbeitsgemeinschaften	Gesang, Chor
	Instrumente, Tanz
musisch-expressive Arbeitsgemeinschaften	Zeichnen, Grafik
	Modellieren, Plastik
	Theater, Kabarett
sprachliche und politische	Literatur, Philosophie
Arbeitsgemeinschaften	Politik, Sozialwissenschaften
praktische und beruflich orientierte Ar-	Technik, Modellbau,
beitsgemeinschaften	Umwelt, Ökologie
naturwissenschaftlich-technische Arbeits-	Informatik, Computer,
gemeinschaften	Mathematik, Naturwissenschaften

Nach Baumert & Leschinsky (1985) bestehen „im Durchschnitt zwischen drei und vier Arbeitsgemeinschaftstypen an jeder Schule, der ja meist auch ein schmales Quantum vom Deputat ihrer Lehrkräfte oder auch zusätzliche wiederum eher gering bemessene Geldmittel formell für diesen Zweck zur Verfügung gestellt sind" (S. 17). Die von uns untersuchten Thüringer Grundschulen weisen durchschnittlich vier Angebote auf. Dabei tritt jedoch ein Streuung von einem bis zu dreizehn Angebot(en) an einzelnen Schulen auf. Durchschnittlich 32% der Schüler[2] einer Grundschule nehmen entsprechende Angebote wahr (vgl. Baumert & Leschinsky: 30%). In den Regelschulen werden durchschnittlich vier Arbeitsgemeinschaften angeboten. Die Anzahl der Angebote streut dabei von einem bis zu neun Angebot(en) in einzelnen Schulen. Etwa 20% der Schüler einer Regelschule nutzen diese. An Gymnasien können Schüler im Durchschnitt unter acht Angeboten wählen, hier streut die Angebotsbreite von drei bis zu dreizehn Angeboten pro Schule. Im Durchschnitt beteiligen sich 21% der Schüler eines Gymnasiums (vgl. Baumert & Leschinsky: 28,2%).

[2] Die angeführten Summenwerte berücksichtigen nicht eine Teilnahme der Schüler an mehreren Angeboten, so daß der angegebene Prozentwert über dem Prozentsatz der tatsächlichen Beteiligung der Schüler liegen kann.

Die Abbildung 3 gibt nun darüber Auskunft, welche Gruppen von Arbeitsgemeinschaften nach Aussagen der Schulleiter an den einzelnen Schulen anzutreffen sind.

Abbildung 3: Angebotsstruktur entsprechender Arbeitsgemeinschaftstypen nach Schulart

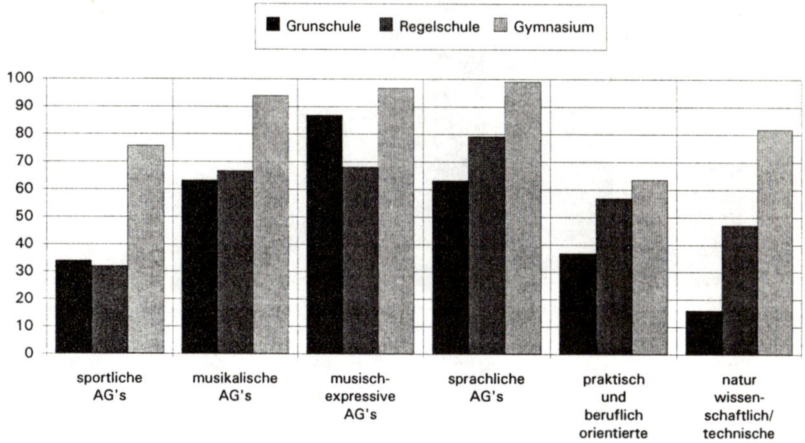

Der Schwerpunkt außerunterrichtlicher Angebote an Schulen aller Schularten liegt im musikalischen, musisch-expressiven und sprachlichen Bereich. Zu den traditionell existierenden Interessengruppen, wie dem Chor, kommen jetzt die Theatergruppe, das künstlerische Gestalten, Sprach- und Tanzkurse hinzu. Es folgen die praktisch und beruflich orientierten Arbeitsgemeinschaften, die vielfältige Aktivitäten einschließen. Dazu gehören Basteln, Waldpflege, Arbeiten an einem Biotop, technischer Modellbau u.a. Die Mathematikarbeitsgemeinschaft, der Schachzirkel oder Computerkurse (naturwissenschaftlich-technische Arbeitsgemeinschaften) finden sich insbesondere in weiterführenden Schulen. Der Anteil der Schulen, die sportliche Arbeitsgemeinschaften anbieten, ist gegenüber der DDR-Schule zurückgegangen. Mit über 70% nimmt das Gymnasium heute den vorderen Platz ein. Im Vergleich zur Erhebung von Baumert & Leschinsky (1985), die an über 90% der befragten Gymnasien sportliche Arbeitsgemeinschaften feststellen konnten, ist der Anteil jedoch geringer (vgl. Abbildung 6). Sportliche Betätigung der Kinder und Jugendlichen wird jetzt häufig über die neu entstandenen Vereine organisiert. Schulen haben z.B. die Möglichkeit, ihre Räumlichkeiten zur Verfügung zu stellen (vgl. Böttcher, Plath & Weishaupt 1995).

Abbildung 4: Vergleich der Angebotsstruktur Grundschule West und Ost

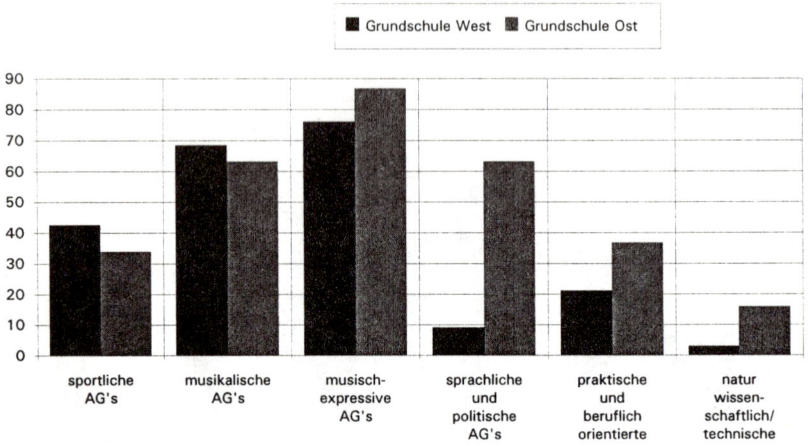

Abbildung:. 5: Vergleich der Angebotsstruktur der Regelschule Ost mit den Mittelwerten der Haupt- und Realschule sowie Gesamtschule (WEST)

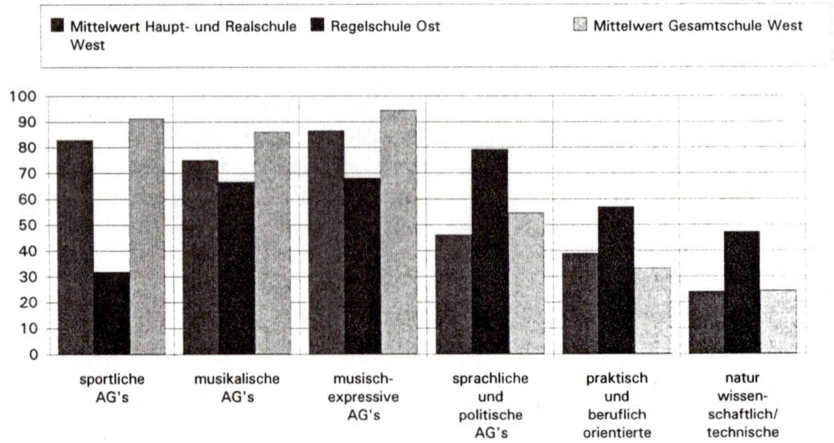

Die Abbildungen 4, 5 und 6 zeigen die Angebotsstruktur Thüringer Grund-, Regelschulen und Gymnasien im Vergleich zu den entsprechenden Schularten der Erhebung von Baumert & Leschinsky (1985). Die Ergebnisse der drei Abbildungen zusammenfassend, kann festgestellt werden, daß tradierte Angebote, wie naturwissenschaftlich/technische Arbeitsgemeinschaften, in den Thüringer Schulen ihre Bedeutung behalten haben. Im Bereich sprachlicher Arbeitsgemeinschaften deutet sich eine Reaktion der Schule auf die zum Beispiel von Eltern geäußerten Bedürfnisse an.

Abbildung 6: Vergleich der Angebotsstruktur Gymnasium West und Ost

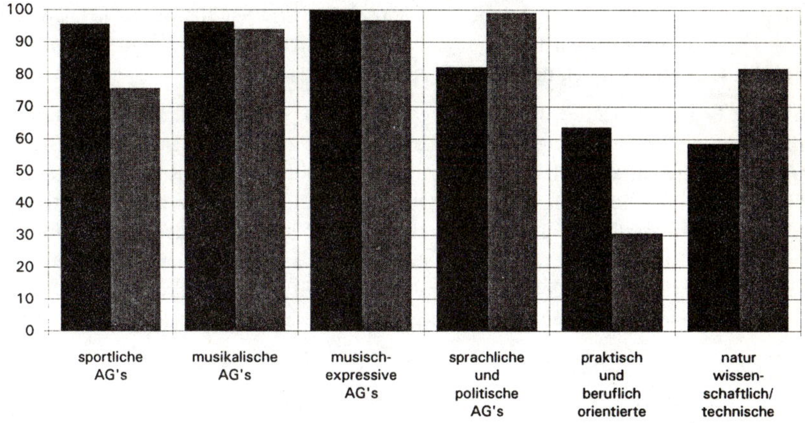

Theater bzw. Laienspiel, Tanz u.a. haben einen festen Platz an den untersuchten Thüringer Grundschulen. Dagegen werden praktische und beruflich orientierte Aktivitäten an Thüringer Regelschulen - im Vergleich zu den entsprechenden Schulen West - häufiger angeboten. Am ähnlichsten sind die Angebotsstrukturen im Gymnasium Ost bzw. West - mit einer Ausnahme: beruflich orientierte Aktivitäten überwiegen an Gymnasien (West), naturwissenschaftlich/technische an Thüringer Gymnasien. Ursachen dafür können in der Tradition der DDR-Schule liegen, aber auch im vorhandenen unterschiedlichen Ausstattungsgrad für beruflich orientierte Arbeitsgemeinschaften.

3 Perspektive Lehrer

Unabhängig von der Schulart meinen über 90% der befragten Lehrer, daß die Freizeitangebote für Schüler sehr wichtig bzw. wichtig sind. 64% der Lehrer führen Gründe an, eine Arbeitsgemeinschaft durchführen zu wollen. Die Gründe der Lehrer, die hinter dieser Aussage stehen, sind sehr verschieden. Sie können zu fünf Motiven zusammengefaßt werden. In Auswertung der getroffenen Aussagen ergibt sich folgende Rangreihe:

1. Der Lehrer will damit interessierte und begabte Kinder fördern und Freizeitinteressen wecken.
2. Der Lehrer will seinen Schülern ein Angebot zur sinnvollen Freizeitgestaltung unterbreiten.
3. Der Lehrer hat persönliches Interesse an einem speziellen Sachgebiet.
4. Die Arbeitsgemeinschaft dient dem Erreichen des Pflichtstundensolls eines Lehrers; sie ist zugleich Bestandteil seiner Tätigkeit an der Schule.
5. Der Lehrer meint, über eine Arbeitsgemeinschaft seine Schüler besser kennenlernen zu können, die sozialen Beziehungen zwischen ihm als Lehrer und den Kindern, aber auch unter den Schülern fördern zu können.

46% der Gymnasiallehrer, 36% der Regelschullehrer und 30% der Grundschullehrer präferieren die erste Aussage. Schülern ein Angebot zur sinnvollen Freizeitgestaltung zu unterbreiten, halten noch 26% der Grundschullehrer, 18% der Regelschullehrer und 9% der Gymnasiallehrer für wichtig. Obwohl deutlich geringer eingeschätzt, sehen 10% der Gymnasiallehrer und der Regelschullehrer sowie 9% der Grundschullehrer darin eine Möglichkeit, ihr Pflichtstundensoll auszuschöpfen. Noch 9% der Regelschullehrer, 8% der Gymnasiallehrer und 6% Grundschullehrer meinen, über die Tätigkeit in einer Arbeitsgemeinschaft die Schüler besser kennenzulernen.

4 Perspektive Schüler

Im nachfolgenden soll der Frage nachgegangen werden, welche außerunterrichtlichen bzw. außerschulischen Angebote Thüringer Schüler (Regelschüler und Gymnasiasten) für sich nutzen. Diese Frage war als eine offene Frage im Fragebogen angelegt.

Zunächst wurden die Schüler gefragt, an wieviel Wochentagen sie sich auch nachmittags an der Schule aufhalten. Danach ist etwa die Hälfte der Schüler an einem - 30% an zwei Tag(en) - nachmittags an der Schule; am häufigsten wurde Unterricht am Nachmittag als Grund angegeben. 50% der Schüler, die sich zu dieser Frage äußerten, haben einmal und 28% zweimal wöchentlich nachmittags Unterricht. (34% aller befragten Schüler machten dazu keine Angaben.) Ein weiterer Grund, warum sich Kinder und Jugendliche nachmittags in der Schule aufhalten, kann die Teilnahme an freiwilligen schulischen Angeboten sein. Merkens und Kirchhöfer (1993) verweisen in diesem Zusammenhang auf eine dramatische Entwicklung in Ostberlin, die ihrer Meinung nach „vielleicht vorübergehenden Charakter“ (S. 947) trägt. „Waren es dort 1990/91 noch 37,5% (vgl. Kirchhöfer, Merkens & Steiner 1991), die regelmäßig eine schulische Arbeitsgemeinschaft besuchten, so betrug dieser Anteil 1991/92 nur noch 16%. Im Vergleich zu Westberlin: 1990/1991 = 39,8%, 1991/92 = 35,9% (Merkens & Kirchhöfer 1993, S.947). Im Sommer 1993 ist der Anteil Thüringer Schüler, die sich für eine schulische Interessengruppe entscheiden noch geringer. Nur ungefähr 10% der befragten Schüler nutzen in der Regel einmal wöchentlich freiwillige Angebote in ihrer Schule, 30% der Befragten üben nicht-schulische Aktivitäten aus.

Unabhängig vom besuchten Schultyp läßt sich feststellen, daß die Schüler außerschulische Freizeitaktivitäten gegenüber schulischen bevorzugen (vgl. Tabelle 3). Der Anteil der Gymnasiasten, die außerhalb ihrer Schule eine Aktivität ausüben, ist deutlich höher als der der Regelschüler. Er ist vergleichbar mit den Ergebnissen der Berliner Studie von Merkens & Kirchhöfer (1993), die besagen, daß „für Ostberlin 47%, für Westberlin 49% der Schüler“ (S. 942) angeben, daß sie einer nicht-schulischen, institutionell gebundenen Freizeitaktivität nachgehen. „Der relativ hohe Anteil von Schülern, die trotz sich verschlechternder Bedingungen und ohne zentrale Förderung eine Aktivität angeben, spricht dafür, daß diese Schüler, unterstützt durch die Eltern, sich institutionelle Anbindungen suchen und sich z.T. umorientieren“ (S. 942).

Tabelle 3: Anteil der Schüler nach Schulart, der an schulischen und nicht-schulischen Aktivitäten teilnimmt (Angaben in Prozent)

	Teilnahme an schulischen Aktivitäten	Teilnahme an nicht-schulischen Aktivitäten
Regelschule	7,5	23,6
Gymnasium	11,4	35,7

Die Abbildungen 7 und 8 geben darüber Auskunft, in welchem Maße Schüler unterschiedlicher Schulart die angebotenen Arbeitsgemeinschaftstypen innerhalb und außerhalb der Schule nutzen. Merkens und Kirchhöfer (1993) sprechen davon, „insbesondere Merkmale des Exosystems - Vorhandensein von Angeboten und Ressourcen - scheinen nicht unwesentlich zu sein“ (S.942). Sie fanden im Ergebnis ihrer Untersuchung keine Bestätigung für ihre Hypothese, „Unterschiede zwischen Freizeitaktivitäten in Abhängigkeit vom ... besuchtem Schultyp feststellen zu können“ (S.943). Dies gilt für die Thüringer Stichprobe eher nicht.

Schüler der Regelschule nutzen im Durchschnitt ein schulisches Angebot. Innerhalb der Schule favorisieren sie unterschiedliche sportliche Arbeitsgemeinschaften, musikalische Angebote, wie z.B. den Chor oder die Instrumentalgruppe. Wenn an einer Schule eine Theatergruppe, ein Sprachkurs oder ein Schreibmaschinenkurs angeboten wird, finden sich Schüler, die diese Aktivitäten ausüben (vgl. Böttcher, Plath & Weishaupt 1995).

Die Gymnasiasten haben sich in der Regel ebenfalls für ein Angebot in ihrer Schule entschieden. Die Schüler, die an einer Arbeitsgemeinschaft teilnehmen, nennen am häufigsten musikalische Aktivitäten, gefolgt von sportlichen und naturwissenschaftlich/technischen Angeboten. Beim Vergleich der freiwilligen Angebote innerhalb der

Schule läßt sich weiterhin feststellen, daß Regelschüler eher an praktischen oder beruflich orientierten Arbeitsgemeinschaften interessiert sind, die Gymnasiasten wählen häufiger naturwissenschaftlich-technische Arbeitsgemeinschaft. Auch hierbei gilt die alte Weisheit: Angebot schafft Nachfrage.

Abbildung 7: Angaben der Schüler nach Schulart über ihre Teilnahme an Angeboten *innerhalb* der Schule

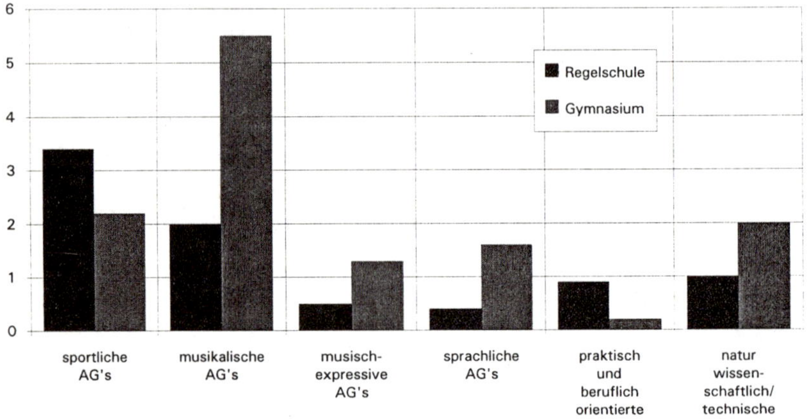

Obwohl schulisch stärker belastet, nehmen Gymnasiasten häufiger als Regelschüler entsprechende nichtschulische Angebote wahr. Von den 35,7% der Gymnasiasten, die sich außerhalb der Schule betätigen, gehen zwei Drittel einem Angebot nach, und ein Drittel übt zwei und mehr Aktivitäten aus. Die 23,6% der Regelschüler, die nichtschulische Angebote ausüben, nutzen im Durchschnitt ein Angebot. Sportliche Freizeitbeschäftigungen werden von Schülern unterschiedlicher Schulart präferiert (vgl. auch Ledig 1992). Diese Angebote, in der ehemaligen DDR wurde der Förderung der sportlichen Betätigung von Kindern und Jugendlichen besondere Aufmerksamkeit geschenkt, scheinen ihre Attraktivität bisher kaum verloren zu haben, obwohl eher traditionelle Aktivitäten durch neue Angebote Konkurrenz erhielten, z.B. Kraftsport. Musikalische Arbeitsgemeinschaften werden ebenfalls häufig gewählt. Hierzu gehören in der Mehrzahl Kinder und Jugendliche, die z. B. in einer der vielen neugegründeten Musikschulen ein Instrument erlernen wollen, was in der ehemaligen DDR eher problematisch war. Eine dritte Gruppe bilden die sprachlichen Arbeitsgemeinschaften, in denen die Schüler neben den üblichen Sprachen, wie Englisch, Russisch und Französisch, weitere Fremdsprachen erlernen können (z.B. Italienisch oder Spanisch).

Aufgrund der neuen Reisefreiheiten, aber auch unter Berücksichtigung künftiger beruflicher Chancen lohnt es sich jetzt, eine zusätzliche Sprache zu erlernen.

Abbildung 8: Aussagen der Schüler nach Schulart über die Teilnahme an freiwilligen Angeboten *außerhalb* der Schule

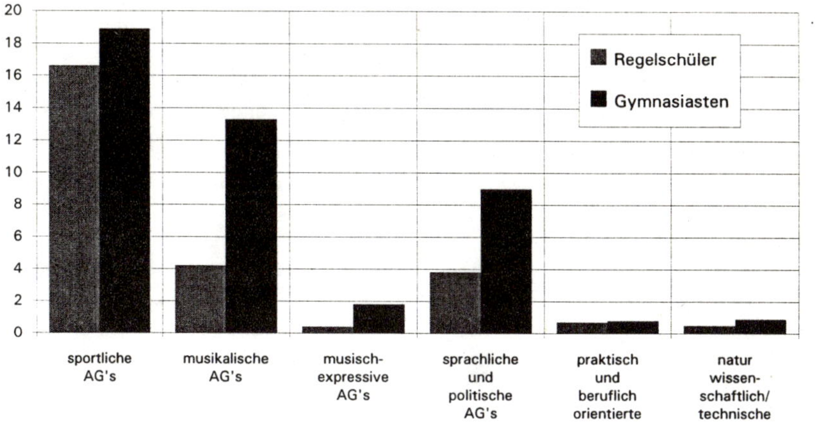

5 Resümee

Alle an der Gestaltung von Schule Beteiligten wissen um die Bedeutung vielfältiger Freizeitangebote. Lehrer begründen ihre Aussage damit, daß Interessen und Neigungen bei Kindern und Jugendlichen geweckt werden sollen. Eigene Hobbys regen Lehrer an, selbst eine Arbeitsgemeinschaft anzubieten. An Grund- und Regelschulen gibt es durchschnittlich vier Angebote, an Gymnasien acht. Die Angebotsbreite hängt in starkem Maße von der Größe der jeweiligen Schule ab. Aus der Sicht der Schulleiter dominieren musikalische, musisch-expressive und sprachliche Arbeitsgemeinschaften an Schulen unterschiedlicher Schulart. Als eine Möglichkeit der Begabtenförderung bieten Gymnasien außerdem naturwissenschaftlich/technische Arbeitsgemeinschaften an. Lehrer würden nach eigener Darstellung neben den musisch-expressiven Arbeitsgemeinschaftstypen besonders sportliche Aktivitäten für ihre Schüler anbieten. Die entsprechende Angebotsstruktur unterschiedlicher Schulen Ost und West vergleichend, fällt auf, daß naturwissenschaftlich/technische sowie sprachliche Arbeitsgemeinschaftstypen in Thüringer Schulen überwiegen. Im ersten Fall wird es sich eher um Angebote handeln, die aus der Tradition der DDR-Schule stammen. Bezüglich sprachlicher Angebote wird versucht, entsprechende Erwartungen von Eltern und

Schülern zu erfüllen. Neben den schulischen Freizeitangeboten zeigt sich an Thüringer Grund-, Regelschulen und Gymnasien ein vielgestaltiges Leben. Häufiger als an Schulen West werden hier z.B. Schulfeste gefeiert; an Thüringer Gymnasien werden häufiger als in den vergleichbaren Schulen West Schülerzeitungen herausgegeben. Der prozentuale Anteil der Schulen mit Fördervereinen, in den meisten Fällen haben sie sich erst nach dem schulstrukturellen Wandel gebildet, ist in Thüringen gegenwärtig noch niedriger als der vergleichbarer Schulen der Stichprobe von Baumert & Leschinsky (1985). Letztlich hängt es von sächlichen Voraussetzungen einer Schule, aber auch vom Engagement der gesamten Schulgemeinde ab, welche Traditionen und besonderen Aktivitäten sich an der einzelnen Schule ausbilden.

Betrachtet man die Aussagen der Schüler über die Beteiligung an schulischen Freizeitaktivitäten, so fallen die Ergebnisse in Thüringen noch dramatischer aus als in Ostberlin (vgl. Merkens & Kirchhöfer 1993). Aus der Sicht der an der Untersuchung beteiligten Schüler geben nur 10% (gegenüber 16% in Ostberlin) an, entsprechende Aktivitäten in der Schule auszuüben. Schüler der Regelschule und des Gymnasiums nutzen nach eigenen Angaben in der Regel ein Angebot. Die von ihnen favorisierten Beschäftigungen liegen auf musikalischem und/oder sportlichem Gebiet. Gymnasiasten führen außerdem noch mathematisch-naturwissenschaftliche Interessengruppen an. Außerhalb der Schule üben nach eigenen Angaben 30 % der an der Untersuchung beteiligten Schüler Aktivitäten aus. Ein Drittel der Gymnasiasten geht in der Freizeit sogar zwei und mehr Aktivitäten nach.

Es scheint, daß sich die Freizeitaktivitäten Kinder und Jugendlicher, deutlicher als von uns erwartet, aus der Schule heraus verlagert haben. Um diesen Aspekten in Thüringen weiter nachgehen zu können, sollten Freizeitgewohnheiten von Kindern und Jugendlichen, aber auch ihre Vorstellungen und Wünschen darüber sowie die tatsächlichen Möglichkeiten, die die Region bietet, genauer erforscht werden.

Literatur

Baumert, J., Leschinsky, A. (1985). Bestandsaufnahme: Schulleben (Ergebnisse einer Schulleiterbefragung). Schulmanagement 16, H.5, S.15-22.

Böttcher, I., Plath, M. & Weishaupt, H. (1995). Die Regelschule in Thüringen - Drei Schulporträts. Materialien. H.11. Arnstadt: Thillm.

Chalupsky, J. & Hoffman, A. (1991). Lernen in der Schule. Zum Verhältnis von unterrichtlichen und außerunterrichtlichen Angeboten in ostdeutschen Schulen. In: Büchner, P. & Krüger, H.-H. (Hrsg.). Aufwachsen hüben und drüben (S. 149-162). Opladen.

Ledig, M. (1992). Vielfalt oder Einfalt -Das Aktivitätenspektrum von Kindern. In: Deutsches Jugendinstitut (Hrsg.). Was tun Kinder am Nachmittag? - Ergebnisse einer empirischen Studie zur mittleren Kindheit (S. 31-74). Weinheim, München.

Merkens, H. & Kirchhöfer, D. (1993). Gemeinsamkeiten und Unterschiede in der Freizeit Ost- und Westberliner Schüler. Z.f.Päd. 39, H.6, S. 931-951.

Schmidt, F.-H. & Weishaupt, H. (1993). Freizeitangebote an der Schule zwischen Bedarf und realität. In Forschungsgruppe Schulstrukturwandel in Thüringen: Schulstrukturwandel in Thüringen - Ergebnisse einer Befragung von Schülern, Eltern und Lehrern in der Stadt Erfurt. Pädagogische Hochschule Erfurt.

Sedef Gümen und Leonie Herwartz-Emden

Selbst- und Fremdbilder von Aussiedlerinnen, Einwanderinnen aus der Türkei und westdeutschen Frauen im sozialen Vergleichsprozeß. Methodische Aspekte eines Stereotypen-Inventars

1 Einleitung

Im folgenden wird über den Einsatz und die Ergebnisse eines im Rahmen des DFG-Forschungsprojektes FAFRA („Familienorientierung, Frauenbild, Bildungs- und Berufsmotivation von eingewanderten und westdeutschen Frauen in interkulturell-vergleichender Perspektive")[1] entwickelten 'Stereotypen-Inventars' berichtet.

Die Projektforschung versteht sich als ein Beitrag zur sozialwissenschaftlichen Grundlagenforschung über Akkulturationsstrategien und Geschlechtsrollenwandel unter den Bedingungen von Migration und Einwanderung. Untersuchungsgruppen sind Aussiedlerinnen aus der ehemaligen Sowjetunion, Frauen aus der Türkei und westdeutsche Frauen. Darüber hinaus werden männliche Einwanderer zu ihrer Ausrichtung und Orientierung in den genannten Bereichen ergänzend untersucht; in einer weiteren Phase des Projektes werden Befragungen jugendlicher Aussiedler die Untersuchungen vervollständigen.

Die Basis der Forschung bildet die standardisierte Hauptbefragung mit 255 Befragten (85 Frauen je Zielgruppe), die im Jahre 1992 in Stadt und Region Osnabrück (in Niedersachsen) durchgeführt wurde. Ziel dieser Befragung war es, Grundinformationen zum Einwanderungsprozess (für Aussiedlerinnen und Arbeitsmigrantinnen), zur hiesigen Lebenslage und ihrer alltagspraktischen Bewältigung sowie zentrale Dimensionen des weiblichen Selbstkonzeptes bereichsspezifisch und unter Berücksichtigung der Geschlechterverhältnisse in Herkunfts- und Aufnahmegesellschaft zu erfassen. Der standardisierte Fragebogen (zu mehreren Themenkomplexen, s.u.) wurde vom Projektteam auf der Grundlage von zu Beginn der Forschungsarbeit durchgeführten zwanzig qualitativ angelegten Interviews mit Befragten aus den drei Zielgruppen

[1] Das Forschungsprojekt FAFRA wird im Fachgebiet Allgemeine Pädagogik/Frauenforschung an der Universität Osnabrück von 1991 bis 1997 durchgeführt. Es ist im DFG-Schwerpunktprogramm „FABER" (Folgen der Arbeitsmigration für Bildung und Erziehung) angesiedelt. Antragstellerin und Projektleiterin: HD PD Dr. Leonie Herwartz-Emden; wiss. Mitarbeiterinnen: Dr. Sedef Gümen und Manuela Westphal, Dipl.-Päd.; wiss. Hilfskraft: Tatjana Reinersmann, M.A.

entwickelt. Aufgrund dieses Materials sind themenspezifische Kategorien und - als weiterer Schritt - Items und Skalen für den Fragebogen gebildet worden.

Von zentraler Bedeutung für die empirisch angelegte Projektarbeit ist die Frage nach dem weiblichen Selbstkonzept, dessen Dimensionen in Form von Einstellungen zu folgenden Bereichen erfaßt wurden: Mutterschaft, Frauenbild, Beruf, Bildung, Vereinbarkeit von Beruf und Familie, Erziehung, sozialer Vergleich, soziale Identifikation und Gruppen-Selbst- und Gruppen-Fremdbilder bzw. gegenseitige Stereotypisierungen. In diesem Beitrag geht es um den letztgenannten Themenbereich.

Gruppen-Selbstbilder und Gruppen-Fremdbilder von eingewanderten und westdeutschen Frauen sind in einem gesellschaftlich strukturierten „gender and ethnic belief system" zu verorten. Klassenspezifische, ethnisierende und patriarchale Herrschaftsverhältnisse und die daraus resultierenden realen sozialen Ungleichheiten prägen unmittelbar die differenten Lebenswelten und Erfahrungen von Frauen und Männern und sind von wesentlicher Bedeutung für deren Analyse. Demnach lassen sich die sozial und historisch ausgeprägten Kategorien Geschlecht und Ethnizität nur im Zusammenhang mit den gesellschaftlichen Prozessen, in denen Geschlechtlichkeit und Ethnien hergestellt werden, im konkreten Kontext und unter bestimmten historischen Bedingungen, in denen diese Kategorien wirksam werden, untersuchen (Herwartz-Emden 1990).

Im Gegensatz zu der psychologistischen Einstellungs- und Vorurteilsforschung wird im folgenden davon ausgegangen, daß Stereotypen in Inner- sowie Intergruppenverhältnissen und Prozessen - als „socialy shared belief systems" (Taylor 1982) - sozial konstruiert werden und im Zusammenhang mit gesellschaftlichen Aussagesystemen zu analysieren sind (Heckmann 1992, Kap. 7; Condor 1990). Auch Fremd- und Selbstbilder sind im Gesamt der sozialen Verhältnisse und Prozesse und in den jeweiligen Lebenslagen der Befragten zu verorten. Stereotype, als "subjektive Definitionen sozialer Bedingungen" (Tajfel 1982), enthalten kognitive Komponenten.[2]

Die Operationalisierung der hier interessierenden Fragestellung bewegt sich in diesem Referenzraum und wird im folgenden erläutert.

2 Methodisches Vorgehen

2.1 Merkmale der Stichprobe

Für die Untersuchung wurde eine Gesamtstichprobe (N = 255) entlang dem Merkmal „Berufstätigkeit plus aktive Mutterschaft" angestrebt. Die befragten Frauen sollten be-

[2] Stereotype sind, wie David Taylor (1981, 160) schreibt, „the vehicle by which attitudes can be expressed".

rufstätig sein bzw. gewesen sein und zugleich sich in der Lebensphase der „aktiven Mutterschaft“ befinden (Betreuung jüngerer und schulpflichtiger Kinder).

Die Stichprobe besteht aus jeweils 85 Aussiedlerinnen, Frauen aus der Türkei und westdeutschen Frauen. Zum Erhebungszeitpunkt waren die Befragten aller Gruppen überwiegend zwischen 20 und 40 Jahre alt und verheiratet. Die westdeutschen Frauen befanden sich jedoch im Unterschied zu den Aussiedlerinnen und den Frauen aus der Türkei vermehrt in Familienstandsmodellen wie ledig, geschieden, getrennt lebend, verwitwet oder in einer nicht-ehelichen Gemeinschaft lebend. Die Befragten unterscheiden sich darin, daß die westdeutschen Frauen eher dem Ein-Kind-Familienmodell entsprechen, während Ausiedlerinnen und Frauen aus der Türkei überwiegend zwei und mehr Kinder haben.

Im Merkmal Bildungsstand zeigten die Frauen aus der Türkei den geringsten, die Aussiedlerinnen und westdeutschen Frauen einen vergleichbar höheren Bildungsstand (überwiegend die mittlere Schulbildung sowie eine qualifizierte Berufsausbildung). Zum Erhebungszeitpunkt waren über die Hälfte der Frauen aus der Türkei und der westdeutschen Frauen erwerbstätig, aber nur ein geringer Teil der Aussiedlerinnen. In allen drei Gruppen waren etwas mehr als die Hälfte der Berufstätigen ganztags erwerbstätig, wobei die zugewanderten Frauen vorwiegend als Arbeiterinnen und die westdeutschen Frauen als Angestellte beschäftigt waren. Von den nicht-erwerbstätigen Frauen gaben die Frauen aus der Türkei und die westdeutschen Frauen häufiger als die Aussiedlerinnen an, Hausfrau zu sein. Die nicht-erwerbstätigen Aussiedlerinnen befanden sich überwiegend in beruflichen Umschulungs-, Weiterbildungsmaßnahmen und Sprachkursen. Im Vergleich zu den beiden anderen Gruppen waren die Aussiedlerinnen allerdings auch häufiger arbeitslos gemeldet.

Die Frauen aus den beiden zugewanderten Zielgruppen unterscheiden sich hinsichtlich ihrer Aufenthaltsdauer in der BRD; die Aussiedlerinnen lebten zum Erhebungszeitpunkt durchschnittlich zwei bis vier Jahre in der Bundesrepublik und die Frauen aus der Türkei 15 Jahre und länger; weiterhin besaßen sie einen relativ gesicherten Aufenthaltstitel. Alle Frauen aus diesen beiden Stichproben sind Einwanderinnen der Erstgeneration. Die drei Stichproben bilden die jeweiligen Grundgesamtheiten (im früheren Bundesgebiet) entlang der beruflichen Qualifikationsstruktur, der beruflichen Position, dem Bildungsniveau und der Position auf dem Arbeitsmarkt relativ gut ab (FAFRA-Bericht zu: Basisdaten der Stichprobe, Kap. 6, 1994).

2.2 Die Operationalisierung von Gruppen-Selbst- und Gruppen-Fremdbildern

In der Suche nach einer Meßtechnik zur Messung interkultureller Selbst- und Fremdbilder von Frauen wurde festgestellt, daß es keine empirische Untersuchung zu diesem Themenbereich im bundesdeutschen Forschungsraum gibt, die interkulturelle Gültigkeit beanspruchen kann. Beispielsweise besteht die bisherige - insbesondere auf die sog. „Gastarbeiterskala" bezogene Forschung - allzu häufig aus geschlechtsneutralen Untersuchungen (Fischer u.a. 1981; Blank & Schwarzer 1994). Die Merkmalsdimensionen, die Angelika Schmidt-Koddenberg (1989) in einer für die vorliegende Analyse relevanten, mit quantitativen Methoden erhobenen Untersuchung anwendet, erwiesen sich wegen ihrer andersartigen Fragestellung (bspw. Assimilationsbereitschaft, migrationsbedingte Bruchstellen in der Identität, psychische Instabilität, usw.) als ungeeignet.

Die empirische Operationalisierung von Frauenbildern als gegenseitige Stereotypen bzw. als Innen- und Intergruppen in der vorliegenden Untersuchung soll im folgenden näher dargelegt werden. In den zu Beginn der Forschungsarbeit durchgeführten zwanzig qualitativen Erstinterviews (mit 14 Aussiedlerinnen und jeweils 3 Frauen aus der Türkei und westdeutschen Frauen) wurde festgestellt, daß die drei Gruppen von Frauen deutliche Vorstellungen über ihre eigene Gruppe sowie die je beiden „fremden" Gruppen hatten. Von Bedeutung ist hierbei, daß das Selbstbild der Befragten in einem Vergleich von der eigenen zu anderen sozialen Gruppen gebildet wird. In diesem Prozeß kommen kontextspezifische und divergente Dimensionen des Selbst zum Ausdruck (Gümen 1995).

2.3 Entwicklung der Stereotypen-Items in der Projektarbeit

Im folgenden werden die methodischen Schritte zur Entwicklung des Stereotypen-Inventars erklärt: Zuerst wurden die gesamten Aussagen jeder interviewten Frau aus den 20 Erstinterviews in bezug auf ihre Vorstellungen über Frauen aus der gleichen Gruppe in der BRD, sowie über Frauen in den jeweiligen anderen zwei Zielgruppen gesammelt und aussortiert. Zusätzlich wurden ihre Aussagen über Frauen in der ehem. Sowjetunion und der Türkei aufgelistet.

In einem weiteren Schritt wurden Schlüsselbegriffe dem Forschungszweck entsprechend ausgezählt und nach bestimmten Kategorien differenziert. Sodann wurden die Begriffe ohne inhaltliche Veränderung ihres ursprünglichen Kerns weiter abstrahiert und die Häufigkeiten der Aussagen nach Kategorien ausgezählt. Gemeinsam wurde dann vom Forschungsteam die bereits verkürzte Liste von kategorialen Aussagen reduziert (siehe Abbildung 1).

Die Merkmale sind auf der Ebene von fünf Dimensionen operationalisiert und sind inhaltlich ausgerichtet an der Einschätzung gesellschaftlich vorgegebener Bedingungen und der Alltagsbewältigung und -organisation. Sie zielen somit nicht auf die affektiven und konativen Elemente von Einstellungen, sondern auf die kognitiven Elemente - zentriert auf die Wahrnehmung und Einschätzung der eigenen Lebenslage. Die fünf Dimensionen sind: *klassische weibliche Stereotypen* (in bezug auf Aussehen, Familiensinn, Kinder); *Machtpotentiale und Möglichkeiten der Selbstbestimmung* (Unterdrückung, Emanzipation, Entscheidungsmacht), *Alltagsorganisation* (Berufstätigkeit, Kinder, Hausarbeit), *Lebensbedingungen der Frauen* (Lebensqualität, Zeit für sich, Zeit für Familie) sowie *persönlicher Raum und Bewegungsmöglichkeiten* (Zusammenhalt unter Frauen, alleine leben, allein etwas unternehmen, Kontaktbereitschaft). Die Merkmale sind nicht bewertend, sondern rein deskriptiv zu verstehen. Ihre Zuordnung zu einem „modernen“ oder „traditionellen“ weiblichen Stereotyp in der hiesigen Gesellschaft geschieht an dieser Stelle unsererseits rein interpretativ.

Abbildung 1: Reduzierte Version der Aussagen über Aussiedlerinnen, Frauen aus der Türkei und westdeutsche Frauen aller Befragten aus den Interviews (N = 20) zur Itembildung für das Stereotypen-Inventar:

Bilder über Aussiedlerinnen (17 Items)	Bilder über Frauen aus der Türkei (18 Items)	Bilder über westdeutsche Frauen (17 Items)
– hat nicht viel Zeit für Mann – muß schwer arbeiten – tragen Verantwortung – entscheiden in der Familie – sehen älter aus als westdeutsche Frauen – arbeiten mehr als die Männer – werden vom Staat bevorzugt – kummervolles Leben – leben im großen Familienbund – Muttertypen – nicht emanzipiert – altmodisch und rückständig – bäuerlich – fügen sich dem Mann – haben zu hohe Ansprüche – sind eingebildet müssen dankbar sein	– müssen zu Hause bleiben – psychisch unterdrückt – hingabevoll mit Kindern – haben viele Kinder – strenge Regeln – kleiden sich traditionell – nicht berufstätig – sind rückständig – liebevoll und herzlich – Kinder haben hohen Stellenwert – intensives Verhältnis zwischen Frauen – akzeptieren ihre Unterdrückung – keine Zeit für sich – gestalten ihre Freizeit kreativ – von Männern beherrscht und unterdrückt – schließen sich ab – erziehen ihre Kinder geschlechtsspezifisch – Familiensinn	– bequemes Leben – viel Zeit für sich – jung, attraktiv – unabhängig vom Mann – viel Zeit für Familie – nicht berufstätig – sind selbstbezogen, egoistisch – teilt Hausarbeit mit Mann – Vorreiterrolle als emanzipierte Frau – materiell gut versorgt – von Männern geachtet – selbständig – finanziell unabhängig – hört auf zu arbeiten, wenn Kinder kommen – läßt sich nicht unterdrücken – haben wenig/keine Kinder – partnerschaftliche Beziehung

Das anhand des qualitativen Interviewmaterials entwickelte Stereotypen-Inventar besteht aus 18 vorgegebenen polarisierten Eigenschaftspaaren. Dieses Inventar erwies sich in den Pretests als geeignet, gruppenspezifische Frauenbilder von Aussiedlerinnen, Frauen aus der Türkei und hiesigen westdeutschen Frauen in zentralen Aspekten empirisch zu indizieren. In der Hauptuntersuchung sollten die befragten Frauen jeweils in drei Einstellungen per vorgelegtem Merkmal auf einer 7-Punkt-Skala angeben, wie sie Frauen aus den drei Gruppen (jeweils das Gruppen-Selbstbild und zwei Gruppen-Fremdbilder) einschätzen. Auf der 7-Punkte-Skala wurde die Aussage der Befragten zu ihrem Bild von Frauen aus allen drei Zielgruppen durch die jeweiligen Buchstaben D, T und A eingetragen (siehe Anhang).

Die im Zusammenhang mit der Entwicklung dieses Inventars entstandenen qualitativen Ergebnisse werden im folgenden ebenso dargelegt wie die mit dem Einsatz des Inventars erzielten quantitativen Ergebnisse und daraufhin interpretiert, welche kollektiven Selbst- und Fremdbilder sich bei Aussiedlerinnen, Frauen aus der Türkei und westdeutschen Frauen erkennen lassen.

3 Empirische Auswertung

3.1 Quantitative Ergebnisse

Die folgende Auswertung zeigt anhand der Überprüfung durch eine Varianzanalyse, wie ähnlich oder unähnlich sich die drei befragten Gruppen wahrnehmen und welche Art der Gruppendifferenzierung bzw. Gruppengemeinsamkeit sich erkennen läßt. Des Weiteren wird untersucht, wieweit die Wahrnehmungen der jeweiligen Fremdgruppen vom jeweiligen Selbstbild der Bezugsgruppen abweichen oder sich ähneln.[3] Zunächst werden in der folgenden Auswertung die Summenscores der jeweiligen Bilder über westdeutsche Frauen, Frauen aus der Türkei und Aussiedlerinnen anhand der drei Stichproben diskutiert. Der Summenscore repräsentiert den Durchschnittswert der Einschätzungen für das jeweilige Gruppenbild und ist für jede der drei Stichproben einzeln gebildet worden. In diesem Sinne bildet jeder Score einen deskriptiven Wert. Somit gibt es drei "Bilder", deren Mittelwerte, Standardabweichungen und F-Werte in der folgenden Tabelle nach Gesamt- und Einzelgruppen gezeigt werden.

Der Summenscore repräsentiert das Gruppenbild bzw. einen Durchschnittswert der Einschätzungen für das jeweilige Gruppenbild, das für jede der drei Stichproben gebildet worden ist. Der Wert des Gruppenbildes wurde für jedes Item getrennt ermittelt, dann über alle Items hinweg addiert. Die Scores reichen vom niedrigen Wertebereich (1.0-2.9 bringen zum Ausdruck das Stereotyp über „traditionelle" Frauen), über den mittleren Wertebereich (3.0-4.9) bis zum höheren Wertebereich (5.0-7.0 bzw. das Stereotyp über „moderne" Frauen). Die Scores für die Gruppenbilder über die drei Gruppen von Frauen sind nach den drei Stichproben einzeln gebildet (G, A, T, D). Somit gibt es drei Skalen, deren Mittelwerte, Standardabweichungen und F-Werte in der folgenden Tabelle nach Gesamt- und Einzelgruppen gezeigt werden.

[3] Eine ähnliche Fragestellung findet sich auch bei Angelika Schmidt-Koddenberg (1989).

Tabelle 1: Mittelwerte, Abweichungen und F-Wert (Varianzanalyse und Scheffé-Test) der jeweiligen Summenscores. (DBild, TBild und ABild) nach Gesamtgruppe (G) und Einzelgruppen (A: Aussiedlerinnen; T: Frauen aus der Türkei; D: westdeutsche Frauen)

"Bilder"[x]	G (N: 255)	A (N: 85)	T (N: 85)	D (N: 85)	F-Wert
DBild	5.25 (.68)	5.35a (.43)	5.61b (.71)	4.82 (.60)	(df: 2,231) 36.16***
TBild	2.46 (.69)	2.07a (.53)	2.85c (.62)	2.45b (.66)	(df: 2,234) 32.47***
ABild	3.43 (.70)	3.88c (.41)	3.42a (.59)	3.01b (.74)	(df: 2,222) 42.68***

[x]: Das Bild über westdeutsche Frauen (DBild) ist in den Items 391-408, das Bild über Frauen aus der Türkei (TBild) ist in den Items 409-426 und das über Aussiedlerinnen (ABild) in den Items 427-444 abgebildet. Signifikanzniveau: *** $p < .001$. Gemäß Nachtest (Scheffé-Test) sind auf 5% Niveau signifikante Unterschiede zwischen a und b; bei c gibt es signifikante Unterschiede zwischen allen drei Gruppen.

Aus der Tabelle ist für die Gesamtgruppe (255 Frauen) ersichtlich, daß westdeutsche Frauen (DBild) von allen drei Gruppen als „moderne" Frauen eingeschätzt werden. Alle drei Gruppen nehmen wiederum die Frauen aus der Türkei (TBild) als „traditionell" wahr, während das Gesamtbild über Aussiedlerinnen (ABild) dazwischen liegt. Interessant für uns ist, daß sich das Antwortverhalten der drei Gruppen signifikant voneinander unterscheidet ($p < .001$).

In dem „DBild" fällt auf, daß die beiden eingewanderten Gruppen ein „modernes" Bild von westdeutschen Frauen entwerfen. Die Gruppen-Selbsteinschätzung der westdeutschen Stichprobe fällt niedriger aus ($x_d = 4.82$) als das Fremdbild, das die Aussiedlerinnen ($x_a = 5.35$) und Frauen aus der Türkei ($x_t = 5.61$) von ihnen entwickelt haben. Somit haben die Einwanderinnen die westdeutschen Frauen viel „moderner" eingeschätzt, als diese es selbst getan haben. Das Antwortverhalten in bezug auf das Bild Frauen aus der Türkei (TBild) unterscheidet sich ebenfalls signifikant in den drei befragten Gruppen ($p < .001$). Ersichtlich ist, daß das Gruppen-Selbstbild der Frauen aus der Türkei signifikant „moderner" aussieht ($x_t = 2.85$) als die jeweiligen Fremdbilder von ihnen (Aussiedlerinnen: $x_a = 2.07$ und westdeutsche Frauen: $x_d = 2.45$). Das Bild über Aussiedlerinnen unterscheidet sich in allen drei Gruppen signifikant ($p < .001$). Während das Gruppen-Selbstbild der Aussiedlerinnen ($x_a = 3.88$) im Vergleich mit den jeweiligen Fremdbildern höher liegt, ist das westdeutsche Fremdbild über sie „traditioneller" ($x_d = 3.01$) als das der Frauen aus der Türkei ($x_t = 3.42$).

Diese Ergebnisse zeigen, daß die Einschätzungen der drei Zielgruppen sich nicht durch die Extremwerte abbilden lassen[4], es ergeben sich aber deutliche Polarisierungen. Die westdeutschen Frauen werden als "modern" und die Frauen aus der Türkei als "traditionell" gesehen; die Aussiedlerinnen werden von allen Befragten im mittleren Wertebereich eingeschätzt. Dies ist nicht nur an den Gruppen-Selbstbildern, sondern auch an den Gruppen-Fremdbildern zu sehen.

Die Vermutung, daß die Einschätzungen der Befragten die gesellschaftlichen Bilder über diese drei Gruppen von Frauen in der Bundesrepublik repräsentieren, kann an dieser Stelle nicht weiter überprüft werden. Belege für die Gültigkeit dieser Bilder finden sich bspw. in der erziehungswissenschaftlichen Literatur im Themenbereich interkulturelle Bildung („emanzipierte westdeutsche Frauen," „unterdrückte Türkin," „Aussiedlerinnen sind traditionelle Muttertypen") oder auch in Alltagsinformationen (wie sie u.a. in den Medien gegeben werden).

Das zentrale Ergebnis der Auswertung des Stereotypen-Inventars ist, daß sich die Gruppen-Selbstbilder von den jeweiligen Gruppen-Fremdbildern für jede Stichprobe signifikant unterscheiden. Dies kann für alle drei Stichproben festgestellt werden und wird im folgenden anhand der qualitativ erhobenen Ergebnisse näher erläutert.

3.2 Qualitative Ergebnisse

Aufschlußreich für eine Interpretation der quantitativen Ergebnisse sind die Aussagen und Erklärungsmuster der befragten Frauen, die in den qualitativen Erstinterviews mit den Frauen aus den drei Zielgruppen erhoben worden sind.

Im folgenden werden die gegenseitigen Frauenbilder der drei Gruppen mit Hilfe der Materialien aus den genannten Erstinterviews erläutert und näher diskutiert. Zunächst wird auf das Gruppen-Selbstbild der westdeutschen Frauen und ihre Gruppen-Fremdbilder über die beiden eingewanderten Gruppen eingegangen; danach werden die Gruppen-Selbstbilder der Aussiedlerinnen und der Frauen aus der Türkei und ihre jeweiligen Gruppen-Fremdbilder über westdeutsche Frauen dargelegt. Bezogen auf die Erklärungsmuster der Befragten während dieser Interviews sollen die oben genannten Ergebnisse am Beispiel der Themen „Modernität" und „Emanzipation" verdeutlicht werden. Die entlang dem bipolar gebildeten Traditions-Modernitätsparadigma mit dem Stereotypen-Inventar gemessenen Einstellungen werden um mehrdimensional orientierte Äußerungen aus den Interviews ergänzt und erweitert. Die jeweiligen Fremdbilder kommen auch hier in einem Vergleichsprozeß mit dem eigenen Gruppen-Selbstbild zustande.

[4] Ähnliches hat auch Angelika Schmidt-Koddenberg (1989) in der bereits erwähnten Untersuchung festgestellt.

Die befragten westdeutschen Frauen

Ein den Aussagen der westdeutschen Frauen zugrundeliegendes Erklärungsmuster ihrer Gruppen-Fremdbilder ist das der unterschiedlichen „Mentalitäten" und „Kulturen" der Frauen aus den jeweiligen Fremdgruppen. Ihre Aussagen und Argumentationsstrategien bringen ein Gruppen-Selbstbild zum Ausdruck, das durch den Vergleichsprozess mit eingewanderten Frauen unterstrichen wird. Ein „modernes" Selbstbild wird durch die Beschreibung der Fremdgruppe als „traditionell" bestätigt. Die Aussagen der Befragten über ihre Fremdbilder zeigen, daß sie sich den gängigen, sozialwissenschaftlichen und öffentlichen Diskurs über die "Traditionalität" der zugewanderten Frauen zu eigen machen. Eine 46-jährige Buchhalterin (verheiratet, zwei erwachsene Kinder) erläutert:

> „So spontan würde ich sagen, daß sie (Frauen aus der Türkei und Aussiedlerinnen, A.d.V.) mehr zu Hause sind. Also ich glaub', daß da noch mehr so dieses traditionelle Rollenverständnis ist" (Nr. 17, S. 11).

Nach der Meinung der Befragten schließen sich Frauen aus der Türkei von anderen aus und sind stark isoliert, was in ihrer Erläuterung mit der Traditionalität und Unterordnung dieser Frauen in Zusammenhang gebracht wird.

Die folgende exemplarische Aussage einer Bürokauffrau (verheiratet, zwei schulpflichtige Kinder) schildert die Unterordnung der Frauen aus der Türkei und der Aussiedlerinnen im Vergleich zu den westdeutschen Frauen:

> „Ja, ich glaube, daß die Frauen irgendwie so ein bißchen untergeordneter sind. Also, daß sie sich doch mehr dem Mann fügen. Daß sie vielleicht dadurch auch gar nicht so aufmüpfig werden wie es eben so bei deutschen Frauen ist. (...) Weil es vielleicht bei denen auch so die Mentalität ist, der Mann ernährt die Familie, also hat er auch das Sagen. Und hier ist es vielleicht auch (anders), weil die deutschen Frauen selber berufstätig sind." (Nr. 18, S. 27).

In dieser Aussage wird die Unterordnung und fehlende Erwerbstätigkeit der Aussiedlerinnen und Frauen aus der Türkei mit patriarchalen Familienstrukturen und ihrer andersartigen „Mentalität" verbunden. Dadurch werden Verhaltensweisen und Haltungen der Einwanderinnen mittels der „Mentalität" zu Eigenschaften von Personen aus diesen Kulturen. Westdeutsche Frauen hingegen, die für diese Befragte kategorisch berufstätig sind, sind selbstbestimmt. Sowohl die Rückständigkeit und Unterordnung der Frauen aus den beiden eingewanderten Gruppen auf dem einen Pol als auch der Fortschritt und die Emanzipation der westdeutschen Frauen auf dem anderen, werden in kulturalistischen Mustern erklärt und wiedergegeben.

Auf die Frage, was für sie „Deutsch" sei, antwortet eine Befragte unmittelbar im Vergleich zu ausländischen Frauen:

> „Ja, was ist Deutsch. Deutsch ist, ja, z.B. also daß die Frau emanzipiert ist, würde ich sagen. Also sich selber auch eine Arbeit aussuchen kann und selber entscheiden kann, so will ich jetzt nur für die Familie da sein oder halt auch berufstätig sein und Familie haben oder auch mal eben halt sagen, ich habe meine Hobbys und du hast deine und irgendwie, so z.B. ne, also daß die deutsche Frau sich doch nicht so unterdrücken läßt wie es jetzt halt so viele ausländische Frauen oder so“ (Nr. 18, S. 6-7).

In den während der Interviews vermittelten Frauenbildern kommen, wie bereits erwähnt, Vergleichsprozesse zum Ausdruck. Das Selbstbild der emanzipierten, berufstätigen und selbstbewußten westdeutschen Frau wird im Vergleich zu den Fremdbildern über die rückständige, vom Mann abhängige Aussiedlerin und der Frau aus der Türkei verstärkt und unterstrichen. Eine primäre Grundlage des Vergleiches ist das bipolare Denkmuster der Tradition gegen die Modernität, was durch das gängige ‘geschlechts- und ethnischspezfische Glaubenssystem’ in der hiesigen Gesellschaft bestimmt ist und in den Äußerungen der Befragten seinen Niederschlag findet.

Die befragten Aussiedlerinnen und Frauen aus der Türkei

Das Gruppen-Fremdbild über deutsche Frauen von Aussiedlerinnen und von Frauen aus der Türkei stimmt nicht nur relativ stark mit dem Selbstbild der deutschen Frauen überein, sondern übertrifft dieses sogar in einigen Merkmalen. In diesen Fremdbildern herrscht das Bewertungsmuster der modernen und individualistisch orientierten deutschen Frau vor. In den folgenden Passagen aus den Interviews wird dargelegt, wie ”Modernität” von den befragten Aussiedlerinnen und Frauen aus der Türkei in den Interviews beschrieben wird.

Eine junge Aussiedlerin aus Usbekistan (Studentin, nicht verheiratet, keine Kinder) definiert die Modernität der westdeutschen Frauen aus einer vergleichenden Perspektive:

> ”In Deutschland ist es leichter für eine Frau, immer modern zu sein als in Rußland. Die Möglichkeiten, die hier angeboten werden, erlauben einer Frau, modern zu sein. Auch wenn sie das nicht will, das kommt von alleine, diese Moderne, weil sie diese technischen Sachen kennt. Ja, sie ist automatisch modern - von Geburt an.“ (Nr. 10).

Die Befragte verbindet die Modernität mit gesellschaftlichen Möglichkeiten. Ihrer Erläuterung zufolge kennen westdeutsche Frauen die „technischen Sachen“ und sind „von Geburt an unwillkürlich“ bzw. „automatisch modern“. Dagegen wird die Schwierigkeit für Frauen in der ehem. Sowjetunion, modern zu sein, auf die begrenzten materiellen oder technischen Lebensumstände zurückgeführt. An dieser Stelle ist das vorherrschende Erklärungsmuster hervorzuheben, das auf einem Vergleich der Lebensbedingungen beruht und die damit verbundenen verschiedenen, aus den beiden gesellschaftlichen Kontexten (Herkunfts- und Aufnahmeland) entstandenen Praxiszusammenhänge der Frauen wiedergibt.

In fast allen Erstinterviews mit den Aussiedlerinnen wird das moderne, westdeutsche Frauenbild mit ihrem vergleichsweise "bequemen Leben" begründet. Dieses Bild wird bestätigt mit Aussagen wie - „Sie sind sehr glücklich und sie haben einen großen, großen Feiertag im ganzen Leben“ (Nr.11) und „das sieht man gleich, daß die Frauen nicht so schwer arbeiten. Sie haben Zeit, in den Kosmetiksalon zu gehen“ (Nr. 8). Die von ihnen wahrgenommene Modernität („mehr Zeit für sich“), wird damit verbunden, daß die westdeutschen Frauen weniger bzw. halbtags berufstätig sind. Häufig arbeite der Mann, so eine weitere Einschätzung, die Ehefrau bekomme Taschengeld oder arbeite halbtags, um sich moderne Sachen (Kleider, Kosmetik, Urlaub) gönnen zu können. Auch zu Hause müsse sie aufgrund ihrer Verfügung über technische Haushaltsgeräte nicht schwer arbeiten, wie die Frauen in der ehem. Sowjetunion dies tun mußten (ein häufig genanntes Beispiel für die Erleichterung der Hausarbeit im hiesigen Kontext ist die Waschmaschine).

Das Bild der modernen, westdeutschen Frau wird dem Selbstbild der ganztags erwerbstätigen und im Haushalt schwer arbeitenden Frau in der ehem. Sowjetunion entgegengesetzt. Durchgängig geben die befragten Aussiedlerinnen an, daß sie den Alltag der Doppelorientierung gewöhnt sind und daß es für sie „normal“ ist, Belastungen *sowohl* im Beruf *als auch* in der Familie zu bewältigen.

In den Beschreibungen der "zu Hause sitzenden" bzw. nicht-berufstätigen westdeutschen Frauen entsteht ein Gruppen-Selbstbild, das auf die Bearbeitung der eigenen Situation der befragten Aussiedlerinnen - die in der Sowjetunion vollzeit berufstätig waren und in der BRD mit Arbeitslosigkeit und Dequalifizierung konfrontiert sind - verweist. Ihre (erzwungene) Nicht-Berufstätigkeit hierzulande wird im Vergleich zu der von ihnen wahrgenommenen Lage der (freiwillig) nicht-berufstätigen westdeutschen Frauen erklärt. In diesem Vergleichsprozeß spielt das nicht-berufstätige moderne westdeutsche Frauenbild eine bewegende Rolle für die Auseinandersetzung der Aussiedlerinnen mit dem beruflichen Bruch im Einwanderungsprozeß. Somit wird ihre im hiesigen Kontext verunsicherte und von Ausschluß bedrohte berufliche Situation rekonstruiert. In ihren Beschreibungen werden verschiedene Frauenbilder mit der Gruppenzugehörigkeit und den jeweiligen materiellen Lebenslagen verknüpft.

Die während der Erstinterviews befragten Frauen aus der Türkei verbinden Modernität mit der materiellen Situation, mit Wohlstand und Erwerbstätigkeit.

Westdeutsche Frauen sind, nach Auffassung dieser befragten Frauen, modern, weil sie eher eine Erwerbstätigkeit auf dem Arbeitsmarkt finden und ihr nachgehen können. Zudem sind sie finanziell besser abgesichert und haben mehr Zugang zu gesellschaftlichen Ressourcen. Als Beispiel hierfür meinten einige Frauen, daß westdeutsche Frauen „alleine unternehmen können, was sie wollen“, weil sie vom Staat Hilfe und Unterstützung bekommen. Hierbei kommt die faktische und juristische Ungleichheit der Arbeitsmigrantinnen in der bundesdeutschen Gesellschaft zum Tragen. Für eine 48-jährige Interviewpartnerin mit drei erwachsenen Kindern (und einer Schulbildung bis zur 3. Klasse), die als Pionierin in die BRD kam und seit 22 Jahren in der gleichen Fabrik arbeitet, sind westdeutsche Frauen "modern", weil sie, wie sie sagt: "arbeiten können und materiell gut versorgt sind. Selbst Arbeitslose können Geld bekommen". Diese Befragte definiert den Begriff Modernität wie folgt:

> „Meiner Meinung nach ist Modernität ein Kennzeichen von Wohlstand. Modern heißt, wenn du dich elegant bekleiden willst. Und wovon hängt dies ab? Vom Materiellen. Wenn du das Materielle nicht hast, wie kannst du modern sein? Wenn du dein Haar machen läßt, dann findest du kein T-Shirt, wenn du das T-Shirt findest, dann keine Hosen" (Nr. 14).

Modernität ist demnach spiralförmig, und das gesteigerte Bedürfnis oder Streben nach dem Konsum, das daraus entsteht, ist endlos. In der Modernität wird allerdings auch eine Gefahr für Frauen gesehen, insbesondere für jüngere Frauen aus armen Familien. In der Sucht nach dem Modernsein können sie sich „im Schmutz befinden", also auf eine unehrliche Weise Geld verdienen oder einen „schlechten Weg" gehen. Demnach hat Modernität eine gefährliche Seite: wenn die Grenze überschritten wird, kann eine Frau sich im Abgrund wiederfinden.

Eine andere Befragte, ebenfalls mit drei erwachsenen Kindern, auch Pioniereinwanderin und Arbeiterin (Nr.16) sieht die Freiheit der westdeutschen Frauen darin, daß diese überall hingehen können, alleine oder mit Freunden: "Eine westdeutsche Frau sagt: Ich gehe auch wie der Mann, ich bin frei". Einerseits befürwortet sie die Freiheit und die Forderung der westdeutschen Frauen nach "gleicher Beteiligung des Mannes an der Hausarbeit". Andererseits erläutert sie den Nachteil dieses Frauenbildes: Wenn die Frau zuviel Gleichheit fordert, kann die Familie auseinandergehen. Hierzu meint die Befragte: "Der Mann betrinkt sich, geht immer in Kneipen, verläßt das Haus und die Frau steht am Ende alleine mit den Kindern".

Ähnlich wie bei den Aussiedlerinnen wird bei den befragten Frauen aus der Türkei das moderne Frauenbild mit der sozialen Lebenslage von Frauen verbunden. Während die Aussiedlerinnen die Grenzziehung ihrer Selbst- und Fremdbilder entlang der Diskussion über Berufstätigkeit gezogen haben, scheint die Familie für die Frauen aus der Türkei eine wichtige Vergleichsebene mit westdeutschen Frauen anzubieten. Ihre Modernität wird durch die Erwerbstätigkeit auch in der Familie erlebt. Aus ihrer sozialen Lage heraus ist die Einwanderung als familiales Unternehmen mit einem Arbeitsaufenthalt für die Zukunftssicherung der Familie verbunden. Angesichts der noch dominanten Ideologie des Gastarbeitersystems in der BRD einerseits und des Glaubens an die Zeitweiligkeit des Arbeitsaufenthalts (mit Rückkehrperspektive) andererseits wird die Familie für Frauen aus sozialen Gruppen mit unsicherem gesellschaftlichen Status -

wie es die Arbeitsmigrantinnen und ihre Familien sind - ein wichtiger Ort für positive Identitätsstiftung (Gümen,Herwartz-Emden & Westphal 1993).

4 Zusammenfassung und Diskussion

Im vorliegenden Beitrag wurden die quantitativen und qualitativen methodischen Schritte zur Entwicklung und zum Einsatz eines Stereotypen-Inventars thematisiert, das im empirischen Forschungsprojekt FAFRA entwickelt und angewendet worden ist. An diesen Ergebnissen zum Thema „Frauenbilder aus einer interkulturell-vergleichenden Perspektive" sind drei Punkte von Bedeutung: Erstens werden Teilaspekte des eigenen Selbstbildes durch einen Vergleichsprozeß mit der eigenen und den anderen sozialen Gruppen verdeutlicht; zweitens verweisen die Selbst- und Fremdbilder der befragten Frauen auf „multiple-status stereotypes" (Landrine 1985) im Sinne von ineinandergreifenden geschlechts-, ethnisch- und klassenspezifischen Stereotypen - womit in der Interpretation analytische Bezüge zwischen Stereotypen, Aussagesystemen, sozialem Status und gesellschaftlichen Prozessen hergestellt werden können. Drittens kommen in diesem Prozeß divergente und kontextspezifische Dimensionen des Selbst deutlich zum Ausdruck. Zusammenfassend stellen sich Selbst- und Fremdbilder von Frauen aus verschiedenen sozialen Gruppen als Ausdruck sozialer Relationen dar, deren Analyse die Vielschichtigkeit von Intergruppenbezügen sowie die Mehrdimensionalität von Gruppen-Selbstkonzepten aufzeigt.

Literaturverzeichnis

Blank, Th. & Schwarzer, St. (1994). Ist die Gastarbeiterskala noch zeitgemäß? Die Reformulierung einer ALLBUS-Skala. Zuma Nachrichten 34, S. 97-115.

Condor, S. (1990). Social stereotypes and social identity. In: Abrams, D. & Hogg, M. (Hrsg.). Social Identity Theory (S. 230-249). New York und London: Harvester Wheatsheaf.

FAFRA-Bericht. (1994). Basisdaten der Stichprobe. Universität Osnabrück.

Fischer, H. u.a.. (1981). Sekundäranalyse von Umfragedaten des Zentralarchivs: Einstellung zu Gastarbeitern. Ergebnisse einer Forschungsübung an der Universität Köln, Zentralarchiv für empirische Sozialforschung 9, S. 22-32.

Gümen, S. (1995). 'Traditionelle' und 'moderne' Frauenbilder. Quantitative und qualitative Forschungsergebnisse zu Selbst- und Fremdbildern im sozialen Vergleichsprozeß. Unveröff. Manuskript. Universität Osnabrück.

Gümen, S., Herwartz-Emden, L. & Westphal, M. (1994). Die Vereinbarkeit von Beruf und Familie als weibliches Lebenskonzept: Eingewanderte und westdeutsche Frauen im Vergleich. Zeitschrift für Pädagogik, 40. Jg., H. 1, S. 63-80.

Heckmann, F. (1992). Ethnische Minderheiten, Volk und Nation. Soziologie inter-ethnischer Beziehungen. Stuttgart: Enke

Herwartz-Emden, L. (1990). Familienorientierung, Frauenbild, Bildungs- und Berufsmotivation bei eingewanderten und deutschen Mädchen, jungen und erwachsenen Frauen in interkulturell-vergleichender Perspektive. Neuantrag für ein Forschungsprojekt bei der Deutschen Forschungsgemeinschaft. Unveröff. Manuskript. Universität Osnabrück.

Landrine, H. (1985). Race x Class Stereotypes of Women. Sex Roles, Vol. 13, Nr. 1/2, S. 65-75.

Schmidt-Koddenberg, A. (1989). Akkulturation von Migrantinnen. Eine Studie zur Bedeutsamkeit sozialer Vergleichsprozesse zwischen Türkinnen und deutschen Frauen. Opladen: Leske und Budrich.

Tajfel, H. (1982). The social psychology of minorities. In: Husband, C. (Ed.). Race in Britain. Continuity and Change (S. 216-258). London: Hutchinson

Taylor, D. (1981). Stereotypes and Intergroup Relations. In: Gardner, R.C. & Kalin, R. (Ed.). A Canadian Social Psychology of Ethnic Relations (S. 151-171). Toronto, New York: Methuen.

Anhang: Fragebogen zu Stereotypen-Inventar

altmodisch/traditionell	1--2--3--4--5--6--7	jung/attraktiv
nicht berufstätig	1--2--3--4--5--6--7	berufstätig
müssen schwer arbeiten	1--2--3--4--5--6--7	führen ein bequemes Leben
haben viele Kinder	1--2--3--4--5--6--7	haben wenig/keine Kinder
von Männern beherrscht und abhäng.	1--2--3--4--5--6--7	von Männern unabhängig
Familiensinn	1--2--3--4--5--6--7	selbstbezogen, egoistisch
kummervolles Leben	1--2--3--4--5--6--7	keine/wenig Probleme
nicht emanzipierte Frau	1--2--3--4--5--6--7	emanzipierte Frau
fügen sich dem Mann	1--2--3--4--5--6--7	lassen sich nicht unterdrücken
hingabevoll mit Kindern	1--2--3--4--5--6--7	Kinderfeindlich
können nicht alleine leben	1--2--3--4--5--6--7	können alleine leben
machen Hausarbeit alleine	1--2--3--4--5--6--7	teilen die Hausarbeit mit dem Mann
keine Zeit für sich	1--2--3--4--5--6--7	viel Zeit für sich
starker Zusammenhalt zwischen Frauen	1--2--3--4--5--6--7	Einzelgängerinnen
haben keine Entscheidungsmacht in der Familie	1--2--3--4--5--6--7	haben Entscheidungsmacht in der Familie
können nichts alleine unternehmen	1--2--3--4--5--6--7	können alleine unternehmen, was sie wollen
schließen sich aus	1--2--3--4--5--6--7	suchen Kontakte
haben Zeit für Mann und Familie	1--2--3--4--5--6--7	haben wenig/keine Zeit für Mann und Familie

Irmgard Steiner und Gerhard Wenzke

Schuljugendliche der DDR im Selbstbild. Ein Vergleich zwischen 1977 und 1989

1 Theoretischer und methodischer Rahmen

Bei der Diskussion um die „Moderne" wird - in Bezug auf die Jugend - für die DDR und andere osteuropäische Länder von einer selektiven Moderne bzw. einem Modernisierungsdefizit gesprochen (vgl. u.a. Zinnecker 1991). Andere setzen dem entgegen, nicht von einem Modernisierungsrückstand zu sprechen, sondern von einer anders gearteten Modernisierung (vgl. Merkens & Kirchhöfer 1993). Somit würde nach dem Umbruch nicht die Modernisierung nachzuholen sein, sondern eine Modernisierung über die andere geschoben werden.

Der These von der anderen Moderne in der DDR soll hier an ausgewählten Ergebnissen einer Reanalyse bildungssoziologischer Untersuchungen der Akademie der Pädagogischen Wissenschaften nachgegangen werden[1]. Ziel dieser Reanalyse ist die Rekonstruktion der Lebensbedingungen sowie der Denk- und Verhaltensweisen von Schuljugendlichen in der DDR, die sowohl eine moderne Datenanalyse als auch eine Kontextualisierung für die Erklärung der Ergebnisse voraussetzt.

Genutzt werden für diesen Beitrag Forschungen aus den Jahren 1977/80 und im Zeitraum 1989/1990[2] durchgeführte Replikationsstudien. Jeder dieser Meßzeitpunkte verkörpert für sich genommen unterschiedliche Entwicklungsphasen, wenn man eine nicht homogene Geschichte der DDR akzeptiert. Während zum ersten Meßzeitpunkt sich die DDR in einer Phase relativer Stabilität befand und zahlreiche sozialpolitische Maßnahmen spürbar wurden, liegt der zweite Meßzeitpunkt in der Umbruchsituation. Damit konnte das ursprünglich geplante Forschungsdesign nicht voll verwirklicht werden. Es wurden z.B. weniger Eltern und Lehrer als 1977/1980 befragt.

---

[1] Dieses Projekt wird durch die Deutsche Forschungsgemeinschaft mit einer Sachmittelbeihilfe (Me 733/7-2) gefördert.

[2] Die Untersuchungen wurden durch die Abteilung Bildungssoziologie der Akademie der Pädagogischen Wissenschaften durchgeführt. Verwendet werden hier die durch D. Pietsch technisch neu aufbereiteten Daten.

Zu beiden Meßzeitpunkten wurde die gleiche Altersgruppe - 14- bis 15-jährige SchülerInnen -, die die 9. Klasse besuchten, befragt. Die Untersuchungsfelder und die Schulen waren für die Mittel- und Großstadt jeweils die selben (Mittelstadt 15 Schulen, Großstadt 18 Schulen). Während für die Landgemeinden aus forschungstechnischen Gründen die Untersuchungsfelder wechselten (zum ersten Meßzeitpunkt wurden hier 21 und zum zweiten Meßzeitpunkt 13 Schulen einbezogen). Sie hatten jedoch annähernd die gleiche sozialökonomische Struktur. In den ausgewählten Schulen erfolgte jeweils eine Totalerfassung der SchülerInnen 9. Klassen sowie ihrer Klassenlehrer und eine zufällige Auswahl von Eltern (vgl. Tabelle 1). Die Schülerstichproben setzen sich zu gleichen Teilen aus Jungen wie Mädchen zusammen.

Tabelle 1: Zusammensetzung der Stichprobe (absolute Angaben)*

	Meßzeitpunkt 1			Meßzeitpunkt 2		
	Mittelstadt	Großstadt	Land	Mittelstadt	Großstadt	Land
	1977	1979	1980	Nov. 89	März 90	Dez. 89
Schüler/ Schülerinnen	813	990	827	401	463	332
Lehrer/ Lehrerinnen	32	47	37		22	19
Eltern	245	364	99	34		

* Der unterschiedliche Umfang der Schülerstichproben ergibt sich aus dem starken Rückgang der Geburtenjahrgänge.

Als Erhebungsmethoden wurden genutzt:
- die standardisierte schriftliche Befragung der Schuljugendlichen jeweils im Klassenverband in Abwesenheit des Lehrers;
- die standardisierte schriftliche bzw. standardisierte mündliche Befragung von zufällig ausgewählten Eltern;
- die standardisierte mündliche Befragung aller KlassenlehrerInnen;
- die Analyse von allen die Schüler betreffenden Dokumenten in den jeweiligen Untersuchungsfeldern, wie u.a. Klassenbücher, Schuljahresarbeitspläne, Möglichkeiten der Freizeitgestaltung;
- halbstandardisierte Beobachtungen im Unterricht, beim Unterrichtstag in der Produktion und im Freizeitbereich.

Hier wird jedoch nur auf ausgewählte Ergebnisse der Befragung eingegangen. Neben vielen anderen Variablen enthielten die Fragebogen auch Aspekte des Selbstbildes von Jugend, wonach sowohl die Schüler als auch ihre Eltern und Lehrer befragt wurden. Damit soll keine Etikettierungen der Jugend vorgenommen, sondern gezeigt werden, wie sie sich selbst gesehen hat. Es ist auch keine Pauschalisierungen der gesamten Jugend damit verbunden, die von Ferchhoff (1993, 66ff.) zu Recht abgelehnt wird.

Bei der Darstellung der Ergebnisse soll in einem ersten Schritt anhand der Mittelwerte das Bild von der Jugend aus ihrer eigenen Sicht nach Meßzeitpunkten und Regionen dargestellt und partiell ein Vergleich zur Sicht der Eltern und Lehrer vorgenommen werden. In einem zweiten Schritt werden Indizes vorgestellt, und zwar sowohl über die Skala zum Selbstbild als auch über andere erfragte Sachverhalte, die zum Selbstbild in Beziehung stehen. Der dritte Schritt prüft die Einflußfaktoren auf das Selbstbild.

2 Das Selbstbild

Schuljugendliche in der DDR sahen ihre Altersgruppe und damit auch sich selbst zu beiden Meßzeitpunkten im allgemeinen als ehrlich, hilfsbereit und auf Vergnügen bedacht, aber auch als gebildet, rücksichtsvoll, schöpferisch und kritisch. Sie hielten sich nicht für oberflächlich, wenig politisch interessiert und glaubten auch nicht, daß sie viele Ideale hätten (vgl. Abbildung 1).

Die einzelnen Items lassen sich mit Hilfe der explorativen Faktorenanalyse zu drei Indizes zusammenfassen:

- Sekundäre Denk- und Verhaltensweisen, Beispielitems sind hier: diszipliniert, pflichtbewußt, rücksichtsvoll.
- Postmaterialistische Denk- und Verhaltensweisen, als Beispielitems sind hier zu nennen: politisches Interesse, voller Ideale, schöpferisch.
- Hedonistische Denk- und Verhaltensweisen, Beispielitem: auf Vergnügen bedacht.

Alle gebildeten Indizes sind reliabel (Alpha > .50).

Zum ersten Meßzeitpunkt waren bereits postmaterialistische und hedonistische Einstellungen vorhanden, die sich zwischen den Meßzeitpunkten wandelten. Die zweite Generation der Schüler sah sich zwar immer noch als ehrlich, aber legte mehr Wert auf solche Verhaltensweisen wie Vergnügen, kritisch und politisches Interesse, während Hilfsbereitschaft, Pflichtbewußtsein sowie Diszipliniertheit abnahmen (statistische Signifikanz beträgt bei allen Verhaltensweisen .00).

Es erfolgte im Abstand von 10 Jahren einerseits eine Abnahme der sog. sekundären Tugenden und andererseits eine Zunahme postmaterialistischer sowie teilweise hedonistischer Verhaltensweisen.

Abbildung 1: Selbstbild Schuljugendlicher im Vergleich der Meßzeitpunkte (Angaben in Mittelwerten)*

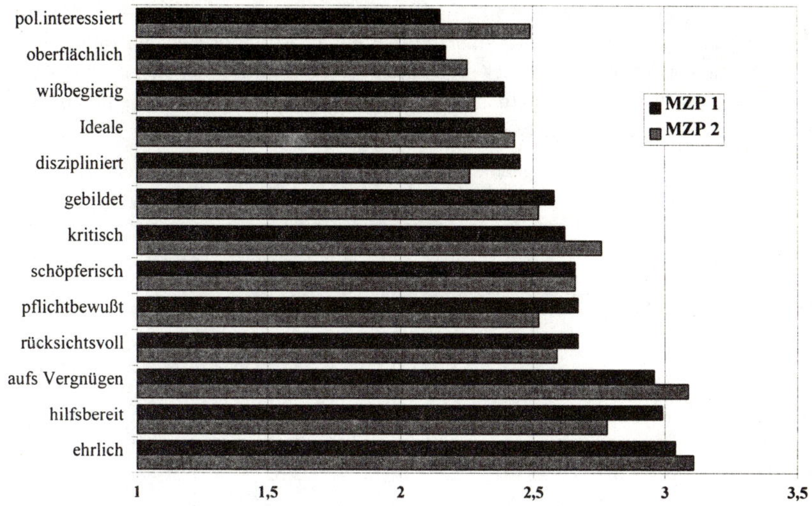

* Die Fragestellung lautete:
Wenn Sie versuchen wollten, Jugendliche Ihres Alters ganz allgemein zu charakterisieren, was trifft dann nach Ihren Beobachtungen auf diese zu?
Sie sind
4 = in sehr starkem Maße bis 1 = in sehr schwachem Maße, gar nicht
- ehrlich, sagen was sie denken
- politisch interessiert
- aufs Vergnügen bedacht
- wißbegierig
- voller Ideale
- kritisch
- rücksichtsvoll
- hilfsbereit
- oberflächlich
- gut gebildet, wissen viel
- pflichtbewußt
- diszipliniert
- schöpferisch, haben Ideen und Initiativen

Für die Eltern und Lehrer wurde die Eingangsfrage leicht abgeändert - sie sollten Jugendliche zwischen 14 und 16 Jahren charakterisieren -, die Items wurden beibehalten.

Das Anwachsen des politischen Interesses und die Zunahme des kritischen Verhaltens ist sicher sowohl aus dem allgemeinen Trend - dem Modernisierungsprozeß - als auch aus der Zeit heraus - dem politischen Umbruch - zu erklären. Weitere eigene (vgl. Informelle Gruppen 1988) und von anderen Einrichtungen durchgeführte Untersuchungen (vgl. u.a. Friedrich 1991, der einen „Mentalitätswandel" unter der Jugend der DDR feststellte) sprechen dafür, daß sich diese Veränderungen bereits seit Mitte der achtziger Jahre vollzogen. Der Widerspruch zwischen Erfahrungen und theoretisch-vermitteltem Wissen, den die Jugendlichen ständig erlebten, wurde größer und führte mit zu diesen Veränderungen. Auch an der jugendlichen Alltagskultur läßt sich dieser Wandel ablesen. So entstanden außerhalb der offiziellen Jugendorganisation immer häufiger und zahlreicher Jugendgruppierungen mit spezifischen Kulturen.

Tabelle 2: Selbstbild Schuljugendlicher nach Regionen (Angaben in Mittelwerten und in Rangfolgen)

	M/77 M(R)	G/79 M(R)	L/80 M(R)	M/89 M(R)	G/89 M(R)	L/89 M(R)
ehrlich	3,12 (1)	2,96 (2)	3,06 (1)	3,11(1)	3,04 (2)	3,20(1)
hilfsbereit	3,10 (2)	2,85 (3)	3,06 (1)	2,76 (4)	2,70 (4)	2,92 (3)
Vergnügen	2,96 (3)	2,97 (1)	2,93 (3)	3,03 (2)	3,23 (1)	2,98 (2)
pflichtbewußt	2,82 (4)	2,49 (7)	2,73 (4)	2,53 (8)	2,44 (10)	2,60 (7)
rücksichtsvoll	2,74 (5)	2,56 (5)	2,72 (5)	2,56 (7)	2,55 (6)	2,68 (6)
gebildet	2,73 (6)	2,43 (8)	2,61 (8)	2,59 (6)	2,45 (9)	2,53 (8)
schöpferisch	2,73 (6)	2,58 (4)	2,69 (6)	2,62 (5)	2,65 (5)	2,73 (4)
kritisch	2,71 (8)	2,54 (6)	2,64 (7)	2,80 (3)	2,76 (3)	2,71 (5)
diszipliniert	2,64 (9)	2,25 (10)	2,51 (9)	2,28 (12)	2,16 (13)	2,35 (11)
wißbegierig	2,51 (10)	2,25 (11)	2,44 (10)	2,35 (11)	2,26 (12)	2,22 (12)
voller Ideale	2,47 (11)	2,33 (9)	2,38 (11)	2,36 (10)	2,48 (8)	2,45 (10)
pol. Interesse	2,26 (12)	2,04 (13)	2,18 (12)	2,46 (9)	2,52(7)	2,48 (9)
oberflächlich	2,09 (13)	2,24 (12)	2,17 (13)	2,25 (13)	2,34 (11)	2,13 (13)

M = Mittelstadt; G = Großstadt; L = Land

Die Unterschiede im Selbstbild zwischen den Regionen (vgl. Tabelle 2) sind geringfügiger als die zwischen den Meßzeitpunkten, was einerseits für Veränderungen unabhängig von der Ortsgröße spricht. Andererseits weichen zu beiden Meßzeitpunkten die Jugendlichen in der Großstadt von den in den anderen beiden Untersuchungsfeldern in ihrem Selbstbild ab: Sie sahen sich schon immer weniger pflichtbewußt und dafür mehr auf Vergnügen bedacht - d.h. sekundäre Verhaltensweisen waren geringer ausgeprägt - als in der Mittelstadt und auf dem Land. Das politische Interesse und das Streben nach Idealen scheint in der Großstadt ebenfalls stärker gewachsen zu sein. Dieses Ergebnis spricht dafür, daß Stadt-Land-Differenzierungen zumindest in den Denk- und Verhaltensweisen bei Jugendlichen erhalten geblieben waren.

Jungen und Mädchen sahen sich und ihre Altersgefährten zu beiden Meßzeitpunkten in etwa gleich; Unterschiede lassen sich nur in Bezug auf sekundäre Denk- und Verhaltensweisen zugunsten der Mädchen nachweisen.

Nach dem bisher erreichten Schulerfolg sind es die leistungsstarken SchülerInnen, die die postmaterialistischen Werte höher schätzten.

3 Das Fremdbild

LehrerInnen sahen zum Zeitpunkt der ersten Erhebung die Generation ihrer Schüler auf Vergnügen bedacht, hilfsbereit, ehrlich , aber auch kritisch. Zum zweiten Meßzeitpunkt bestätigten sie den Schuljugendlichen ebenfalls gewachsenes politisches Interesse, in stärkerem Maße Ehrlichkeit und auch ein kritischeres Verhalten (vgl. Tabelle 3). Hier wäre sicher zu beachten, daß sie dabei immer auch ihre Erziehungsarbeit bewertet haben.

Tabelle 3: Das Bild der Jugend aus der Sicht der Lehrer/Innen (Angaben in Mittelwerten und Rangfolgen)

	MZP 1 R	M/77 M (R)	G/79 M (R)	L/80 M (R)	MZP 2 R	G/89 M (R)	L/89 M (R)
Vergnügen	1	3,28 (1)	3,15 (2)	3,16 (3)	4	2,90 (4)	3,00 (2)
hilfsbereit	2	3,06 (2)	2,98 (4)	3,24 (1)	3	2,95 (3)	3,00 (2)
ehrlich	2	2,94 (3)	3,17 (1)	3,11 (4)	1	3,23 (1)	3,11 (1)
kritisch	4	2,72 (4)	3,04 (3)	3,19 (2)	2	3,05 (2)	3,00 (2)
diszipliniert	5	2,59 (6)	2,70 (5)	2,89 (5)	6	2,80 (5)	2,58 (6)
wißbegierig	6	2,66 (5)	2,40 (7)	2,84 (6)	12	2,33 (13)	2,32 (10)
pflichtbewußt	7	2,34 (11)	2,51 (6)	2,78 (7)	8	2,45 (9)	2,42 (8)
rücksichtsvoll	8	2,47 (8)	2,40 (7)	2,54 (8)	10	2,45 (9)	2,26 (11)
pol. Interesse	9	2,50 (7)	2,26 (11)	2,54 (8)	5	2,76 (6)	2,95 (5)
schöpferisch	10	2,34 (11)	2,36 (9)	2,51 (10)	13	2,38 (12)	2,26 (11)
gebildet	11	2,44 (9)	2,21 (12)	2,46 (11)	7	2,55 (7)	2,37 (9)
Ideale	12	2,26 (12)	2,17 (13)	2,42 (12)	10	2,50 (8)	2,21 (13)
oberflächlich	13	2,06 (13)	2,34 (10)	2,03 (13)	8	2,40 (11)	2,47 (7)
M = Mittelstadt; G = Großstadt; L = Land							

Nach den Regionen gab es keine Unterschiede zwischen den Meinungen der LehrerInnen.

Die Eltern sahen ihre Kinder und deren Altersgefährten vor allem als kritisch und auf Vergnügen bedacht sowie wenig diszipliniert, aber ebenfalls nicht als oberflächlich (vgl. Tabelle 4). Zwischen den Regionen lassen sich zum Meßzeitpunkt 1 kaum Unterschiede feststellen. Zur zweiten Erhebung - hier waren nur noch Eltern in der Mittelstadt befragt worden - wiesen sie ebenfalls auf ein gewachsenes politisches Interesse der jungen Menschen hin, glaubten aber gleichzeitig, daß die Ideale abnehmen würden.

Tabelle 4: Bild der Jugend aus der Sicht der Eltern (Angaben in Mittelwerten und Rangfolgen)

	MZP 1 M (R)	M/77 M (R)	G/79 M (R)	L/80 M (R)	MZP2 M (R)
kritisch	3,17 (1)	3,15 (2)	3,21 (1)	3,10 (2)	3,30 (1)
Vergnügen	3,14 (2)	3,21 (1)	3,05 (3)	3,27 (1)	3,18 (2)
wißbegierig	3,07 (3)	3,00 (4)	3,14 (2)	2,99 (3)	2,97 (4)
ehrlich	2,98 (4)	3,02 (3)	2,99 (4)	2,83 (5)	3,15 (3)
gebildet	2,79 (5)	2,90 (5)	2,71 (8)	2,82 (6)	2,82 (5)
schöpferisch	2,77 (6)	2,69 (7)	2,81 (5)	2,84 (4)	2,58 (9)
hilfsbereit	2,73 (7)	2,70 (6)	2,73 (7)	2,81 (7)	2,61 (8)
voller Ideale	2,68 (8)	2,65 (8)	2,75 (6)	2,52 (9)	2,30 (13)
pflichtbewußt	2,63 (9)	2,64 (9)	2,60 (9)	2,72 (8)	2,52 (10)
pol. Interesse	2,42 (10)	2,41 (11)	2,41 (10)	2,45 (10)	2,82 (5)
rücksichtsvoll	2,36 (11)	2,37 (12)	2,36 (11)	2,37 (13)	2,31 (12)
diszipliniert	2,34 (12)	2,42 (10)	2,27 (13)	2,41 (12)	2,44 (11)
oberflächlich	2,30 (13)	2,21 (13)	2,33 (12)	2,43 (11)	2,63 (7)

M = Mittelstadt; G = Großstadt; L = Land

4 Strukturmodell zur Erklärung des Selbstbildes

Bei der Untersuchung der Einflußfaktoren auf die Herausbildung des Selbstbildes bei Schuljugendlichen sind wir von dem Strukturmodell ausgegangen (vgl. Abbildung 2), das einem sozialisationstheoretischem Ansatz folgt und davon ausgeht, daß die Lebensbedingungen direkt und indirekt - vermittelt über die Familie und Schule - auf das Selbstbild wirken.

Zur Überprüfung des Modells wurden sowohl Einzelitems genutzt als auch weitere Indizes gebildet, die sich folgendermaßen zusammensetzen:

- Sozialstatus: umfaßt die soziale Stellung der Eltern, gemessen am jeweils höchsten Bildungsabschluß von Vater oder Mutter.
- Elternerwartungen, die aus der Sicht der Schüler in zwei Indizes zerfallen : „Pflicht“ - Beispielitems sind: Pflichtenkreis im Haushalt, Sachen in Ordnung halten - sowie „Verantwortung“ - Beispielitems: eigenes Urteil in Familienangelegenheiten, einen politischen Standpunkt haben.
- schulische Faktoren: „Wohlfühlen im Kollektiv“ (Einzelitem) sowie „Verhalten“ im Klassenkollektiv - Beispielitems: Meinung anderer anerkennen, anderen kameradschaftlich helfen, für Disziplin und Ordnung eintreten.

Abbildung 2: Strukturmodell zur Erklärung des Selbstbildes der Jugend der DDR

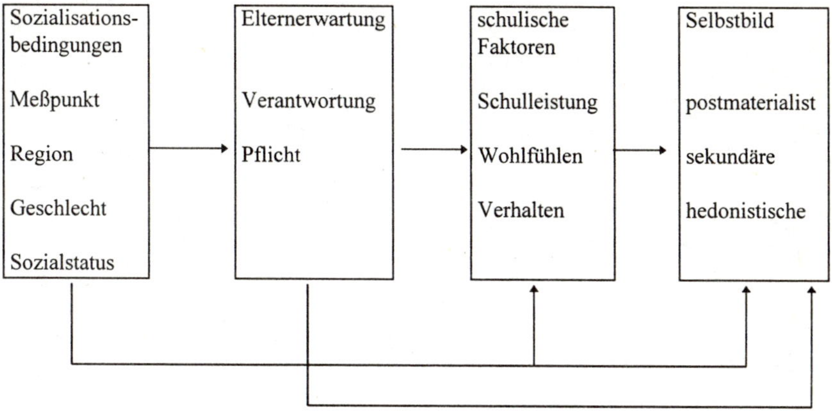

Die durchgeführten Regressionsanalysen erbrachten folgende Ergebnisse:

Auffallend ist zunächst die Wirkung der Meßzeitpunkte direkt auf die postmaterialistischen und indirekt über das Verhalten auf die hedonistischen Denk- und Verhaltensweisen. Man kann hier deutlich sehen, daß das Item Region nichts erklärt.

Familie und Schule haben einerseits - jede für sich genommen - Einfluß auf die Herausbildung des Selbstbildes und andererseits wirkt die Familie über die Schule darauf ein. Das erstere läßt sich für die Familie an dem starken Zusammenhang von Sozialstatus und „Verantwortung" und darüber auf die Denk- und Verhaltensweisen der Jugendlichen belegen. Für die Schule zeigt sich dies an der Wirkung von „Verhalten" und „Wohlfühlen" auf das Selbstbild.

Andererseits ist der Sozialstatus über die Schulleistung für die postmaterialistischen Verhaltensweisen direkt und vermittelt über die schulischen Faktoren ebenfalls von Bedeutung.

Abbildung 3: Pfadmodell zur Erklärung des Selbstbildes (Betakoeffizienten)

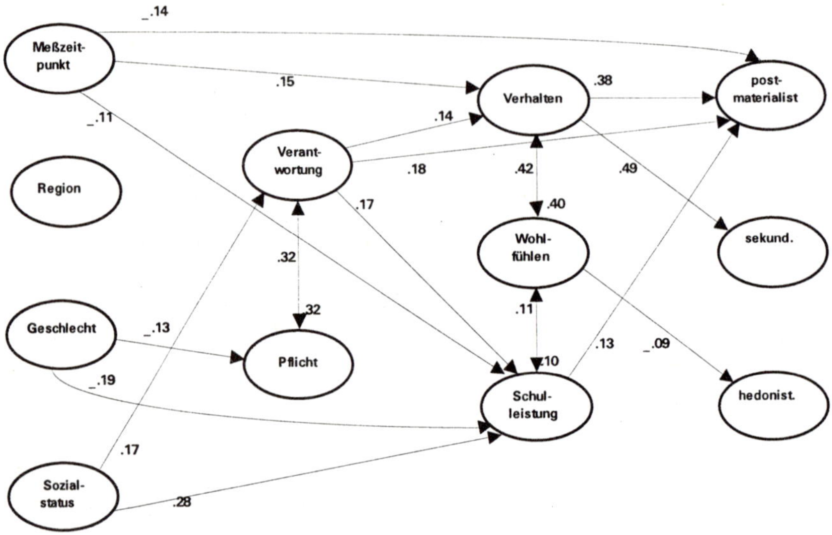

Dieses Modell läßt sich - wie die nachfolgenden Grafiken zeigen - getrennt für die Meßzeitpunkte replizieren. Zum zweiten Meßzeitpunkt sind jedoch alle Einflußfaktoren stärker ausgeprägt als zum ersten.

Die Familie bestimmt über die Schule und an der Schule vorbei ein Ansteigen der postmaterialistischen Denk- und Verhaltensweisen. Das spricht dafür, daß Eltern und Schule partiell gleiche Erziehungsziele hatten. Zum zweiten Meßzeitpunkt ist die selbständige Wirkung der Schule auf das Selbstbild noch stärker ausgeprägt als zum ersten.

Abbildung 4: Pfadmodell zur Erklärung des Selbstbildes zum Meßzeitpunkt 1 (Betakoeffizienten)

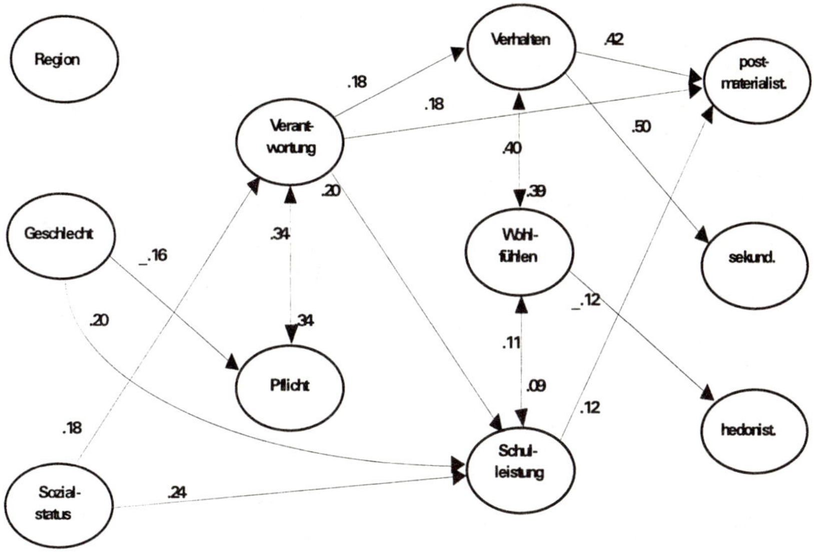

Die Ergebnisse zusammenfassend kann die o.g. These, daß sich die Moderne auch in der DDR durchgesetzt hatte, als bestätigt gelten. Es läßt sich an unseren Untersuchungen eine deutliche Zunahme der postmaterialistischen Denk- und Verhaltensweisen nachweisen. Das könnte auch an weiteren Befunden - wie u.a. an den Arbeitswerten (vgl. Kirchhöfer & Steiner 1995) - belegt werden. Offensichtlich tritt die Moderne als ein systemunabhängiger Prozeß auf, der durch das jeweilige Gesellschaftssystem modifiziert wird. Somit entwickelte sich die Moderne in der DDR in anderen Facetten. Das politische Interesse, die Zunahme von Idealen, ein kritisches Verhalten waren stark ausgeprägt.

Abbildung 5: Pfadmodell zur Erklärung des Selbstbildes zum Meßzeitpunkt 2 (Betakoeffizienten)

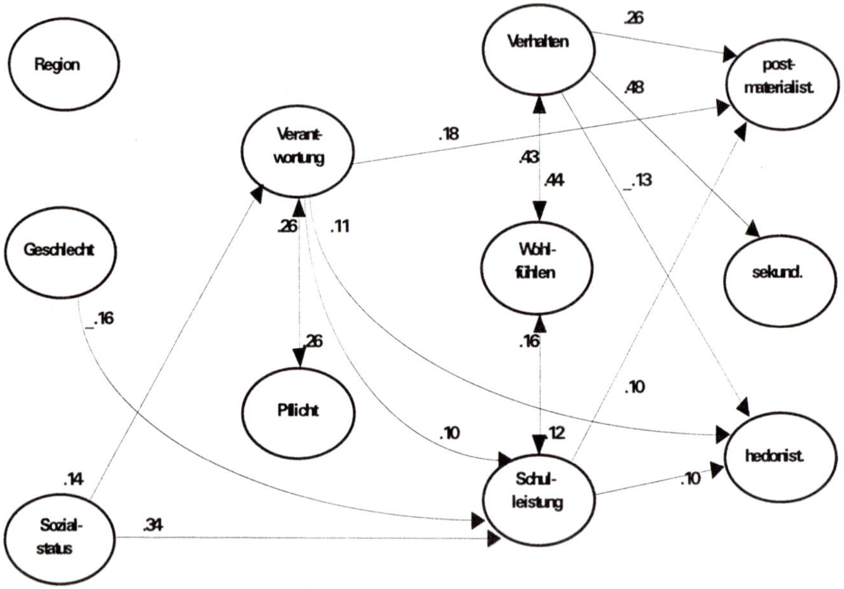

Auch durch spätere Untersuchungen - wie beispielsweise die Shell-Jugendstudie „Jugend '92“ - konnte dies nachträglich bestätigt werden. In der DDR wirkte vermutlich die ideologische Strategie, die die „Jugend als Gestalter der Gesellschaft“, „die Hausherren von morgen“ sah, kontraproduktiv. Es wurde der aktive junge Mensch gefordert, der aber - wenn er es wurde - überall an Grenzen stieß und insofern blieb dieser Anspruch eine „Verkündigungsideologie“. Andererseits wurde versucht, die Jugendlichen durch materielle Förderung - z.B. über die sozialpolitischen Maßnahmen - und vereinzelte Zugeständnisse - beispielsweise Jugendsender, Rockkonzerte - einzubinden.

Die Umbruchprozesse haben die Herausbildung der postmaterialistischen Verhaltensweisen - schöpferisch, kritisch, politisch interessiert - kurzzeitig noch weiter stimuliert. SchülerInnen erwarteten umfassende Veränderungen in der Schule (z.B. Schülerdemonstrationen, vgl. Kirchhöfer 1992) und waren enttäuscht über die letztlich geringen Möglichkeiten das schulische Leben mitzugestalten.

Literatur

Ferchhoff, W. (1993). Jugend an der Wende des 20. Jahrhunderts. Opladen

Friedrich, W. (1991). Jugend und Jugendforschung in der ehemaligen DDR. In: Melzer, W. u.a.(Hrsg.): Osteuropäische Jugend im Wandel (S. 172-183). Weinheim/München: Juventa

Informelle Gruppen (1988), Forschungsbericht der Abt. Bildungssoziologie, Akademie der Pädagogischen Wissenschaften

Kirchhöfer, D. (1992). Kinder und Jugendliche in den Demonstrationen des Herbstes 1989. In: Jugend '92. Die neuen Länder: Rückblick und Perspektiven. Bd. 3 (S. 205-216). Opladen: Leske + Budrich

Kirchhöfer, D. & Steiner, I (1995). Work orientations of Central and Eastern European girls - a different modernity? In: Funk-Hübner, S. et al.: The puzzle of integration (S. 75-88). Berlin, New York: Walter de Gruyter

Merkens, H. & Kirchhöfer, D. (1993). Freizeit Ost- und Westberliner Schüler. Zeitschrift für Pädagogik, 6, S. 931-951

Zinnecker, J. (1991). Jugend als Bildungsmoratorium. Zur Theorie des Wandels der Jugendphase in west- und osteuropäischen Gesellschaften. In: Melzer, W. u.a. (Hrsg.). Osteuropäische Jugend im Wandel (S. 9-24). Weinheim/München: Juventa

Petra Butz

Zukunftseinstellungen Jugendlicher
Ergebnisse einer empirischen Längsschnittstudie in Berlin

Die Verbindung der Themenkomplexe Jugend und Zukunft hat in der empirischen Jugendforschung bereits einige Tradition.[1]

Es mag einerseits das Bedürfnis dahinter stehen, durch die Erforschung der Zukunftsvorstellungen, allgemeine Tendenzen der gesellschaftlichen Entwicklung aufzeigen zu können. Häufig allerdings wird auch der Themenkomplex Zukunft gleichgesetzt mit Katastrophenszenarien, die nicht länger überschaubar und vorherberechenbar sind.

Geht man davon aus, daß die zentrale Aufgabe des Jugendalters die Integration in die Erwachsenengesellschaft ist[2] und berücksichtigt man gleichzeitig, daß sich Jugendliche während dieses Prozesses der Individuation und Integration nun mit der Tatsache konfrontiert sehen, daß diese Gesellschaft immer weniger Verläßlichkeiten bietet, daß sie mit für den Augenblick unlösbaren Problemen zu kämpfen hat, daß sie existentielle Lebensbedingungen vernichtet und daß eine individuelle Einflußname oder ein individueller Schutz nicht bzw. kaum möglich sind, mag die Frage nach der Einstellung Jugendlicher zu einer solch gearteten Zukunft ebenfalls der Auslöser für eine diesbezügliche Fragestellung sein.

Die Verbindung dieser Themenkomplexe Jugend und Zukunft erfreute sich besonders Anfang der 80er Jahre einer besonderen Beliebtheit und seither sind Fragen dieser Art immer wieder auch in die großen repräsentativen Jugendstudien, respektive die Shell-Studie aufgenommen worden.[3]

Die dort erhaltenen Ergebnisse entsprechen sich im wesentlichen: Allgemein wird festgestellt, daß die Einschätzung der persönlichen Zukunft wesentlich zuversichtlicher ausfällt, als die der gesellschaftlichen Zukunft. Aber auch bezüglich der gesellschaftlichen Zukunft wird eine zunehmend positive Haltung der Jugendlichen proklamiert:

Hatte die „Null-Bock-Generation" Anfang der 80er Jahre noch zu 58% eine negative Einschätzung zur Zukunft, so waren es laut Shell-Studie Mitte der 80er Jahre ver-

[1] Vgl. Hille (1975), Fischer (1982) Allerbeck (1985) etc.
[2] Vgl. Hurrelmann (1994)
[3] Vgl. Jugendwerk der deutschen Shell (1991, 1985, 1992), SINUS (1983), EMNID (1985)

gleichsweise nur noch 46% und Anfang der 90er äußern sich gerade noch 28% düster über die gesellschaftliche Zukunft Deutschlands.

Im folgenden Beitrag wird zunächst ebenfalls ein Vergleich der gesellschaftlichen und persönlichen Zukunftseinstellungen Jugendlicher vorgenommen. Es ist zu vermuten, daß bei der Frage nach der Einschätzung der gesellschaftlichen Zukunft keineswegs eine konstante Stellungnahme einer ganzen Jugendgeneration abgefragt wird wie es zum Beispiel der „Null-Bock-Generation" der 80er Jahre teilweise unterstellt wurde. Meines Erachtens kann die geäußerte Zukunftsangst Jugendlicher immer nur ein Spiegel der zum Erhebungszeitpunkt gesellschaftspolitischen Grundstimmung sein. Möglicherweise ist hierbei mit einer zeitlichen Verschiebung zu rechnen. Dies wird im folgenden sowohl durch eine Quer- wie auch Längsschnittanalyse für die Jahre 1991 bis 1993 überprüft, da dieser Zeitraum in Anbetracht der zunehmenden Unzufriedenheit mit den Folgen der Wiedervereinigung in Deutschland von besonderem Interesse ist.

Im Anschluß daran wird kurz auf einen möglichen Zusammenhang zu biographischen Variablen eingegangen, der jedoch auch bereits in anderen Untersuchungen hinreichend erforscht worden ist.[4] Ein Hauptaugenmerk der hier vorgestellten Ergebnisse liegt auf Zusammenhängen mit Variablen aus dem schulischen Bereich, da die Schule im Gegensatz zur Familie oder Peer-Group diejenige Sozialisationsinstanz ist, die in ihrer Zielsetzung eindeutig auf die Zukunft gerichtet ist. Sie repräsentiert für Jugendliche die Anforderungen der Erwachsenengesellschaft, in welche sie sich integrieren sollen.

1 Zur Berliner Jugendstudie

Die folgenden Darstellungen beziehen sich auf die im Rahmen des DFG-Schwerpunktprogramms „Kindheit und Jugend in Deutschland vor und nach der Vereinigung" unter der Leitung von Prof. Dr. H. Merkens durchgeführte Berliner Ost-West-Jugendstudie.

1990 wurden in einer Pilotstudie erstmals ca. 1150 Berliner Schuljugendliche der 7.-10. Klassen in ganz Berlin mittels eines standardisierten Fragebogens befragt. Die Schulformen waren dabei weitgehend paritätisch vertreten. In den folgenden Jahren von 1991 bis 1994 wurde die Studie mittels eines Kohorten-Sequenz-Plans mit einem etwas modifizierten Erhebungsinstrument wiederholt (vgl. Abbildung 1).

Die folgenden Ergebnisse beziehen sich ausschließlich auf die Erhebungen 1991 - 1993. Die Erhebung 1990 war eine Pilotstudie, innerhalb derer das Meßinstrument getestet wurde, es gibt allerdings eine Reihe von Gründen, die eine Vergleichbarkeit in Bezug auf die hier interessierenden Fragestellungen erschweren, weshalb sie an dieser

[4] Vgl. ebenfalls Jugendwerk der deutschen Shell (1991, 1985, 1992)

Stelle nicht einbezogen werden kann. Die Daten von 1994 lagen zum Zeitpunkt der AEPF-Tagung in Bielefeld noch nicht in einer auswertbaren Form vor.

Abbildung 1: Design der Berliner Jugendstudie. Kohorten Sequenzplan

	MZP 0 (1990)	MZP 1 (1991)	MZP 2 (1992)	MZP 3 (1993)	MZP 4 (1994)
Klasse 7	7--------	7--------	7--------	7--------	7
Klasse 8	8--------	8--------	8--------	8--------	8
Klasse 9	9--------	9--------	9--------	9--------	9
Klasse 10	10	10	10	10	10

Dem Design folgend, stützt sich die dargestellte Untersuchung auf unterschiedliche Grundgesamtheiten. Zum einen wird ein allgemeiner Vergleich zwischen den einzelnen Meßzeitpunkten vorgenommen, zum anderen werden die dann erhaltenen Ergebnisse anhand der Längsschnittuntersuchung überprüft.

Innerhalb der Berliner Jugendstudie wurden die Schuljugendlichen nach ihrer Einschätzung der gesellschaftlichen wie auch persönlichen Zukunft befragt. Ihnen standen hierbei die Einschätzungen „zuversichtlich“, „eher zuversichtlich“, „eher düster“ und „düster“ zu Verfügung.

Wir haben zusätzlich einen Zukunftsindex innerhalb dieses Fragebogens, der sich aus vier Einzelitems zusammensetzt und eher eine allgemeine unspezifische Zukunftserwartung abfragt:

- die Zukunft sieht sehr trübe aus
- die Zukunft ist zu ungewiß, als daß man sie weit im voraus planen könnte
- das Leben des Normalbürgers wird schlechter nicht besser
- die Zukunft des Landes ist ungewiß

Aus diesem Zusammenhang heraus werden im folgenden einige Ergebnisse vorgestellt.

2 Zukunftseinschätzungen Jugendlicher - Querschnittanalyse

Ein erstes Ergebnis, das wie bereits erwähnt auch von anderen vergleichbaren Fragestellungen in früheren Erhebungen immer bestätigt wurde, ist, daß die Einstellung Jugendlicher zu ihrer persönlichen Zukunft grundsätzlich positiver ausfällt, als die zur gesellschaftlichen Zukunft (vgl. Abbildungen 2 und 3).

Abbildung 2: Persönliche Zukunftseinschätzung Jugendlicher
Gesamtberlin 7. -10. Klasse
(Min: 1 = pos. Zukunftssicht, Max: 4 = neg. Zukunftssicht)

	1991 (n=1190)	1992 (n=1269)	1993 (n=1459)
arithmetisches Mittel	1,9	1,9	1,9
Sig. (T-Test paired)	n.s.		
Sig. (T-Test paired)		n.s.	

Abbildung 3: Gesellschaftliche Zukunftseinschätzung Jugendlicher
Gesamtberlin 7. -10. Klasse
(Min: 1 = pos. Zukunftssicht, Max: 4 = neg. Zukunftssicht)

	1991 (n=1174)	1992 (n=1261)	1993 (n=1455)
arithmetisches Mittel	2,3	2,6	2,6
Sig. (T-Test paired)	,000		
Sig. (T-Test paired)		n.s.	

Die große Mehrheit beurteilt ihre persönliche Zukunft eher positiv, dies bleibt über alle drei Meßzeitpunkte hinweg auch ein konstantes Ergebnis. Bei der gesellschaftlichen Zukunft verhält sich dies etwas anders. 1991 schätzen etwas weniger als die Hälfte der Jugendlichen die gesellschaftliche Zukunft als eher düster oder düster ein, 1992 und 1993 dagegen äußern in unserer Untersuchung etwas mehr als die Hälfte aller Jugendlichen eine eher negative Einstellung zur gesellschaftlichen Zukunft.

Dieser doch recht erhebliche augenscheinliche Unterschied der arithmetischen Mittel 1991 und 1992 wurde anhand eines T-Tests für abhängige Stichproben überprüft und erweist sich auch als hochsignifikant.

Abbildung 4: Allgemeine Zukunftseinstellung Jugendlicher (Index).
Gesamtberlin 7. -10. Klasse (Min. 4 = negativ / Max. 16 = positiv.)

	1991 (n=1162)	1992 (n=1250)	1993 (n=1441)
arithmetisches Mittel	9,4	8,7	8,6
Sig. (T-Test paired)	,000		
Sig.(T-Test paired)		,006	

Dieses Ergebnis einer vom Erhebungszeitpunkt 91 zum Erhebungszeitpunkt 92 schlechter werdenden Einschätzung der Zukunft bestätigt sich auch bei unserem Index zur allgemeinen Einschätzung der Zukunft. Hier scheint sogar eine weitere Verschlechterung der allgemeinen Zukunftseinschätzung vom Jahr 1992 zum Jahr 1993 vorzuliegen.

Diese Ergebnisse wurden in einer weiteren Analyse im Längsschnitt überprüft, d.h. in der folgenden Grundgesamtheit befinden sich ausschließlich SchülerInnen, die zu allen drei Meßzeitpunkten befragt wurden.

3 Zukunftseinschätzungen Jugendlicher - Längsschnittanalyse

Abbildung 5: Einschätzung der gesellschaftlichen Zukunft im Längsschnitt (arithmetisches Mittel und Standardabweichung, n= 377)

<table>
<tr><th></th><th>7. Klasse</th><th>8. Klasse</th><th>9. Klasse</th><th>10. Klasse</th></tr>
<tr><td rowspan="2">1991</td><td>2,2 0,8</td><td>2,3 0,8</td><td></td><td></td></tr>
<tr><td colspan="2">2,3 0,8</td><td></td><td></td></tr>
<tr><td rowspan="2">1992</td><td></td><td>2,6 0,7</td><td>2,7 0,7</td><td></td></tr>
<tr><td></td><td colspan="2">2,6 0,7</td><td></td></tr>
<tr><td rowspan="2">1993</td><td></td><td></td><td>2,6 0,7</td><td>2,6 0,7</td></tr>
<tr><td></td><td></td><td colspan="2">2,6 0,7</td></tr>
</table>

Tests über Mittelwertunterschiede

	Test	Signifikanz
1991 - 1992 - 1993	MANOVA	,000 **
1991 - 1992	T-Test (paired)	,000 **
1992 - 1993	T-Test (paired)	n.s.
1991- 1993	T-Test (paired)	,000 **
1991: 7. Klasse - 8. Klasse	T-Test (independent)	n.s.
1992: 8. Klasse - 9. Klasse	T-Test (independent)	n.s.
1993: 9. Klasse - 10. Klasse	T-Test (independent)	n.s.
1991 8. Klasse - 1992 8. Klasse	T-Test (paired)	,000 **
1992 9. Klasse - 1993 9. Klasse	T-Test (paired)	n.s.

Abbildung 6: Einschätzung der persönlichen Zukunft im Längsschnitt (arithmetisches Mittel und Standardabweichung, n= 377)

	7. Klasse	8. Klasse	9. Klasse	10. Klasse
1991	1,7 0,6	1,9 0,7		
	1,8	0,7		
1992		1,9 0,7	1,9 0,6	
		1,9	0,7	
1993			2,0 0,7	1,9 0,7
			1,9	0,7

Tests über Mittelwertunterschiede

	Test	Signifikanz
1991 - 1992 - 1993	MANOVA	,001 **
1991 - 1992	T-Test (paired)	,005 **
1992 - 1993	T-Test (paired)	n.s.
1991- 1993	T-Test (paired)	,001 **
1991: 7. Klasse - 8. Klasse	T-Test (independent)	,023 *
1992: 8. Klasse - 9. Klasse	T-Test (independent)	n.s.
1993: 9. Klasse - 10. Klasse	T-Test (independent)	n.s.
1991 8. Klasse - 1992 8. Klasse	T-Test (paired)	,005 **
1992 9. Klasse - 1993 9. Klasse	T-Test (paired)	n.s.

Wie die Abbildungen 5 bis 7 zeigen, weisen die in unserer Erhebung gestellten Fragen zur Einschätzung der Zukunft gesellschaftlicher, persönlicher und allgemeiner Art im Längsschnitt alle das gleiche Muster auf: Die Zukunftseinstellung wird augenscheinlich von Jahr zu Jahr schlechter, was durch eine Varianzanalyse für Meßwiederholungen bei welcher der Einfluß des Erhebungszeitpunktes überprüft wurde, bestätigt wird. Bei einzelnen Überprüfungen der Mittelwerte durch T-Tests für abhängige Stichproben fällt jedoch auf, daß dieser Effekt dem Unterschied zwischen 1991 und 1992 geschuldet ist. Der Unterschied zwischen 92 und 93 wird als nicht signifikant ausgewiesen.

Nach den Ergebnissen im Querschnitt unerwartet, sind hierbei die Ergebnisse zur Einstellung zur persönlichen Zukunft ausgefallen, da diese bislang über die Jahre hinweg als relativ gleichbleibend eingeschätzt wurde. Allerdings erweist sich auch hier die augenscheinlich nur geringfügige Veränderung von 1991 zu 1992 als signifikant.

Abbildung 7: Einschätzung der allgemeinen Zukunft im Längsschnitt. (arithmetisches Mittel und Standardabweichung, n= 377)

	7. Klasse	8. Klasse	9. Klasse	10. Klasse
1991	9,5 2,5	9,4 2,8		
	9,4	2,7		
1992		9,0 2,3	8,2 2,5	
		8,6	2,4	
1993			8,3 2,4	8,5 2,4
			8,4	2,4

Tests über Mittelwertunterschiede

	Test	Signifikanz
1991 - 1992 - 1993	MANOVA	,000 **
1991 - 1992	T-Test (paired)	,000 **
1992 - 1993	T-Test (paired)	n.s.
1991- 1993	T-Test (paired)	,000 **
1991: 7. Klasse - 8. Klasse	T-Test (independent)	n.s.
1992: 8. Klasse - 9. Klasse	T-Test (independent)	,002 **
1993: 9. Klasse - 10. Klasse	T-Test (independent)	n.s.
1991 8. Klasse - 1992 8. Klasse	T-Test (paired)	,000 **
1992 9. Klasse - 1993 9. Klasse	T-Test (paired)	n.s.

Beachtenswert ist auch der signifikante Unterschied bei dem Kohortenvergleich der 8. Klasse 1991 mit der 8. Klasse 1992, der gegen einen reinen Alterseffekt spricht, der aufgrund des Designs der Längsschnittstudie vermutet werden könnte.

Obgleich sich die inhaltlichen Assoziationen der Jugendlichen mit den Fragen nach der persönlichen bzw. gesellschaftlichen Zukunft nicht weiter spezifizieren lassen, spricht die in allen Bereichen schlechter werdende Einschätzung der Zukunft von 1991 zu 1992 für einen gesellschaftspolitischen Hintergrund: In diesem Antwortverhalten spiegelt sich möglicherweise die zunehmende Unzufriedenheit der Deutschen mit den Folgen der Wiedervereinigung bzw. dem Umgang damit.

4 Zusammenhänge zu biographischen Variablen:

Geschlecht

Überprüft man die Zukunftseinstellung Jugendlicher, findet man einen signifikanten Unterschied zwischen den Geschlechtern: Mädchen schätzen sowohl ihre persönliche als auch die gesellschaftliche Zukunft in allen Jahren signifikant negativer ein als Jungen. Unterschiede bei der Beurteilung der allgemeinen Zukunftseinschätzung (Index) lassen sich allerdings nicht feststellen.

Alter

Es scheint sich bei allen Fragen zur Zukunft auch ein Alterseffekt herauszukristallisieren, mit dem Ergebnis, daß ältere Jugendliche ihre Zukunft ebenfalls etwas negativer einschätzen als jüngere. Es scheint jedoch so zu sein, daß dieser Effekt nicht kontinuierlich linear ist, im Sinne von „je älter die Jugendlichen, desto negativer schätzen sie die Zukunft ein". Einen Altersunterschied finden wir vor allem zwischen den 13jährigen, d.h. unseren jüngsten Befragten, zu allen anderen. Höchstwahrscheinlich ist hier ein Zusammenhang mit dem Eintritt in die Pubertät zu vermuten.

Ost-West-Zugehörigkeit

Weiter ist festzustellen, daß sich nicht zu allen Erhebungszeitpunkten Unterschiede zwischen Ost- und Westberliner Jugendlichen nachweisen lassen, obwohl dies augenscheinlich bei Betrachtung der arithmetischen Mittel in den meisten Fällen so zu sein scheint. Wenn sich jedoch signifikante Unterschiede ergeben, weisen diese in eine eindeutige Richtung: Dann nämlich schätzen Ostberliner Jugendliche ihre Zukunft etwas schlechter ein, als dies ihre Westberliner Altersgenossen tun. Dies trifft wiederum für alle Fragen betreffend die Zukunftseinschätzung zu.

4 Zusammenhänge von Zunkunftseinstellungen und schulischen Variablen

Wie eingangs erwähnt, sind Zusammenhänge von Zukunftseinstellungen Jugendlicher mit Variablen aus dem schulischen Bereich von besonderem Interesse, da die Schule als jene Sozialisationsinstanz gilt, welche die zukünftige Position des Einzelnen in der Gesellschaft in weiten Bereichen bestimmt.[5]

Die Kernaussage der diesbezüglichen Ergebnisse ist, daß die durchweg positive Einstellung zur eigenen Zukunft weitgehend unabhängig ist von dem Schultyp, den die Jugendlichen besuchen. Dies ist, bedenkt man die durchaus unterschiedlichen Chancen auf dem Arbeitsmarkt, ein doch bemerkenswertes Ergebnis.

[5] Vgl. Hurrelmann (1994, S.88ff.)

Anders sieht es bei der Einschätzung der gesellschaftlichen Zukunft aus. In den Jahren 1992 und 1993 ergibt sich ein durch eine einfaktorielle Varianzanalyse überprüfter signifikanter Unterschied zwischen den Schulformen. Gymnasiasten haben die negativste Einstellung zur Zukunft unserer Gesellschaft gefolgt von den Gesamtschülern, den Realschülern und zu guter Letzt den Hauptschülern.

Interessanterweise gelangt man zu den gleichen Ergebnissen, wenn diese Überprüfung nach dem Zusammenhang zwischen der gesellschaftlichen Zukunftseinstellung und den Schulformen für die 7. Klassen getrennt durchführt.

Die 7. Klassen können zum Zeitpunkt unserer Befragung noch keinem großen Einfluß der Schulen unterlegen haben, da die Grundschule in Berlin bis einschließlich der 6. Klasse dauert. Die von uns ca. im November befragten Jugendlichen befanden sich zum Erhebungszeitpunkt also erst ca. 3 Monate auf ihrer jeweiligen neuen Schule.

Dieses Ergebnis spricht also dafür, daß diese Unterschiede in der Beurteilung der gesellschaftlichen Zukunft bereits vor dem Eintritt in die jeweilige Schulform bestanden haben und damit wahrscheinlich auch auf den familiären Hintergrund bzw. eine Wechselwirkung zwischen jenem und dem Schulwahlverhalten der Eltern zurückzuführen sind. Allerdings lassen sich keine signifikanten Zusammenhänge zwischen den Bildungsabschlüssen der Eltern und der Einschätzung der gesellschaftlichen Zukunft der Kinder nachweisen. Eine Interpretation dahingehend, daß Kinder aus einem intellektuellen Umfeld ein ausgeprägteres Bewußtsein für die gesellschaftlichen Zukunftsprobleme haben und von daher diese Zukunft auch eher düster einschätzen, kann daher nicht aufrecht erhalten werden.

Obgleich sich keine Zusammenhänge zwischen den verschiedenen Schulformen in Bezug auf die persönliche Zukunftseinschätzung nachweisen lassen, finden sich nichtsdestotrotz interessante Zusammenhänge aus dem Bereich der Schule:

Die Schulnoten zeigen zu allen drei Erhebungszeitpunkten eine hohe Korrelation mit der Einschätzung der persönlichen Zukunft. Besonders zu den Meßzeitpunkten 1992 und 1993 erweisen sich die Schulnoten innerhalb einer Regressionsanalyse auch als Prädiktor für die Einschätzung der persönlichen Zukunft (vgl. Abbildung 8).

Abbildung 8: Ergebnisse einfacher linearer Regressionsanalysen mit den abhängigen Variablen 'persönliche Zukunftseinschätzung 1991-1993' und den unabhängigen Variablen 'Schulnoten 1991 -1993'

	Beta	Signifikanz
Schulnoten 1991	,08	,002
Schulnoten 1992	,17	,000
Schulnoten 1993	,16	,000

In Abbildung 9 sind die Ergebnisse des Signifikanz-Tests von Duncan, der im Falle eines signifikanten Ergebnisses einer einfaktoriellen Varianzanalyse anzeigt, welche Untergruppen sich im einzelnen signifikant voneinander unterscheiden dargestellt.

Abbildung 9: Zusammenhänge der persönlichen Zukunftseinschätzung mit den Schulnoten

	1991					1992					1993				
		Note					Note					Note			
		1	2	3	4		1	2	3	4		1	2	3	4
	Mean					Mean					Mean				
Note 1	1,7					1,6					1,6				
Note 2	1,8					1,8	*				1,8	*			
Note 3	1,9	*	*			1,9	*	*			1,9	*	*		
Note 4	1,9	*				2,1	*	*	*		2,1	*	*	*	

Multiple Range Tests: Duncan test with significance level ,05; (*) Indicates significant differences which are shown in the lower triangle

Bereits 1991 findet sich eine eindeutige Trennung der Jugendlichen dahingehend, daß diejenigen Jugendlichen mit den schlechteren Schulnoten ihre persönliche Zukunft auch signifikant schlechter einschätzen als gute SchülerInnen.

1992 und 1993 fällt dieses Ergebnis besonders eindrucksvoll aus. Die Mittelwertunterschiede nehmen linear zu, d.h. diejenigen SchülerInnen mit den besseren Schulnoten beurteilen ihre persönliche Zukunft auch besser, bzw. umgekehrt. Dabei unterscheidet sich jede Notengruppe signifikant von allen anderen.

Dieses Ergebnis eines starken Zusammenhangs zwischen den Schulnoten und der Einschätzung der persönlichen Zukunft zeigt sich unabhängig vom Geschlecht, vom Alter, von der Ost/Westzugehörigkeit und von der Schulform. Diese Daten wurden mittels einer Kovarianzanalyse überprüft.

Die in der Schule erreichten Leistungen scheinen im Bewußtsein der Jugendlichen bezüglich der Einschätzung ihrer Zukunft immense Wichtigkeit zu besitzen.

Die Interpretation, daß mit der Frage nach der persönliche Zukunft hier das zukünftige Berufs-/Erwerbsleben assoziiert wird, liegt nahe.

Unsere Ergebnisse bestätigen hiermit auch die Vermutungen Hurrelmanns, daß die Schulzeit mit einem harten Kampf um günstige Ausgangspositionen im Plazierungsprozeß verbunden ist. Es scheint so zu sein, daß die Jugendlichen die Auslese- und Statuszuweisungsfunktion der Schule sehr stark akzentuieren. Dies dürfte vor allem aus schulpädagogischer Perspektive ein interessantes Ergebnis sein.

Abschließend läßt sich feststellen, daß die Jugendlichen bei diesem Selektionsprozess der Schule anscheinend das unmittelbare Umfeld als Vergleichsgruppe heranziehen, da eine unterschiedliche Einschätzung von SchülerInnen der einzelnen Schultypen nicht nachgewiesen werden konnte.

Literaturangaben:

Allerbeck, K. & Hoag W. (1985). Jugend ohne Zukunft? München, Zürich.

Becker, P. (1994). Offene Zukunft und riskante Entscheidungen. Neue Praxis Heft 3. S. 203-216.

Behnken, I. & Zinnecker, J.(Hrsg.)(1991). Schülerstudie '90. Jugendliche im Prozeß der Vereinigung. Weinheim, München: Juventa.

Bundesminister für Bildung und Wissenschaft (Hrsg.)(1985). Werthaltungen, Zukunftserwartungen und bildungspolitische Vorstellungen der Jugend 1985. Eine Repräsentativbefragung des EMNID-Instituts. Bad Honnef.

Bundesminister für Bildung und Wissenschaft (Hrsg.)(1983). Die verunsicherte Generation. Jugend und Wertewandel. Ein Bericht des SINUS-Instituts. Opladen

Fischer, A. (1985). Zukunft und Politik. In: Jugendwerk der deutschen Shell (Hrsg.). Jugendliche und Erwachsene 85. Generationen im Vergleich. Bd.1: Biographien, Orientierungsmuster, Perspektiven (S. 105-132). Opladen.

Hille, B. (1975). Zukunftsvorstellungen von Jugendlichen in der Bundesrepublik Deutschland und der DDR. Dt. Archiv, Jg. 8, Heft 1, S. 39-51.

Hurrelmann, K. (1994). Eine Einführung in die sozialwissenschaftliche Jugendforschung. München, Weinheim.

Jugendwerk der deutschen Shell (Hrsg.)(1981). Lebensentwürfe, Alltagskulturen, Zukunftsbilder. Opladen.

Jugendwerk der deutschen Shell (Hrsg.)(1985). Jugendliche und Erwachsene 85. Generationen im Vergleich. Bd.1: Biographien, Orientierungsmuster, Perspektiven. Opladen.

Gabriele Classen

Jugend und Anomie/a: Ergebnisse einer kulturvergleichenden Untersuchung Jugendlicher aus Polen und Deutschland

Ein anomisches Lebensgefühl, so hat sich bereits bei Hagan, Merkens & Boehnke (1995) gezeigt, scheint als Prädiktor z.B. für rechtsradikale und ausländerfeindliche Einstellungen eine große Bedeutung zuzukommen. In diesem Zusammenhang interessierten hier detailliertere Bedingungszusammenhänge der Entstehung von Anomie bei Jugendlichen.

Der Anomiebegriff wurde von Durkheim (1973) in seinem 1897 erschienenen Werk „Le Suicide" im Rahmen seiner Untersuchung über den Selbstmord in die Soziologie eingeführt und bedeutet bei ihm „Zustände mangelnder sozialer Regelung". Anomie ist bei Durkheim also keine vorgegebene Eigenschaft des Individuums, sondern durch **soziale Strukturen** bedingt.

Merton (1965) hat die theoretische Diskussion um den Anomiebegriff fortgeführt, indem er die Frage aufrollte, wie verschiedene soziale Strukturen Einfluß auf bestimmte Personen in der Gesellschaft ausüben. Er zeigte das am Beispiel der Analyse der amerikanischen Gesellschaft, in der, wie in allen modernen Industriegesellschaften, Reichtum als Ziel und Symbol des Erfolges angesehen werden. Merton definiert Anomie als den Zusammenbruch der kulturellen Struktur in der Art, daß die kulturell vorgegebenen Ziele und Werte einerseits und die sozial erlaubten Möglichkeiten andererseits auseinanderklaffen (vgl. Merton 1965, S. 162).

Abbildung 1 zeigt, wie Merton die verschiedenen Reaktionsweisen in solchen Anomie-Situationen klassifiziert, indem er eine Systematik entwickelte, die aufzeigt, welche Formen **individueller Anpassung** es gibt. (vgl. Merton 1959, S. 288ff).

Aufgrund der sich später gezeigten Notwendigkeit, den Begriff der gesellschaftlichen Anomie von der Reaktion des Individuums abzugrenzen, führt Merton den Terminus der „anomia" ein und unterscheidet zwischen „anomie" als objektiver gesellschaftlicher Anomie und „anomia" als die subjektive, individuell erlebte Frustration, die Widerspiegelung und Rückwirkung der Anomie im Individuum (vgl. Merton 1970,

137ff). Im weiteren wird deshalb auch in dieser Untersuchung der Begriff der „Anomia“ für das anomische Lebensgefühl bei Jugendlichen benutzt.

Abbildung 1: A Typology of Modes of Individual Adaptation

Modes of Adaptation	Culture Goals	Institutionalized Means
I. Conformity	+	+
II. Innovation	+	-
III. Ritualism	-	+
IV. Retreatism	-	-
V. Rebellion	±	±

In diesem Beitrag wird zum einen mit Durkheim davon ausgegangen, daß die Ursache für Anomia in den **sozialen Strukturen** zu finden ist, zum anderen wird Mertons Theorie Rechnung getragen, der die **individuellen Reaktionen** auf Anomiesituationen einbezieht.

Es soll hier u.a. im Kulturvergleich untersucht werden, ob eher mikrosoziale oder makrosoziale Bedingungen ausschlaggebend für die Entstehung eines anomischen Lebensgefühls sind. Da Anomia mit kulturellen Normen und Zielen in engem Zusammenhang steht, dürfte sie in unterschiedlichen Kulturen und Ländern unterschiedlich ausgebildet sein und unterschiedlich beeinflußt sein.

Als Indikatoren für Anomia wurden Items in Anlehnung an Srole (1970) übernommen, der versuchte, aufbauend auf der Theorie von Merton, Indikatoren zu finden, um Anomia empirisch erfassen können. Dabei war unser Hauptaugenmerk auf Mertons formaler Kategorie „Innovation“ gerichtet, bei dem die Individuen durch Anwendung von institutionell geächteten aber oft effektiven Mitteln zu Macht und Reichtum gelangen wollen. Die Jugendlichen in unserer Befragung zeigen also dann ein anomische Lebensgefühl, wenn sie u.a. dem Statement zustimmen: „Man sollte nur dann den wahren Grund seiner Absichten zeigen, wenn es einem nützt“.

2 Strukturmodell zur Vorhersage von Anomie

Unsere Analyse basiert auf einem theoretischen Modell, bei dem **makrosoziale und biographische Bedingungen**, wie kultureller Hintergrund, politisches System, Geschlecht, Alter und sozialer Status **und mikrosoziale Bedingungen** in der Familie, in der Schule und in der Peer-Group bestimmte **Wertorientierungen**, hier beispielsweise Materialismus, Kollektivismus und auf Sicherheit bezogene Arbeitswerte beeinflussen. Diese Wertorientierungen wiederum beeinflussen das **anomische Lebensgefühl**.

Dieses Modell bevorzugt die Theorie, daß Werten eine Mediatorenrolle zukommt und keine direkte Beziehung zwischen den Sozialisationsbedingungen und Anomia zu beobachten ist.

Abbildung 2: Strukturmodell zur Vorhersage von Anomia

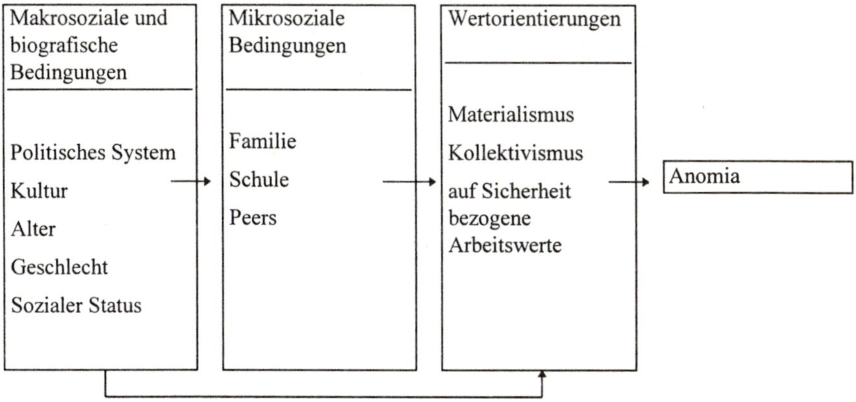

3 Methode

Die Daten unserer Analyse sind sowohl aus dem von der Deutschen Forschungsgemeinschaft geförderten Projekt „Berliner Schuljugendliche" als auch aus der „Europäischen Jugendstudie", einer Longitudinalstudie in 12 europäischen Ländern, entnommen worden. Diese Studien wollen den sozialen Wandel beschreiben, der sich aus den Transformationsprozessen in den osteuropäischen Ländern ergeben hat.

Tabelle 1: Aufteilung der Stichprobe nach Geschlecht und Alter

Land	Stichprobe	Geschlecht		Alter
	N	Jungen	Mädchen	mean
Warschau	252	54.0%	46.0%	15.9
Ost-Berlin	388	45.6%	54.4%	14.5
West-Berlin	338	52.4%	47.6%	14.7

Zum Meßzeitpunkt 1 wurden für diese Untersuchung insgesamt 1864 Jugendliche befragt, davon 664 in Ostberlin, in Westberlin 559 und in Warschau 641 Jugendliche. Zum Meßzeitpunkt 2 wurden insgesamt 1900 Schuljugendliche in beiden beteiligten

Ländern befragt, davon 708 in Ostberlin, in Westberlin 570 und in Warschau 622. Zum Meßzeitpunkt 2 konnten 966 Schülerinnen und Schüler wiederbefragt werden. Das sind 52,6 % der zu Meßzeitpunkt 1 befragten Jugendlichen. Die genaue Zusammensetzung dieser Stichprobe ist Tabelle 1 zu entnehmen.

Folgende Indikatoren wurden verwendet (siehe Tabelle 2):

- Zur Operationalisierung der makrosozialen und biographischen Bedingungen wurden die Indizes politisches System, Kultur, Alter, Geschlecht und sozialer Status eingesetzt. Die Skalenkonstruktion des Sozialstatus basiert auf 6 Indikatoren: Berufliche Ausbildung und beruflicher Status von Vater und Mutter, Wohnbedingungen und die Anzahl der kulturtragenden Konsumgüter.
- Zur Operationalisierung der mikrosozialen Bedingungen wurden Items eingesetzt, die Aspekte der Lebensqualität in den Bereichen Familie, Schule und Peer-Group berücksichtigen.
- Um **Familie** abzubilden folgten wir Parker et al. (1979) und benutzten ihr Konzept der Erziehungsstile. Einzig jedoch das Konzept der väterlichen Fürsorge zeigte sich als ein wichtiger Prädiktor in unserer Analyse. Alle anderen Erziehungsstile, wie die der Mutter oder der strafende oder der permissive des Vaters hatten keine Vorhersagekraft.
- Um **Schule** abzubilden benutzten wir eine 3-Item-Skala, die den Grad der Einbezogenheit der Schüler/Innen in demokratische Schulaktivitäten beschreibt.
- Um **peers** abzubilden benutzten wir eine 7-item-Skala, die den Grad der Einbezogenheit der Jugendlichen in Aktivitäten der Peer-Group beschreibt.
- Zur Operationalisierung der **Wertorientierungen** wurde erstens eine **Materialismus-Skala** verwendet. Bei dieser 5-Item-Skala folgten wir Boehnke (1988), der die Inglehart-Skala (1977) modifizierte, um sie für jüngere Erwachsene anwendbar zu machen. Zweitens benutzten wir die **Individualismus/Kollektivismus-Skala** von Hui & Villareal (1989), und drittens eine 10-Item-Skala, die auf **Sicherheit bezogene Arbeitswerte** abbildet. Diese Skala wurde ursprünglich in der DDR von Forschern der Akademie der pädagogischen Wissenschaften konstruiert.
- Um **Anomia** abzubilden wurde eine Skala von Schwarzer (1986) in Anlehnung an Srole verwendet, die die Vorstellung der Durchsetzung der Ziele mit allen Mitteln beinhaltet.

Tabelle 2

Indizes	Land	Mean	Alpha	sign.	eta^2
(ehemals)Sozialistisches System (nicht-sozialistisch=0 ehemals sozialistisch=1)					
Deutsche Kultur (Warschau=0, Ost-Berlin und West-Berlin=1)					

Indizes	Land	Mean	Alpha	sign.	eta^2
Alter (13 bis 19)	Warschau Ost-Berlin West-Berlin	15.9 14.5 14.7			
Geschlecht (männlich=1 /weiblich=2)					
Sozialer Status (z-transformiert) Skalenkonstruktion basierend auf 6 Indikatoren: Berufsausbildung und beruflicher Status von Vater und Mutter, Wohnbedingungen und Anzahl kulturtragender Konsumgüter (niedriger Wert=niedriger Status; hoher Wert=hoher Status)	Warschau Ost-Berlin West-Berlin		.72 .64 .69		
Väterliche Fürsorge (vgl. Parker, Tupling and Brown 1979) 4-Item-Skala z.B.: Mein Vater hat mir nicht soviel geholfen wie ich es gebraucht hätte (0 = stimmt völlig bis 3 = stimmt gar nicht)	Warschau Ost-Berlin West-Berlin	2.12 2.43 2.36	.71 .68 .64	.000	.312
Grad der Eingebundenheit in schulische Aktivitäten 3-Item-Skala z.B.: Hast Du die Möglichkeit das Leben an der Schule über die Schülervertretung mitzugestalten? (0 =nicht vorhanden bis 3=vorhanden, ich beteilige mich)	Warschau Ost-Berlin West-Berlin	1.01 1.23 1.13	.54 .49 .51	.000	.046
Grad der Eingebundenheit in Peer-Aktivitäten 7-Item-Skala z.B.: Wieviel von Deiner Freizeit verbringst Du damit, mit anderen Jugendlichen zu reden? (0 = nie bis 3 = sehr häufig)	Warschau Ost-Berlin West-Berlin	1.91 1.62 1.69	.70 .71 .66	.000	.047
Materialismus (vgl. Inglehart 1977 und Boehnke 1988) 5-Item-Skala z.B.: Was gut ist für unsere Industrie, ist auch gut für uns (0=stimmt gar nicht bis 3=stimmt völlig)	Warschau Ost-Berlin West-Berlin	1.36 1.27 1.23	.64 .56 .63	.018	.008

Indizes	Land	Mean	Alpha	sign.	eta^2
Kollektivismus (vgl. Hui & Villareal 1989) 3-Item Skala z.B.: Im Rahmen meiner Möglichkeiten würde ich helfen, wenn ein Verwandter mit erzählen würde, daß er in finanziellen Schwierigkeiten ist. (0 = stimmt gar nicht, bis 3 = stimmt völlig)	Warschau Ost-Berlin West-Berlin	1.94 2.13 2.11	.61 .66 .73	.000	.039
Auf Sicherheit bezogene Arbeitswerte 10-Item-Skala z.B.: Man braucht einfach Arbeit um ein geregeltes Leben zu führen. (0 = stimmt nicht bis 3 = stimmt vollkommen)	Warschau Ost-Berlin West-Berlin	2.34 2.07 2.00	.73 .70 .74	.000	.143
Anomia (vgl. Schwarzer 1986 und Srole 1970) 4-Item-Skala z.B.: Man sollte nur dann den wahren Grund seiner Absichten zeigen, wenn es einem nützt. (0 = stimmt gar nicht bis 3 = stimmt völlig)	Warschau Ost-Berlin West-Berlin	1.45 1.18 1.20	.54 .64 .67	.000	.032

Bei der Konstruktion der Skalen folgten wir dem etic-approach und führten für jede Skala in jeder Substichprobe getrennte Reliabilitätsanalysen durch. Die Items wurden nur dann akzeptiert, wenn die item-total-correlation >.10 in allen drei Stichproben lag.

Bei den Berechnungen des Modells zeigte sich, daß die drei Wertorientierungen **Kollektivismus**, **Materialismus** und **auf Sicherheit bezogene Arbeitswerte** zu einer latenten Variablen zusammengefaßt werden konnten. Unter Benutzung der Terminologie von Schwartz (1992) wurde dieses Item **self-trancendence** im Sinne von Selbstüberwindung genannt. Damit es möglich ist, Zeitstrukturen zu vergleichen und Kausalinterpretationen durchzuführen, wurden die Items der makrosozialen und der mikrosozialen Bedingungen zu MZP1, also von 1991, aufgenommen, während die Items der Wertorientierungen und der Anomia zu MZP2 also von 1992 aufgenommen wurden.

4 Resultate und Diskussion

Es wurden zunächst verschiedene Strukturmodelle mit dem LISREL 7-Programm für die Gesamtstichprobe getestet. Das Null-Modell, bei dem keine Beziehungen der Variablen zugelassen wurden, ergab kein befriedigendes Ergebnis. Ebenfalls kein befriedigendes Ergebnis zeigte sich durch das Zulassen aller Beziehungen. Nachdem die

Zellen für alle nicht signifikanten Pfade geschlossen wurden, ergaben sich bezogen auf die Stichprobengröße zufriedenstellende Ergebnisse.

Danach wurde das gleiche Verfahren getrennt für die drei Substichproben Warschau, Ostberlin und Westberlin durchgeführt. Die Fit-Koeffizienten sind der Tabelle 3 zu entnehmen (s. Tabelle 3).

Tabelle 3: Ergebnisse der LISREL-Analyse

	Chi-Quadrat	DF	GFI	AGFI	RMSR
Gesamt	204.55	35	.968	.928	.014
Warschau	48.20	29	.964	.933	.022
Westberlin	55.81	31	.968	.943	.016
Ostberlin	49.79	30	.975	.954	.012

Die Abbildungen 3a bis 3d zeigen die Ergebnisse unserer Analysen:

Abbildung 3a: Strukturmodell zur Vorhersage von Anomia in der Gesamtstichprobe

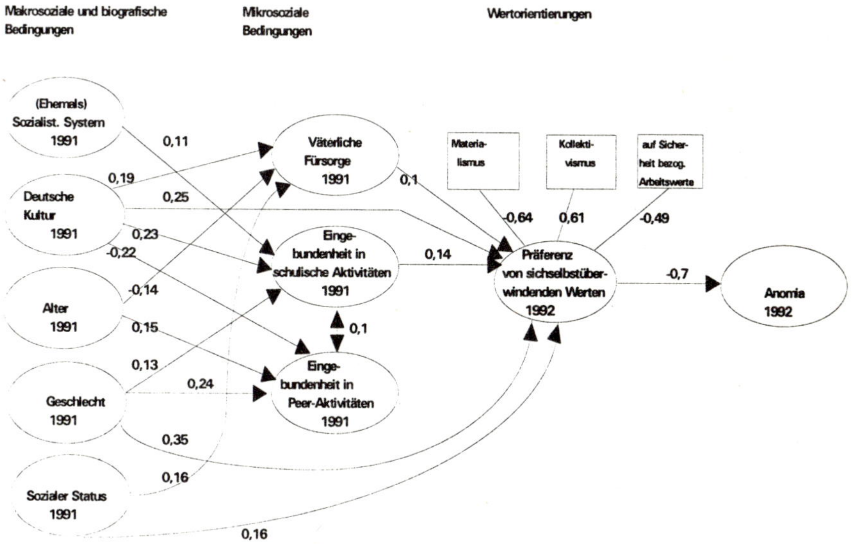

Abbildung 3b: Strukturmodell zur Vorhersage von Anomia in der Westberliner Stichprobe

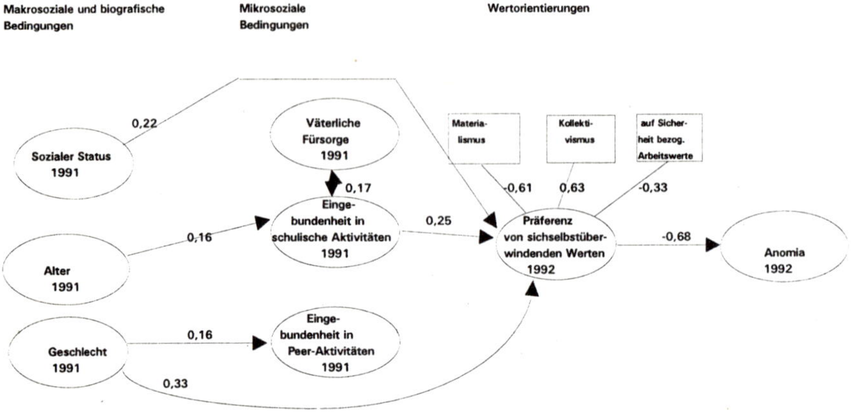

Abbildung 3c: Strukturmodell zur Vorhersage von Anomia in der Ostberliner Stichprobe

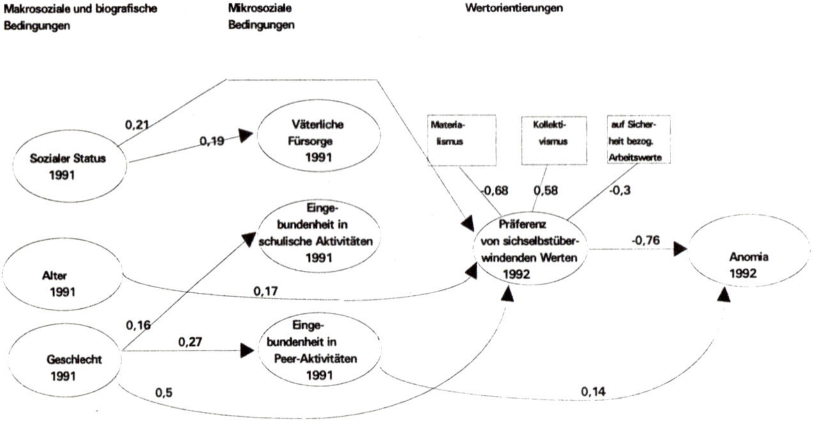

Abbildung 3d: Strukturmodell zur Vorhersage von Anomia in der Warschauer Stichprobe

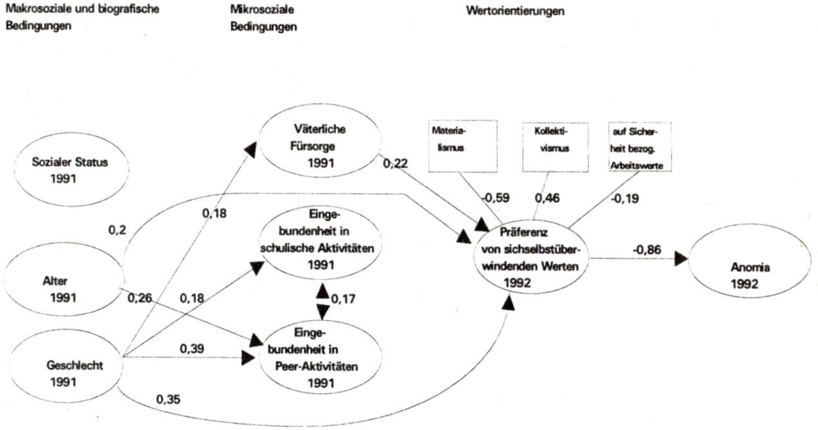

Wie der Darstellung der Ergebnisse zu entnehmen ist, in die nur die Pfade eingezeichnet worden sind, die mindestens einen Wert von .10 erreichten, wird Anomia sowohl in der Gesamtstichprobe als auch in den Substichproben stark von den Selbstüberwindungswerten beeinflußt. Selbstüberwindung wiederum ist sowohl beeinflußt von mikrosozialen als auch makrosozialen Indikatoren. Wechselseitige Beziehungen zwischen Anomia und den sozialen Indikatoren wurden nicht gefunden.

Bei der Betrachtung der Einflüsse, die von den mikrosozialen Bedingungen ausgehen, fällt auf, daß Selbstüberwindung in der Gesamtstichprobe positiv von einem demokratischen Schulklima und der väterlichen Fürsorge beeinflußt wird. Je höher die väterliche Fürsorge und je besser das Schulklima, desto mehr werden Selbstüberwindungwerte präferiert. Schulische Eingebundenheit und Eingebundenheit in Peer-Aktivitäten stehen in engem Zusammenhang.

In den Substichproben ergeben sich unterschiedliche Strukturen. So findet sich nur in der Warschauer Stichprobe die Beeinflussung der Wertorientierungen durch die väterliche Fürsorge wieder. In der Westberliner Stichprobe sind die Werte beeinflußt von den schulischen Bedingungen, die aber wiederum in wechselseitiger Beziehung zur väterlichen Fürsorge stehen. In der Ostberliner Stichprobe ergeben sich keine signifikanten Beziehungen zwischen den mikrosozialen Bedingungen und den Wertorientierungen. Hier übt die Eingebundenheit in Peer-Aktivitäten einen direkten Einfluß auf ein anomisches Lebensgefühl aus.

Bei der Betrachtung der Einflüsse der makrosozialen und biographischen Bedingungen in der Gesamtstichprobe sind direkte Effekte von der Nationalität, dem sozialen Status und des Geschlechts auf Selbstüberwindungswerte zu beobachten. Die Präferenz von Selbstüberwindungswerten ist in Deutschland höher als in Polen. Je höher der soziale Status, desto höher die Präferenz der Selbstüberwindungswerte. Mädchen geben diesen Wertorientierungen mehr Vorrang.

Der Vergleich der Pfade, die von dem 'Sozialismus-Konstrukt' (einer Dummy-Variable die zur Unterscheidung ostdeutscher und polnischer Jugendlicher gegenüber westdeutschen Jugendlichen konstruiert wurde) herrühren mit dem des Nationalitäten-Konstrukts (einer Dummy-Variable zur Unterscheidung von polnischen Jugendlichen gegenüber Deutschen Jugendlichen) zeigt, daß die Kultur eine bedeutendere Variable ist als das politische System. Die Pfade, die von der Kultur ausgehen sind bedeutsamer. Das bedeutet zunächst, daß sich bei einem Vergleich innerhalb der Gesamtstichprobe, die Jugendlichen aus Ost- und Westberlin mehr ähneln als die Jugendlichen aus zwei Hauptstädten der ehemaligen Warschauer-Pakt-Staaten.

Bei der Betrachtung der Substichproben bezüglich der Einflüsse der makrosozialen und der biographischen Bedingungen können zunächst direkte Effekte des sozialen Status als auch des Geschlechts sowohl in der Ost- als auch in der Westberliner Stichprobe beobachtet werden. Dagegen hat der soziale Status in der Warschauer Stichprobe keinen Einfluß, nur ein Geschlechtereffekt ist ebenfalls zu bemerken. In allen drei Substichproben wirken sich makrosoziale Bedingungen auch auf die mikrosoziale Bedingungen aus.

Zusammenfassend ist festzustellen, daß sich die eingangs aufgestellten Hypothesen weitgehend bestätigt haben. Wertorientierungen kommen eine Mediatorenrolle zwischen den Sozialisationsbedingungen und dem anomischen Lebensgefühl zu. Kulturelle Unterschiede haben sich als stärker erwiesen als die Unterschiede die aus dem politischen System herrühren. Die Anzahl der Pfade voraussetzend, kann davon ausgegangen werden, daß die makrosozialen Bedingungen gewichtiger bei der Herausbildung von Anomia sind als die mikrosozialen Bedingungen.

Weitere Analysen sind nun erforderlich, um zu überprüfen, ob zum einen die der Fragestellung entsprechenden Konstrukte verwendet wurden, und zum anderen, ob sich die Ergebnisse hinsichtlich der Gewichtung der Bedingungen, d.h. ob eher mikro- (im Sinne des Gesellschaftskonzepts Mertons) oder eher makrosoziale (im Sinne des Gesellschaftskonzepts Durkheims) Bedingungen für die Entstehung eines anomischen Lebensgefühls ausschlaggebend sind, bestätigen lassen.

Literaturverzeichnis

Boehnke, K. (1988). Prosoziale Motivation, Selbstkonzept und politische Orientierung. Entwicklungsbedingungen und Veränderungen im Jugendalter. Frankfurt/M., Bern, New York: Lang.

Boehnke, K., Classen, G., Merkens, H. & Stompe, A. (1993). Werthaltungen als Determinanten psychosozialer Befindlichkeit von Jugendlichen in Ost- und Westberlin. Zeitschrift für Sozialpsychologie. Heft 3, S. 176-185.

Durkheim, E. (1973). Der Selbstmord. Neuwied, Berlin: Luchterhand.

Hagan, J., Merkens, H. & Boehnke, K. (1995). Delinquency and disdain: Social capital and the control of right wing extremism among East and West Berlin youth. American Journal of Sociology. Vol. 100, S. 1028-1052.

Hui, C.H. & Villareal, M.J. (1989) Individualism-Collectivism and Psychological Needs. Their Relationships in Two Cultures. Journal of Cross-Cultural Psychology. Vol 20, S. 310-323.

Inglehart, R. (1977). The silent revolution. Changing values and political styles among Western Publics. Princeton/N.J.: Princeton University Press.

Merton, R. K. (1964). Anomie, Anomia, and Social Interaction: Contexts of Deviant Behavior. In: Clinard, M. B. (Ed.)(1964). Anomie and Deviant Behavior (S. 3-242). New York.

Merton, R. K. (1965). Social Theory and Social Structure. New York: The Free Press.

Merton, R. K. (1959). Social Structures and Anomie. In: Anshen, R. N. The Family: Its Function and Destiny (S. 275-312). New York: Harper & Brothers.

Merton, R. K. (1970). Der erweiterte Begriff der Anomie. In: Fischer, A. (Hrsg.). Die Entfremdung des Menschen in einer heilen Gesellschaft (S. 137-144). Weinheim, München: Juventa.

Parker, G, Tupling, H. & Brown, L.B. (1979). A parental bonding instrument. British Journal of Medical Psychology, Vol 52, S. 1-10.

Schwartz, S.H. (1992). Universals in the content and structure of values: Theoretical advances and empirical tests in 20 countries. In: Zanna, M.P. (Ed.). Advances in Experimental Social Psychology. Vol 25 (S. 1-65). New York: Academic Press.

Schwarzer, R. (1986). Skalen zur Befindlichkeit und Persönlichkeit. Berlin: Freie Universität Berlin.

Srole, L. (1970). Social integration and certain corollaries. In: Fischer, A. (Hrsg.). Die Entfremdung des Menschen in einer heilen Gesellschaft: Materialien zur Adaption und Denunziation eines Begriffs (S. 195-207). Weinheim, München: Juventa.

Michael Röhr und Harald Petermann

Veränderungen in Persönlichkeitsvariablen, Drogenwissen und Konsumverhalten unter suchtpräventiver Intervention

Im Rahmen der 50. AEPF-Tagung berichteten Petermann & Röhr (1995) erstmals über die Evaluation eines Suchtpräventionsprogramms bei Leipziger Jugendlichen. Auf der Grundlage eines Versuchs-Kontrollgruppen-Vergleichs fand sich, daß über vier Meßzeitpunkte hinweg kaum Programmwirkungen registriert werden konnten. Offenbar trifft das „*iron law of no effects*" der Evaluationsforschung auch für die Leipziger Studie zu. Wir folgerten seinerzeit, daß die Evaluation präventiver Programme im schulischen Kontext eine differentielle Betrachtung erfordert. Die nun folgenden Bemerkungen widmen sich eben dieser Fragestellung. Ausgehend von der Behauptung, daß das Fehlen von Effekten auf globaler Stufe keineswegs das Fehlen von Effekten schlechthin impliziert, sollen zwei methodische Vorschläge zur differentiellen Beschreibung von Veränderungen unterbreitet werden. Es handelt sich dabei um die Meßwiederholungsvarianzanalyse und die Lineare Prä-Posttest-Analyse nach Lander (1990).

1 Variablenpool, Versuchsplan und Stichprobe

Die Zielmerkmale der interventiven Einflußnahme gehören zu drei Gruppen (vgl. Abbildung 1).

Abbildung 1: Übersicht der Zielmerkmale der präventiven Intervention

Wissen	Persönlichkeit	Drogenkonsum
Tabak	Selbstwert	Alkoholmenge
Alkohol	Kontrollbewußtsein	Zigarettenkonsum
Drogen	soziale Kompetenz	Zigarettenabsicht
	Widerstandsgewißheit	

Die Versuchsanordnung ist ein quasi-experimentelles Versuchs-Kontrollgruppendesign mit wiederholtem Treatment der Versuchs- und unbehandelten Kontrollgruppen (vgl. Abbildung 2).

Abbildung 2: Versuchsplan der Leipziger Präventionsstudie

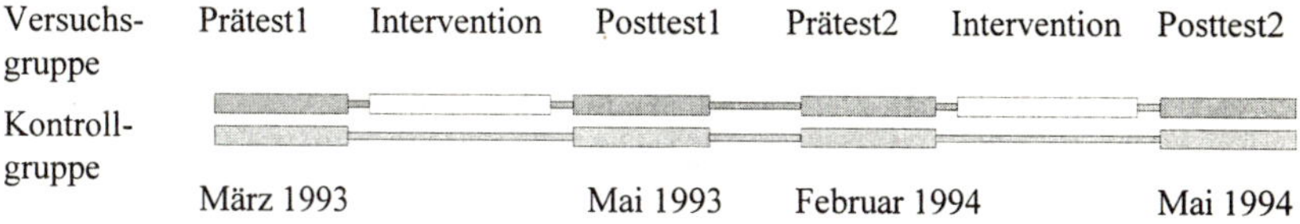

Die Stichprobe umfaßt Schüler 7. und 9. Klassen aus 33 Leipziger Schulen (vgl. Abbildung 3).

Abbildung 3: Stichprobe(n) der Leipziger Präventionsstudie

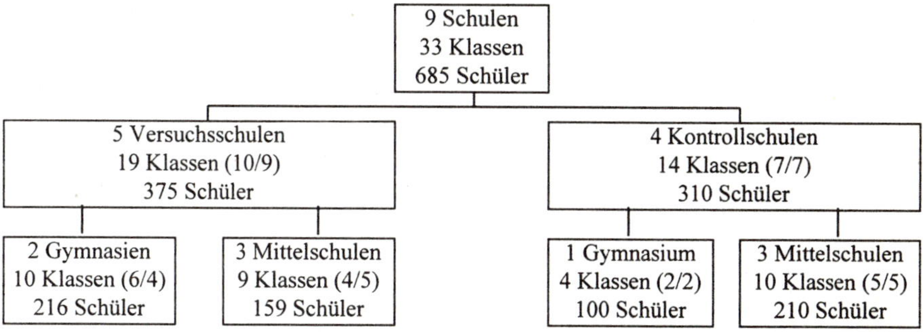

Die vier Klassifikationen jeder Versuchsperson nach Geschlecht, Klasse(-nstufe), (Schul-)Art und (Untersuchungs-)Modus bilden die Hauptfaktoren der Stichprobe.

2 Meßwiederholungsvarianzanalyse

In unserem ersten Ansatz (vgl. Petermann & Röhr 1995) wurden zur Bestimmung von Programmwirkungen hinsichtlich der Zielmerkmale Varianz- und Kovarianzanalysen verwandt. Diese Methoden setzen Unabhängigkeit der Stichproben voraus und behandeln die Abweichungen zwischen Versuchspersonen. Die Meßwiederholungsvarianzanalyse ermöglicht Aussagen über abhängige Stichproben durch Einführung eines Hauptfaktors „*Wiederholung*“ und konzentriert sich auf Abweichungen innerhalb der Versuchspersonen über die in zeitlicher Folge wiederholten Messungen der Zielmerkmale. Bei einem Versuchs-Kontrollgruppen-Design mit Meßwiederholung bildet sich die globale Betrachtungsweise in einem zweifaktoriellen Schema mit den Hauptfaktoren Modus (zwei Stufen: Versuch versus Kontrolle) und Wiederholung (vier Stufen: Prä1, Post1, Prä2, Post2) ab. Die Ergebnisse dieser Berechnungen finden sich in Tabelle 1.

Tabelle 1: F-Quotienten „globaler" Meßwiederholungsvarianzanalysen

Zielmerkmal	Wiederholung		Modus BY Wiederholung	
	F-Quotient	Signifikanz	F-Quotient	Signifikanz
WTabak	10.59	0.000	4.85	0.002
WAlkohol	1.88	0.132	1.67	0.172
WDrogen	1.41	0.239	1.50	0.214
Selbstwert	13.53	0.000	0.10	0.963
Kontrollbew.	23.73	0.000	0.74	0.526
soz. Kompet.	33.87	0.000	1.87	0.132
Widerstands-gewißheit	16.90	0.000	0.46	0.713
Alk.-menge	15.07	0.000	1.27	0.282
Zig.-konsum	41.59	0.000	1.70	0.165
Zig.-absicht	45.62	0.000	4.42	0.004

Die Werte von Spalte 5 zeigen, daß - mit Ausnahme von Tabakwissen und Zigarettenabsicht - keine Unterschiede zwischen Kontroll- und Versuchsklassen bestehen.

Die Zunahme des Tabakwissens unter präventiver Intervention wurde bereits von Petermann & Röhr (1995) berichtet. Im Zielmerkmal *„Absicht, in der nächsten Zeit Zigaretten zu rauchen"* findet sich übrigens eine Überlegenheit der Versuchsklassen (vgl. Abbildung 4).

Die Überschreitungswahrscheinlichkeiten von Spalte 3 spiegeln bezüglich der (protektiven) Persönlichkeits- und Konsumvariablen entwicklungspsychologisch begründete Zu- und Abnahmen wider. Aus den entsprechenden Mittelwerten sind bspw. Verbesserungen bei Selbstwert, Kontrollbewußtsein oder sozialer Kompetenz und eine Abnahme der Widerstandsgewißheit zu belegen.

Die differenzielle Betrachtungsweise erfordert die Berücksichtigung der anderen Hauptfaktoren in der Meßwiederholungsvarianzanalysen, so daß ein fünffaktorielles Schema [mit den zusätzlichen Hauptfaktoren Geschlecht (zwei Stufen), Klasse (zwei Stufen: 7. versus 9.) und Art (zwei Stufen: Mittelschule versus Gymnasium)] entsteht.

In Tabelle 2 zeigen sich für zwei der Wissensmerkmale doch differentielle Wirkungen.

Abbildung 4: Mittelwertvergleich: Zielmerkmal Zigarettenabsicht

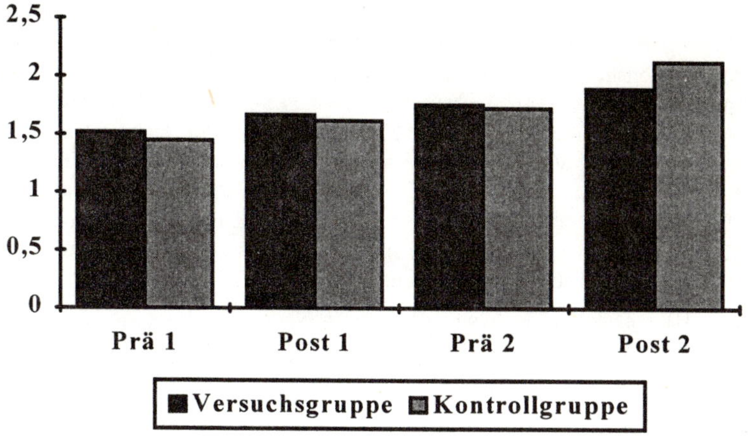

Tabelle 2: F-Quotienten ausgewählter „differentieller" Meßwiederholungsvarianzanalysen

(in Klammern: Überschreitungs-wahrscheinlichkeit)		Wechselwirkungen	
Zielmerkmal	Hauptfaktor	Modus BY Wiederholung	Modus BY Hauptfaktor BY Wiederholung
WDrogen	Klasse	0.49 (0.687)	3.25 (0.021)
WAlkohol	Klasse	2.23 (0.242)	3.21 (0.022)
Selbstwert	Geschlecht Art Klasse	0.16 (0.921)	0.40 (0.751) 0.54 (0.653) 0.41 (0.747)

Beim Zielmerkmal Drogenwissen ergeben sich Mittelwertentwicklungen, die für eine Wirksamkeit der Intervention im Merkmal Drogenwissen für ältere Schüler sprechen.

Das Zielmerkmal Selbstwert steht stellvertretend für alle Persönlichkeitsmerkmale. Auch in der differenziellen Betrachtungsweise lassen sich keine Interventionswirkungen nachweisen.

3 Lineare Prä-Posttest-Analyse

Die Lineare Prä-Posttest-Analyse (PPA) von Lander (1990) liefert eine Möglichkeit, Treatmenteffekte bezüglich eines vorgegebenen Interventionsziels abzuschätzen und von der Mitwirkung anderer Effekte an der Ausgangswertveränderung zu trennen. Nach dem Additionstheorem der PPA läßt sich eine Prä-Posttest-Differenz in einen Remissions- oder Retest-, einen Treatment- und einen Fehler-Effekt aufspalten. Bei Vorliegen einer Langzeitmessung (Posttest 2) kann zusätzlich ein Nachwirkungseffekt abgeschätzt werden. Das Verfahren beruht auf regressionsstatistischen Modellannahmen. Für die weiteren Betrachtungen hier hat aus der PPA die sog. Gruppen-Effekt-Analyse Bedeutung. Sie schließt sich der Prüfung der globalen Hypothese der Prä-Posttest-Homogenität an, wenn diese falsifiziert wird. Eine Übersicht der einzeln prüfbaren Hypothesen ist in Tabelle 3 angegeben.

Tabelle 3: Hypothesen der Linearen Prä-Posttest-Analyse

Hypothese		Bedeutung
Prä-Posttest	$D_V = 0$	Prä-Posttest-Homogenität
	$D_R = 0$	R-Effekt (Retest)
	$D_T = 0$	T-Effekt (Treatment)
	$D_T = D_R$	R-T-Homogenität
	$D_Z = 0$	Z-Effekt (Zielerreichung)
Prä-Posttest2	vier Einzelhypothesen	

Mit dem sog. Trennfaktor λ verfügt man (nach Trimper 1994) über einen Gütefaktor zur Interventionsbewertung. es gelten die Empfehlungen von Tabelle 4.

Tabelle 4: Bedeutungen des Trennfaktors λ

Trennfaktor λ	Bedeutung
< 1	positive Wirkung (je kleiner, desto stärker)
≈ 1	keine Wirkung
> 1	„negative“ Wirkung

Bei der globalen Betrachtung wurden lineare Prä-Posttest-Analysen für alle in Abbildung 1 aufgelisteten Variablen gerechnet. Die Ergebnisse dieser Berechnungen finden sich in Tabelle 5.

Tabelle 5: Trennfaktoren λ „globaler“ linearer Prä-Posttest-Analysen

Zielmerkmal	Trennfaktor
WTabak	0.66
WAlkohol	0.94
WDrogen	1.09
Selbstwert	0.97
Kontrollbew.	1.09
soziale Kompetenz	1.08
Widerstandsgewißheit	0.96
Alkoholmenge	1.07
Zigarettenkonsum	0.41
Zigarettenabsicht	0.83

Es zeigen sich in der zweiten Spalte global wiederum fast nur „Zero-Effects“ im Sinn der Nichtwirksamkeit. Mittels PPA bestätigt sich die Interventionswirkung bezüglich Wissen Tabak. Daneben wird mit λ = 0.41 ein Effekt durch die Intervention hinsichtlich des Zigarettenkonsums abgebildet.

Tabelle 6: Trennfaktoren λ „differentieller“ Prä-Posttest-Analysen für ein Persönlichkeits- und ein Wissensmerkmal

Teilstichprobe	Zielmerkmal	
	soziale Kompetenz	WDrogen
männlich, 7., Mittelschule	1.09	1.33
männlich, 7., Gymnasium	0.92	0.89
männlich, 9., Mittelschule	1.09	0.92
männlich, 9., Gymnasium	1.02	1.28
weiblich, 7., Mittelschule	0.94	1.38
weiblich, 7., Gymnasium	0.82	0.81
weiblich, 9., Mittelschule	1.30	0.63
weiblich, 9., Gymnasium	0.90	0.94

Neben der Globalklassifikation Versuchs- versus Kontrollgruppe wurden für eine differentielle Betrachtung die acht möglichen Unterklassifikationen bezüglich Geschlecht,

Art und Klasse mittels PPA untersucht. Die Ergebnisse der Berechnungen werden in Tabelle 6 exemplarisch für die Zielmerkmale „Soziale Kompetenz" und „Wissen Drogen" dargestellt.

Für soziale Kompetenz (ebenso für die anderen Persönlichkeitsmerkmale) finden sich durchgängig Trennfaktoren aus dem Bereich der Nichtwirksamkeit. Die Persönlichkeitsmerkmale erweisen sich wiederum konsistent, d. h. die gewählte Intervention bewirkt keine diesbezüglichen Veränderungen. Im Zielmerkmal Drogenwissen dagegen sind differentielle Wirkungen nachweisbar.

4 Bewertung

Der vorgestellte Zugang geht von einer für alle Schüler einheitlichen Intervention aus und sucht dann differentiell nach Subgruppen mit produktiver bzw. kontraproduktiver Wirkung der präventiven Einflußnahme. Der methodische Ansatz des Einsatzes von Meßwiederholungsvarianzanalyse und Linearer Prä-Posttest-Analyse ist explorativ und erfordert deshalb eine Validierung der gefundenen Ergebnisse. Das Lander-Modell der PPA erlaubt über die Berechnungen im Rahmen der Gruppen-Effekt-Analyse hinaus die sog. Einzel-Effekt-Analyse. Sie ermöglicht Aussagen darüber, ob in jedem Einzelfall via Intervention eine Behandlungswirkung (T-Effekt genannt) und/oder das Behandlungsziel (Z-Effekt genannt) erreicht wurde oder nicht.

Die im Beitrag erprobten Modelle zur Beschreibung von Veränderungen ordnen sich zwischen einfache Statusanalysen bei Post1 (gegebenenfalls nach kovarianzanalytischer Bereinigung bei Anfangsunterschieden in Prä1) und Zeitreihenanalysen ein. Sie ermöglichen in jedem Fall eine längsschnittliche, intraindividuelle Betrachtungsweise. In der Anwendung auf die Leipziger Präventionsstudie unterscheiden sie sich in der Zahl der einbezogenen Meßzeitpunkte. Das führt im Einzelfall zu unterschiedlichen Entscheidungen bei den Signifikanztests. In jedem Fall werden aber die gravierenden Wirkungen gleichartig abgebildet.

Literatur

Lander, H. J. (1990). Die Abschätzung von Interventionseffekten mittels einer linearen Prä-Posttest-Analyse, Teil I. Z. Psychol. 198, S. 247-264.

Lander, H. J. (1990). Die Abschätzung von Interventionseffekten mittels einer linearen Prä-Posttest-Analyse, Teil II. Z. Psychol. 198, S. 387-399.

Lander, H. J. (1990). Prä-Posttest-Analyse. Basistexte für Lehre und Forschung. Sektion Psychologie. Leipzig: Karl-Marx-Universität Leipzig.

Petermann, H. & Röhr, M. (1995). Zum Einsatz eines Suchtpräventionsprogramms an Leipziger Schulen. In: Arbinger, R. & Jäger, R. S. (Hrsg.). Zukunftsperspektiven empirisch-pädagogischer Forschung. Landau: Verlag Empirische Pädagogik.

Trimper, B. (1994). Lander-Modell und Evaluation eines Suchtpräventionsprogramms. Diplomarbeit, Institut f. Psychol., Universität Leipzig.

Harry Müller, Brigitte Kersch und Harald Petermann

Problembelastungen - Drogengebrauch - schulische Prävention

1 Über Ziele und Grenzen unterrichtlicher Drogenprävention

In der schulischen Drogenprävention wird berechtigtermaßen unter anderem davon ausgegangen, daß persönlichkeitsbildende Elemente des Unterrichts die Heranwachsenden veranlassen können, heute und künftig zunehmend verantwortungsbewußt und selbstkontrolliert mit solchen Substanzen wie Tabak, Alkohol und Medikamenten umzugehen sowie illegale Drogen prinzipiell zu meiden. Kurz gesagt: Erwerb von Erfahrungen und Kompetenzen im Umgang mit Risikopraktiken. Das muß nach wie vor als ein unverzichtbares Anliegen der Schule betrachtet werden. Schließlich erreicht die Schule als gesellschaftliche Institution fast alle Kinder und Jugendlichen in der Zeit der Entscheidung über den Einstieg in den Drogengebrauch. Die meisten unterrichtlichen Präventionsprogramme unserer Zeit gewährleisten auch diesen Anspruch und sind längerfristig zugleich suchtunspezifisch im Sinne einer Stabilisierung von Persönlichkeit ausgerichtet. Dabei bleibt es dahingestellt, ob die Programme nicht erfahrungsgetragen systematisch verbessert und situativ adaptiert werden sollten. An dieser Konzeption sollte man auch künftig festhalten.

Hier sollen einige Erkenntnisse vorgestellt werden, wie sie bei Versuchen zur Umsetzung eines unterrichtlichen Programms zur Suchtprävention seit 1993 in Leipzig gesammelt werden konnten. Die Schulversuche setzten ein, als die Drogensituation im Osten zwar real weniger bedenklich, aber doch mit Blick auf die Zukunft als bedrohlich zu empfinden war. Eine systematische unterrichtliche Prävention wurde daher von den angesprochenen und beteiligten Schulleitungen und Lehrkräften begrüßt und nach Kräften und Möglichkeiten gefördert. Das ist zunächst als sehr positiv zu vermerken. Nur durch diese engagierte Anteilnahme ist es jetzt möglich zu bilanzieren, was der Schulunterricht vermag und wo es noch Schwierigkeiten gibt - wo Programme greifen und wo noch nicht. Wir möchten im folgenden beispielhaft begründen, in welcher Hinsicht Präventionsprogramme einer Ergänzung bedürfen.

Jedermann weiß, daß der Einstieg in den Gebrauch von Substanzen während der Kindheit und Jugendzeit in umfassenderen sozialen Räumen vor sich geht, worunter der schulische Rahmen möglicherweise nur einen Ausschnitt bildet. Die unterrichtlichen

Angebote aber sind darauf angewiesen, die Auseinandersetzung von Kindern und Jugendlichen mit der Welt der Drogen im eingeschränkten sozialen Raum der Schulklasse zu simulieren, ohne daß dabei entscheidende Umgebungsbedingungen, wie Familie, Freizeitgruppen, Freundschaften u.a. davon berührt würden, von einzelnen Klassenkameradschaften einmal ganz abgesehen.[1] So gesehen erreichen die Programmangebote bestenfalls in erster Linie die Individuen.

2 Psychosoziale Belastungen Jugendlicher

In empirischen Untersuchungen bei 14-16jährigen Jugendlichen zur Programmwirkung erwiesen sich im Kontext ihrer materiellen und sozialen Lebenslage bestimmte psychosoziale Problembelastungen als zentrale Bedingungen für den Drogengebrauch. Besonders belastende Merkmale sind unter anderem: Belastungserleben im engeren sozialen Kontext, schulisches Leistungsversagen, aber auch materielle Nöte und depressive Stimmungen. Aus einer Liste von Selbsteinschätzungen wurden nach faktoranalytischer Abklärung relevante Belastungserscheinungen ausgewählt und summativ zu einer *Skala der Problembelastung* zusammengefaßt.

Abbildung 1 zeigt die konstituierenden Merkmale der Skala „Psychosoziale Problembelastung". Das sind: Suizidabsichten, Streit zu Hause, Krach mit Lehrern, aktuell belastende Lebensereignisse (life events), Geldsorgen, schlechte Zensuren und Schulstreß. Die hintere Säulenreihe zeigt an, mit welcher Intensität die evidenten Einzelmerkmale in die Skala der Gesamtbelastung eingehen. Bei den Suizidabsichten ist diese Intensität am größten, was besagt, daß Jugendliche, die mit Selbstmordabsichten zu tun haben, auch in vielen anderen Merkmalen Belastungen äußern. Die vordere Säulenreihe gibt bei jedem Merkmal an, welche Gesamtbelastung gegeben ist, wenn das betreffende Merkmal nicht evident ist. So ist eigentlich jedes dieser Einzelmerkmale auf seine Weise bereits ein Indikator für psychosoziale Belastung insgesamt.

In Abbildung 2 ist bei der Betrachtung der hinteren Säulenreihe folgendes zu erkennen: Solche Schüler, die den Gebrauch von Substanzen der hier genannten Arten als ein für sich evidentes Problem erkannten, erleben auch in der Regel eine stärkere Problembelastung. Sehr deutlich links die starke Belastungssituation bei Psychopharmaka-Konsumenten; rechts bei Zigaretten ist die Belastungssituation am geringsten. In der vorderen Reihe ist die geringe Belastung derjenigen ausgewiesen, die bei den angeführten Substanzen keine Evidenz äußerten.

[1] Hier muß hinzugefügt werden, daß seit der Einführung neuer Schulstrukturen im Freistaat Sachsen die Schülerschaft einer Klasse in Mittelschulen und Gymnasien nicht mehr wie früher identisch ist mit den sozialen Kontaktformen des Wohngebietes. Die Peers rekrutieren sich vielfach aus anderen Lebensräumen als die Mitschüler.

Abbildung 1: Konstituierende Merkmale der psychosozialen Problembelastung (14-16jährige Leipziger Schülerinnen und Schüler 1994)

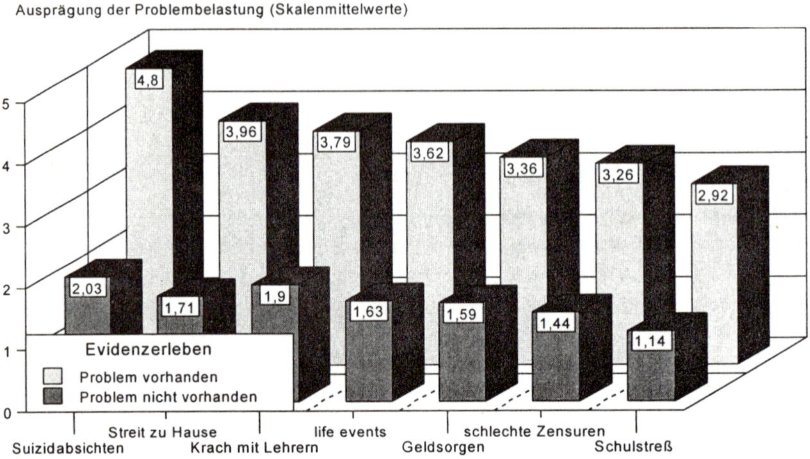

Abbildung 2: Evidenzerleben „Drogen" und psychosoziale Problembelastung (14-16jährige Leipziger Schülerinnen und Schüler)

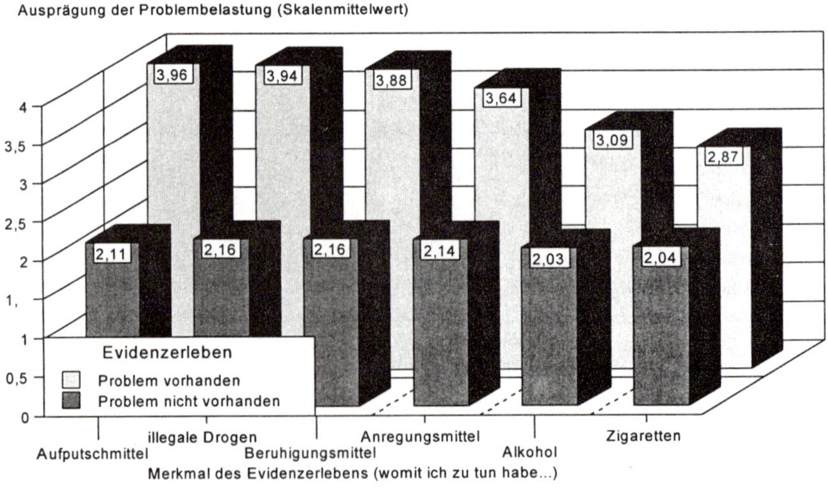

Das hier analysierte Belastungserleben hat häufig auf Grund mancher Frustrationen seine Wurzeln in der Schule, darf aber keinesfalls darauf reduziert werden. Die Entstehungsbedingungen solcher Belastungen müssen im gesamten Lebensprozeß gesucht werden. Es dürften auch nicht nur schicksalhaft ungünstig einwirkende Lebensmerkmale sein, vielmehr muß auch davon ausgegangen werden, daß sich der Heranwachsende seine Lebensweise selbst gestaltet und dabei mit seiner Familie, mit den Lehrern, Mitschülern oder den ihm gestellten Entwicklungsaufgaben in Konflikt gerät. Wie sich in den Untersuchungen herausstellte, stehen solche Belastungen mit vielen Momenten der Befindlichkeit junger Leute im Zusammenhang.

Stark belastete Jugendliche leiden unter negativen Lebensgefühlen und wachsen teilweise unter ungünstigen sozialen und materiellen Bedingungen auf, die ihre bedrückende Situation noch weiter verstärken. Bei vielen äußert sich das Ganze in einer geringen Lebenszufriedenheit, sowohl hinsichtlich der äußeren Umstände ihrer Entwicklung als auch der Qualitäten ihres personalen Seins. Sie erleiden nicht selten eine Selbstwertminderung und sind in ihren Kompetenzen im Umgang mit anderen stärker eingeschränkt. Alles in allem erweisen sich die Betroffenen als persönlich labil, sie vermissen dazu des öfteren die erforderlichen sozialen Unterstützungen. Insofern haben sie es schwerer als andere, die Daseinsanforderungen beim Erwachsenwerden zu bewältigen .

Abbildung 3: Evidente Gefühlslagen und psychosoziale Problembelastung (14-16jährige Leipziger Schülerinnen und Schüler)

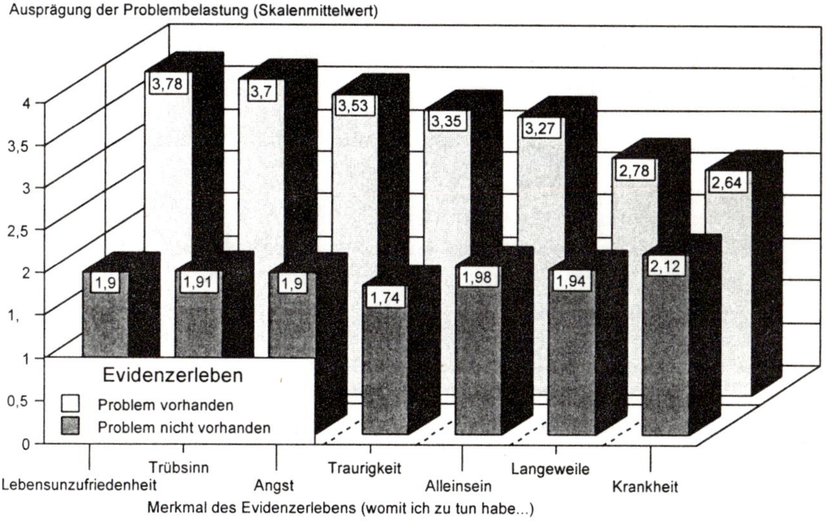

Aus den Angaben in Abbildung 3 ist an der hinteren, schwach schraffierten Säulenreihe zu ermessen, daß negative Gefühle folgerichtig auch mit einer stärkeren Problembelastung einhergehen. Im fast gleichen Verhältnis zur Gesamtbelastung stehen die folgenden Merkmale: Lebenszufriedenheit, Trübsinn, Angst, Traurigkeit, Alleinsein. Ein signifikanter Unterschied ist auch zwischen Krankheitsbetroffenen und -nichtbetroffenen (rechts außen) vorhanden.

Abbildung 4: Evidente soziale Situation und Problembelastung
(14-16jährige Leipziger Schülerinnen und Schüler)

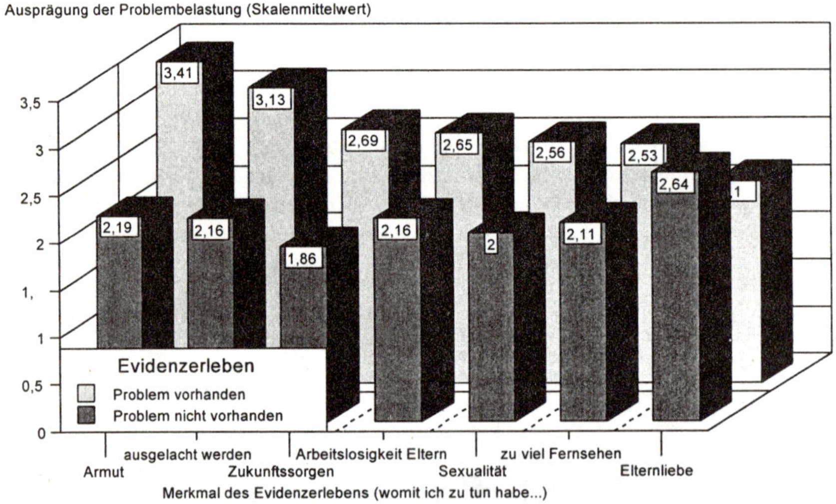

Die Abbildung 4 soll deutlich machen, daß die Problembelastung tatsächlich eine soziale Komponente enthält, wie hier gezeigt durch die Phänomene: Armut, von anderen ausgelacht werden, Zukunftssorgen, Arbeitslosigkeit zu Hause, Sexualität oder zu viel Fernsehen. Jugendliche, denen solche Phänomene gewiß werden („damit zu tun haben"), weisen ein höheres Niveau in ihrer Problembelastung auf als die anderen, wie an der hinteren Säulenreihe zu erkennen ist. Ganz rechts eine Umkehrung: Jugendliche, die Elternliebe spüren, sind weniger problembelastet. Demgegenüber führen zunehmende Defizite im familialen Rückhalt zu einer wachsenden psychosozialen Belastung. Ebenso stehen Zukunftsoptimismus und das Gefühl der Sicherheit für die Erlangung einer beruflichen Ausbildung nach Schulabschluß im negativen Zusammenhang zur Belastungssituation.

Das Problem liegt allerdings nicht im Streß an sich, sondern in der Art und Weise der Bewältigung der Lebensumstände, die sich bei derart betroffenen Jugendlichen nicht selten in riskanten Formen äußert.

Wie sie mit diesem Streß umgehen, hängt selbstverständlich von individuellen Fähigkeiten, aber auch von sozialen Ressourcen ab. Es sind gerade die umfassenden sozialen Unterstützungssysteme, die viele Jugendliche hier im Osten seit der deutschen Einheit vermissen. Mehrheiten fühlen sich im Land noch fremd sowie gesellschaftlich ohnmächtig und leiden nach wie vor unter dem Zusammenbruch sozialer Sicherheiten.

3 Problembelastung und Bewältigung

Jede Belastung, die sich als Problem im Sinne der Behinderung ihrer Entwicklung verdichtet, drängt die Persönlichkeit in Richtung subjektiv akzeptabler Bewältigungsmuster. Nicht jede Risikolage hat riskantes Verhalten zur Folge. Seit langem aber ist bekannt: Eine mögliche Copingstrategie stellt der exzessive Gebrauch von Zigaretten und Alkohol dar. So konnten tatsächlich hohe Zusammenhänge zwischen der Belastungssituation einerseits und dem realen Gebrauchsverhalten bei Tabak und Alkohol sowie der Affinität zu illegalen Drogen andererseits ermittelt werden. Je mehr sich Risikofaktoren beim Einzelnen anhäufen, desto größer ist auch die Wahrscheinlichkeit riskanter Verhaltensweisen.

Abbildung 5 macht den Zusammenhang von Problembelastung und realem Alkoholgebrauch deutlich. Nach WHO-Standard wurde aus Trinkfrequenz und jeweils getrunkener Einzelmenge ein Verbrauchsindex in Gramm Reinalkohol pro Quartal berechnet. 1994 verbrauchten beispielsweise 15% der Gesamtstichprobe mehr als 900 Gramm, also „viel". Sie können, gemessen an den Altersnormen, als Trinker eingestuft werden und weisen auch (rechte Säule) eine vermehrte Problembelastung aus gegenüber anderen. Als Nichttrinker (Abstinente) gelten zum gleichen Zeitpunkt 29% der Stichprobe.

Ähnliche Zusammenhänge gibt es beim Tabakrauchen und in der Affinität zu Haschisch. In der Stichprobe der 14-16jährigen gelten 24% als Gewohnheitsraucher und 66% als Nichtraucher. Mit zunehmender Gewohnheitsbildung beim Rauchen ist auch ein Anstieg der individuellen Problembelastung verbunden. Analog dazu sind Jugendliche mit einem sehr hohen Belastungsindex gegenüber Haschisch zu 61% probierfreudig; Geringbelastete geben nur zu 12,5% an, Haschisch probieren zu mögen.

Bei den belasteten Jugendlichen hat Alkohol die Funktion eines „Problemlösers". Wechselwirkungen sind nicht ausgeschlossen, sondern sogar die Regel: Wer exzessiv Drogen gebraucht, vermindert nicht nur seine Leistungsfähigkeit, er belastet auch seine Sozialbeziehungen.

Ein weiteres Moment: Jugendliche Bewältigungsformen sind sehr häufig mit dynamischen Handlungen verbunden. Ablenkende und erregende Erlebnisse sind vor allem bei solchen Kindern anzutreffen, die zu geistig anspruchsvollen Kompensationen nicht bereit und nicht in der Lage sind. Der Zusammenhang von Problembelastung und schulischen Frustrationen auf Grund von Minderleistungen liegt auf der Hand. Viele Problembelastungen entstehen also in der Schule, sie können jedoch mit geistig anstrengenden Bewältigungsformen nicht aus der Welt geschafft werden. Wie in den Untersuchungen festgestellt werden konnte, kommt es häufig zur Drogennutzung im Gleichklang mit anderen exzessiven Erlebnisformen, wie beispielsweise beim kathartischen Freizeitverhalten.

Abbildung 5: Psychosoziale Problembelastung und Alkoholgebrauch (14-16jährige Leipziger Schülerinnen und Schüler 1994)

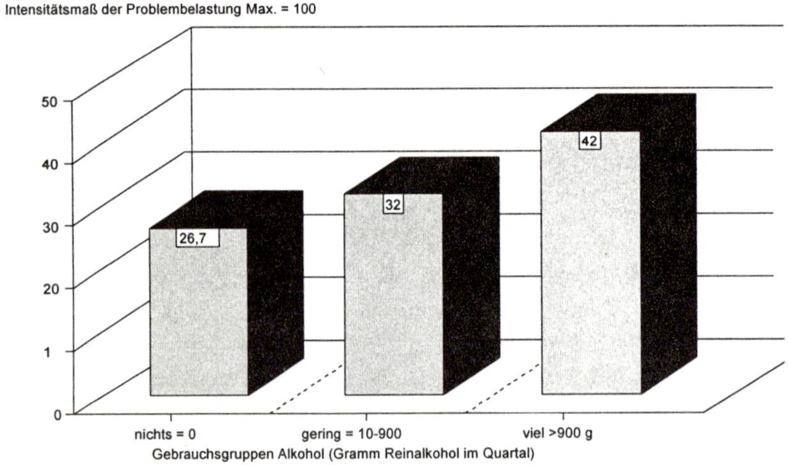

Unter karthartischem Freizeitverhalten wird die Bevorzugung von Verhaltensweisen verstanden, die geeignet sind, sich von frustrierenden Erfahrungen in Schule oder Elternhaus befreiend abzureagieren, sich bei bestimmten Aktionen „auszuleben". Es sind Möglichkeiten für Jugendliche, „Dampf abzulassen". Bei den Befragungen haben sich im Zusammenhang mit dem Drogengebrauch drei jugendtypische Aktionsformen des „Auslebens" als relevant erwiesen:

- übermütig durch die Nachbarschaft ziehen;
- zu Hause „volle Pulle" Musik hören;
- Austoben bei Rock- und Popkonzerten.

Wie sich herausstellte, prävalieren stark psychosozial Problembelastete solche Copingstrategien.

Abbildung 6: Psychosoziale Problembelastung und Bedürfnis nach Ausleben (14-16jährige Leipziger Schülerinnen und Schüler 1994)

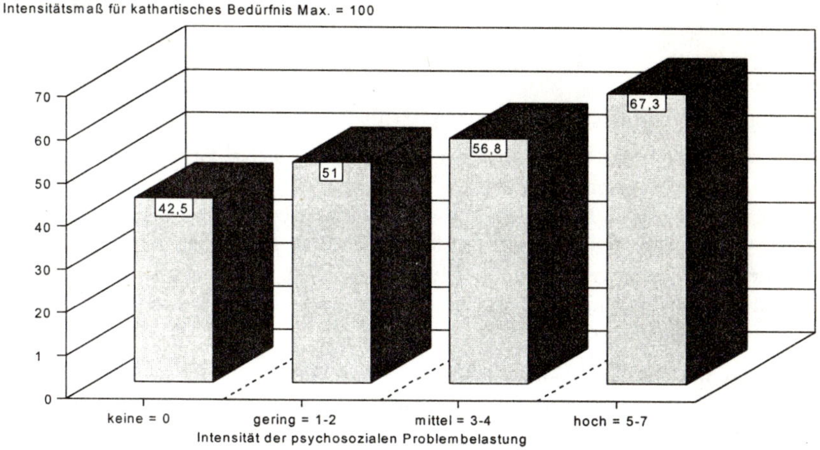

In Abbildung 6 sind direkte Beziehungen von Problembelastung und kathartischen Bedürfnissen dargestellt. Hochbelastete (Säule rechts außen) sind zumeist auch solche, die sich hochgradig ausleben möchten. Je weniger belastet (Säulen nach links), desto geringer das kathartische Bedürfnis. Zugleich dokumentieren aber auch Alkoholgebräuchler im Vergleich zu Nichttrinkern ein weitaus höheres Bedürfnis zum „Ausleben". Was den Alkoholgebrauch anbelangt, so haben die Trinker unter den Jugendlichen zu 78% ein starkes kathartisches Bedürfnis. Abstinente dagegen äußerten nur zu 41,5% das Bedürfnis, sich in der Freizeit auf definierte Weise ausleben zu wollen. Die Zwischenstufen im Alkoholgebrauch bilden auch Zwischenstufen beim kathartischen Bedürfnis. Betroffen sind hier in erster Linie Jugendliche mit einer ausgeprägten „Stimulusorientierung". Die Zusammenhänge sind sehr vielschichtiger Natur. Jugendliche, die viel Alkohol trinken, haben offenbar eine stark nach außen gerichtete Reiz- und Erlebnisorientierung. Das unterscheidet unter anderem den jugendlichen vom erwachsenen Mißbräuchler. Der Alkoholgebrauch begünstigt, indem er enthemmt, die Befriedigung verschiedener Bedürfnisse von Jugendlichen:

- Kontaktaufnahme zu Gleichaltrigen
- jugendliche Experimentierfreude
- Abwechslung und Geselligkeit
- reizintensive Erlebnisse, „Reizhunger"
- riskante Verhaltensweisen
- Betonung nonkonformer Positionen

Möglicherweise besteht zwischen der Reizorientierung und den pharmakologischen Eigenschaften der Droge ein Zusammenhang (Sieber 1993). Beim Zigarettengebrauch ergibt sich eine ähnliche Korrelation, wenn auch weniger ausgeprägt als beim Alkoholkonsum.

4 Einige schlußfolgernde Gedanken zur Prävention

Selbstverständlich darf Prävention nicht nur die gefährdeten Gruppen ansprechen, sondern sollte sich erstrangig an solchen orientieren, die über gesundheitsförderliche Ressourcen verfügen. Es ist pädagogisch erfolgversprechender, protektive Faktoren zu fördern als Risiken zu mindern oder zu überwinden. Mit unseren Programmangeboten erreichten wir auch in erster Linie solche Jugendlichen, bei denen sich noch keine Rauch- und Trinkgewohnheiten ausgebildet hatten. Bei ihnen kam es zu einem deutlichen Stabilisierungseffekt.

Wir müssen uns aber angesichts der empirischen Befunde zur Rolle der kathartischen Erlebnisformen die Frage vorlegen: Was kann die Schule anbieten, damit sich die Kinder ausleben können, ohne aber zugleich den Bedarf der Droge (z.B. Alkohol) zu spüren. Wir konnten feststellen: Die Programmangebote reichen nicht aus, um die erforderliche Erlebnistiefe bei Copingalternativen zu erzeugen. Es gibt zwar ein Thema: „Kinder feiern ohne Alkohol", aber das betrifft nur die „Feier" als Institution an sich und weniger die Vielzahl von Erlebnisformen, die sich die Kinder selbst schaffen, um sich mit Belastungen auseinanderzusetzen. Bei allen Entwicklungsprozessen muß man die selbstgestalteten Handlungsformen ins Kalkül ziehen und nicht nur die pädagogisch aufbereiteten, von außen gesetzten Handlungsangebote sehen. In der Verstärkung der Erlebniswirksamkeit sehen wir eine wesentliche Seite zur Vervollkommnung von Präventionsangeboten. Das kann der herkömmliche Unterricht allein nicht leisten - entsprechende außerunterrichtliche Angebote von Copingalternativen sind unverzichtbar. Hier kann die Schule nicht aus ihrer Verantwortung entlassen werden.

Georg Neubauer

Individualisierte Lebenspläne und Partnerschaftskonzepte während der Jugendzeit

1 Vorbemerkung

Die Idee zu diesem Beitrag entstand aus verschiedenen Arbeitszusammenhängen, die ich im folgenden benennen möchte, um die Breite des Ansatzes zu verdeutlichen.

1. Die Auseinandersetzung mit dem Individualisierungstheorem und mit der Diskussion zur Postmoderne (vgl. Ferchhoff & Neubauer 1989 und 1996)
2. Komparative Jugendstudien mit der ehemaligen DDR und Israel (Neubauer, Melzer & Hurrelmann 1992; Melzer, Ferchhoff & Neubauer 1990; Neubauer u.a. 1994)
3. Sozialisationstheoretische Untersuchungen zur Jugend, insbesondere zur sexuellen Sozialisation (Neubauer 1990)

Im folgenden will ich mich auf einen Aspekt konzentrieren, der sich aus der Auseinandersetzung mit den Individualisierungstheorem bei Beck (1986) ergibt und sich auf die Lage von Männern und Frauen und deren Freisetzung aus den traditionellen Frauen- und Männerrollen, die sich in einer postmodernen Gesellschaft, so mein Sprachgebrauch[1] ergeben. Zuerst werde ich seine theoretischen Annahmen benennen und dann anhand einiger empirischer Befunde aus meinen Jugendstudien verdeutlichen.

2 Geschlechtsrollen zwischen Traditionalismus und Postmoderne

Traditionell beinhaltet die Rolle der Frau in der Moderne vor allem persönliche Anteilnahme an anderen, Priorität von persönlichen Beziehungen, Sensibilität, Emotionalität, freiwillige Kooperation und Aufopferung. Weiterhin beinhaltet sie auch die Nähe zur Natur, die sich aus der physischen Reproduktion, also Kinder gebären, ergibt. Diesen sozial erwünschten Eigenschaften in der Moderne wird unterstellt, daß sie notwendig für den der Frau zugewiesenen Reproduktionsbereich der Familie und der typisch

[1] Beck spricht nicht von einer postmodernen Gesellschaft, sondern bezeichnet die heutige Situation als Weg zu einer anderen Moderne, so auch der Untertitel seines Buches.

weiblichen Berufsfelder seien, die häufig im Reproduktionsbereich angesiedelt sind, wo Menschlichkeit, Fürsorge, Aufopferung für andere und Emotionalität notwendigerweise gebraucht werden.

Die männliche Rolle dagegen beinhaltet vor allem Aktivität, Wissensdrang, manipulativen Umgang mit der Welt, Beherrschung der Natur, Schaffung einer eigenen kontrollierten Rationalität, Trennung und Abgrenzung innerhalb sozialer Beziehungen. Alle diese Merkmale werden als notwendig definiert, um als berufstätiger Mensch bestehen zu können und erfolgreich zu sein, so daß es gerade Männer sind, denen die berufliche Form der gesellschaftlichen Arbeit als vorrangige Tätigkeit, als Lebenssinn und bestimmendes Moment ihres Status' und ihrer „Normalbiographie" zugewiesen wird (Helga Bilden 1980).

Beck kommt in seiner Analyse der Veränderung der Moderne zu dem Ergebnis, daß in der Modernisierungsphase nach dem Zweiten Weltkrieg die Frauen von ihrer industriell erzeugten Einbindung von Hausarbeit und Eheversorgung freigesetzt werden bzw. sich selber davon lösen. Für diese Entwicklung führt er fünf Bedingungen an:

1. Verlängerung der Lebenserwartung

Reichte in früheren Jahrzehnten die Spanne eines Frauenlebens gerade aus, um die gesellschaftlich erwünschte bzw. erzwungene Zahl von überlebenden Kindern auf die Welt zu bringen, so enden heute die Mutterpflichten für viele etwa mit dem 45. Lebensjahr, dem durchschnittlich drei Jahrzehnte des „leeren Nestes" folgen.

2. Modernisierung der Hausarbeit

Die Rationalisierung der Hausarbeit führt zur Dequalifizierung der Hausarbeit, die die Frauen in der Suche nach erfülltem Leben auf die außerhäusliche Berufsarbeit verweist. Damit hängt eng der dritte Punkt zusammen.

3. Geringere Kinderzahl

Durch die Möglichkeit der Empfängnisverhütung kann die Kinderzahl besser kontrolliert werden und wurde erheblich reduziert. Dadurch wird die Belastung durch Hausarbeit und Kinderzahl minimiert.

4. Brüchigkeit der Ehe- und Familienversorgung

Durch erhöhte Scheidungsraten werden Frauen stärker darauf verwiesen, sich ökonomisch abzusichern. Fast 70 % aller alleinerziehender Mütter liegen unterhalb der Armutsgrenze. Daraus ergibt sich für die Frauen der Zwang, sich stärker für den Beruf zu qualifizieren, was sich dann

5. in der *Angleichung der Bildungschancen für Männer und Frauen* ausdrückt und eine stärkere berufliche Motivation von Frauen erzeugt.

Die Veränderung der traditionalen Frauenrolle erhöht den Druck auf die Veränderung der traditionalen Männerrolle, ohne daß hierfür bisher gravierende Veränderungen zu beobachten sind. Während die Frauen auch aus Gründen der ökonomischen Existenzsicherung die alten Zuweisungen zum „Dasein für andere“ lockern und eine neue soziale Identität suchen müssen, fallen bei den Männern selbständige ökonomische Existenzsicherung und alte Rollenidentität zusammen. In der männlichen Geschlechtsrollenstereotype des „Berufsmenschen“ sind ökonomische Individualisierung und traditionales männliches Rollenverhalten zusammengeschlossen. Die Fremdversorgung durch die Ehefrau ist den Männern historisch unbekannt, die „Freiheit“ bzw. der „Zwang“ zur Erwerbsarbeit bei gleichzeitiger Familienexistenz selbstverständlich. Somit sind potentielle Veränderungen in der Männerrolle nicht immanent, sondern vor allem von außen insbesondere durch die Veränderung der Frauenrolle induziert. Männer werden einerseits durch die größere Erwerbsbeteiligung der Frauen aus dem Joch der alleinigen Ernährerrolle entlassen. Andererseits wird die „Familienbalance“ brüchig, da die frauenbestimmte Seite der männlichen Existenz, nämlich dem Mann den Rücken für den Beruf freizuhalten, in dem Maße nicht mehr existiert. Familie wird somit zu einem dauernden Jonglieren mit auseinanderstrebenden Mehrfachambitionen zwischen Berufen und ihren Mobilitätserfordernissen, Bildungszwängen, querliegenden Kinderverpflichtungen und der Hausarbeit; wobei die neu auftretenden Wahlmöglichkeiten subjektiv bewältigt und legitimiert werden müssen. Das fängt schon bei der im Grunde genommen noch konventionellen beruflichen Mobilitätsentscheidung an. Einerseits erfordert der Arbeitsmarkt Mobilität unter Absehung von persönlichen Umständen. Ehe und Familie erfordern das Gegenteil. In dem zu Ende gedachten Marktmodell der Moderne wird die familien- und ehelose Gesellschaft gedacht.

Auf der anderen Seite zeigt sich aufgrund der subjektiven Reaktionen auf die aufbrechende Einsamkeit, daß sich die Geschlechter aufeinander zu bewegen und durchaus eine „Zweierbeziehung“, auch mit Kindern, wünschen. Mit der Individualisierungsdynamik gerät nicht automatisch das Zusammenleben der Geschlechter in Gefahr, sondern die Formen des Zusammenlebens ändern sich.

Die Familie ist somit nur Oberfläche, an der die historischen Konfliktlagen zwischen den Männern und Frauen sichtbar werden. In diesem Zusammenhang sprechen einige Autoren vom „Krieg der Geschlechter“, bzw. „Geschlechterkonflikt“.

Die lebenslange Einheitsfamilie könnte somit zum Grenzfall und die Regel ein lebensphasenspezifisches Hin und Her zwischen Familien auf Zeit bzw. nicht-familialen Formen des Zusammenlebens werden. Empirisch ergibt sich der Grad der Freisetzung aus der Familie infolgedessen in der lebensgeschichtlichen Zusammenschau der Daten über Scheidung und Wiederverheiratung, vor-, zwischen- und nebenehelichen Formen des Zusammenlebens unter Individualisierungsbedingungen.

3 Empirische Befunde aus der Jugendforschung

Schaut man sich die empirischen Befunde zur Jugendforschung an, so scheint dieser „Geschlechterkrieg" vorprogrammiert. So fordern z.B. mehr Jungen als Mädchen, daß die Mütter zu Hause bleiben und die Väter für den materiellen Unterhalt der Familie sorgen sollen.

Ich habe hierzu Ergebnisse zweier von mir durchgeführter Studien zusammengestellt, die ähnliche Ergebnisse aufweisen, die Allerbeck/Hoag (1985) in ihrer Jugendstudie von 1983 gefunden haben.

Tabelle 1: Haushalts- und Kindermodelle nach Geschlecht

	Jugendliche 1987[2]		Studierende 1988[3]	
	m	w	m	w
Der Mann geht seinem Beruf nach, die Frau versorgt Haushalt und Kinder (Modell 1)	19	7	7	0
Der Mann geht seinem Beruf nach und sorgt für den Unterhalt der Familie die Frau versorgt Haushalt und Kinder, arbeitet aber zeitweise mit, um das Einkommen zu verbesern (Modell 2)	15	21	12	9
Mann und Frau gehen beide ihrem Beruf nach und sind beide gleichermaßen für Haushalt und Kindererziehung verantwortlich, so daß jeder für seinen Beruf die gleiche Zeit hat (Modell 3)	57	61	67	82
Sonstige Modelle	9	11	14	9
Insgesamt	100	100	100	100
N	143	187	221	242
	ss V =.19		ss V = 0.22	
k.A.	14 (≈ 3%)		3 (≈1%)	

Schaut man sich zuerst die Jugendstudien an, so zeigt sich, daß ein hoher Anteil der Jungen sich vorstellt, Alleinverdiener oder zumindest Hauptverdiener zu sein. Gleich-

[2] In der Studie wurden 344 Jugendliche im Alter von 14 bis 18 Jahren in Westdeutschland mit einem standardisierten Fragebogen schriftlich befragt (vgl. Neubauer 1990).

[3] In der Studie wurden 466 Bielefelder Studenten vorwiegend im Alter von 18 - 25 Jahren mit einem standardisierten Fragebogen schriftlich befragt (vgl.Neubauer 1989).

wohl favorisiert ein großer Teil der Jungen als auch Mädchen eine gleichberechtigte Rolle in Beruf und Haushalt. Analysiert man die Ergebnisse hinsichtlich besuchter Schule, so zeigt sich, daß besonders Gymnasialschüler und -schülerinnen das Modell 3 bevorzugen und eine ähnliche Verteilung wie die Studentenpopulation von 1988 zeigen. Bei den Studierenden zeigt sich der Gegensatz zwischen Jungen und Mädchen besonders deutlich, Studentinnen lehnen eine Alleinverdienerrolle des Mannes vollkommen ab.

Ohne darauf näher eingehen zu wollen, kann man davon ausgehen, daß der Geschlechterkonflikt nicht nur bei der Frage der Berufstätigkeit von Mann und Frau aufbricht, sondern auch bei der Frage, wie bei Berufstätigkeit beider Partner der Haushalt und ggfs. die Kindererziehung zu bewältigen und aufzuteilen sind. So zeigen Studien, z.B. auch die von Allerbeck/Hoag (1985), daß von einer Doppel- bzw. Dreifachbelastung der Frauen auszugehen ist, was wiederum zu Konflikten führen kann und auch wird.

Ich möchte im folgenden auf einen zweiten Zugang meiner Analyse hinüberleiten, der sich durch meine komparativen Jugendstudien eröffnet hat. Seit fast einem Jahrzehnt arbeite ich mit israelischen Kolleginnen und Kollegen zusammen, mit denen ich z. Zt. u.a. einen Vergleich mit einer 1990 durchgeführten Jugenduntersuchung und einer 1992 in israelischen Kibbutzim durchgeführten Untersuchung mit den gleichen Erhebungsinstrumenten durchführe. So sind gerade die Sozialisationsbedingungen im Kibbutz darauf aufgebaut, daß sowohl Männer als auch Frauen ihrem Beruf nachgehen können und müssen und die Kindererziehung vornehmlich kollektiv organisiert wird. Seit nunmehr fast 20 Jahren ist eine „Refamiliarisierung“ zu beobachten, die in der Meinung von Beck für eine Gesellschaft in einer anderen Moderne unvorstellbar ist. Im Kibbutz waren es gerade die Frauen, die gefordert haben, daß die Kinder wieder zu Hause übernachten sollen und auch das Kochen und Wäschewaschen von ihnen selbst durchzuführen sei. Inwieweit diese Entwicklung vorangeschritten ist und welche Konsequenzen das für die Sozialisationsbedingungen für Kinder und Jugendliche hat, möchte ich hier nicht näher eingehen. Hier muß ich z.B. auf die beiden Bücher „Der Kibbutz als Utopie“ und „Jugend in Israel und in der BRD“, die ich mit herausgegeben habe, verweisen und auch auf zukünftige Ergebnisse unserer Vergleichsstudie (vgl. Neubauer et al 1994). Ich möchte vielmehr auf eine zweite Vergleichsstudie übergehen, die ich zusammen mit Mitarbeitern des ehemaligen Zentralinstituts für Jugendforschung in Leipzig im Jahre 1990 durchgeführt habe. Ergebnisse dieser Studie und zweier weiterer Studien von Mitgliedern unseres Zentrums für Kindheits- und Jugendforschung haben wir im Buch „Jugend im deutsch-deutschen Vergleich“ 1992 veröffentlicht.

Unsere Studie steht dabei in enger Beziehung zu den Überlegungen bei Beck, denn er nimmt an, daß man durch einen dritten Weg „der Eindämmung und Abpufferung von Marktbeziehungen“, den Scheinalternativen der „Refamiliarisierung“ und „Durchmarktung der Beziehungen“ etwas entgegenstellen kann.

In diesem Zusammenhang macht er folgende Vorschläge:

1. Partnerschaftliche Formen der Arbeitsmarktmobilität

Also eine Arbeitsvermittlung für Familien, nach dem Motto: wer den einen oder die eine will, muß auch der anderen oder dem anderen eine Beschäftigung verschaffen.

2. Existenzsicherung und Arbeitsmarktbeteiligung

z.B. müßte bei der Trennung der erziehende Teil durch Tagesmütter oder Kindertagesstätten entlastet werden, um weiter berufstätig sein zu können.

Wenn ich den ostdeutschen Kolleginnen und Kollegen glauben darf, und daran gibt es für mich keinen Zweifel, dann waren solche Vorschläge in der ehemaligen DDR realisiert worden.

Ich möchte in diesem Zusammenhang kurz auf die sozioökonomische Lage von Studierenden in der damaligen DDR eingehen, da die Vergleichsdaten, die ich im folgenden darstellen werde, sich auf Studierende in West- und Ostdeutschland beziehen. Ein Hauptgrund für frühe Heirat in der ehemaligen DDR z.B. schon während des Studiums, waren neben der Liebesbeziehung einige materielle Vorteile: bessere Chancen bei der staatlich gelenkten Wohnraumvergabe, zinslose Ehekredite sowie andere Vergünstigungen für Familien.

Zudem war das Verheiratetsein bei den Gesprächen über den beruflichen Einsatz nach dem Studium ein zusätzliches Argument, da - beispielsweise einem Absolventen-Ehepaar - Arbeitsstellen am selben Ort vermittelt wurden. Darüber hinaus war die „sozialistische Ehe“ in juristischer wie ökonomischer Hinsicht von geringer Verbindlichkeit. Scheidungen waren relativ problemlos möglich (keine Wartezeiten) und auch ökonomisch folgenlos (in der Regel keine Unterhaltszahlungen), da man davon ausging, daß auch die Alleinerziehende oder der Alleinerziehende weiterhin berufstätig sein wird. Durch entsprechende staatliche Regulierungen war das in der Regel möglich (z.B. Kinderkrippen, etc.)

Anhand von Daten aus unserer Vergleichsstudie möchte ich aufzeigen, wie diese unterschiedlichen strukturellen Bedingungen auf die Zukunftsplanung von westdeutschen und ostdeutschen Studierenden wirkte.

Tatsächlich wollen ostdeutsche Studierende häufiger als westdeutsche Studierende heiraten. In Ostdeutschland wollen das mehr Frauen als Männer, in Westdeutschland mehr Männer als Frauen. Ein weiterer großer Unterschied zeigt sich darin, daß nur ca. jeder/jede zehnte in Ostdeutschland mit einer Partnerin / einem Partner zusammen sein will, ohne einen gemeinsamen Haushalt zu haben, dies gilt aber in höherem Maße für westdeutsche Studierende (knapp ein Fünftel der Männer und mehr als ein Viertel der Frauen). Fast keine Studierenden in Ost und West möchten in Zukunft ohne Partnerschaft leben. D.h. die für Westdeutschland vom Markt erzwungene Singularisierung geht nicht soweit, insgesamt auf eine Partnerschaft zu verzichten, aber über ein Fünftel der westdeutschen Studierenden wünscht sich eine individualisierte Wohnform mit außerhäuslicher Partnerschaft („Single-Dasein mit Partnerschaft").

Tabelle 2: Gewünschte Form der zukünftigen Lebensgemeinschaft (Prozentwerte)

	Ostdeutsche Studierende[4]		Westdeutsche Studierende[5]	
	m	w	m	w
Ehe	58	64	41	30
unverheiratet mit einem Partner / einer Partnerin mit gemeinsamem Haushalt	30	28	38	41
fester Partner / feste Partnerin ohne gemeinsamen Haushalt	10	8	19	26
ohne Partner / ohne Partnerin	2	0	2	3
insgesamt N	100 381	100 438	100 122	100 179
k. A.	17 (≈ 2%)		8 (≈ 3%)	

Insgesamt wollen auch die westdeutschen Studierenden nicht auf Kinder verzichten, wobei sich der Trend bei Frauen fortsetzt und verstärkt, insgesamt die Kinderfrage noch offen zu halten. So haben sich 1988 über ein Drittel der westdeutschen Studentinnen noch nicht festgelegt. Auch in der DDR ist ein Rückgang zu verzeichnen, obwohl insgesamt der Wunsch nach Kindern auf einem hohen Niveau liegt. Möglicherweise ist die Zunahme der Offenhaltung des Kinderwunsches in Ostdeutschland darauf zurückzuführen, daß wir die Studierenden kurz nach der Wiedervereinigung beider Staaten befragt haben. So ist z.B. für die Bevölkerung in Ostdeutschland festzustellen, daß die Geburtenrate rasant rückläufig ist (1990 noch ca. 190.000 Geburten; 1991 nur mehr 110.000), die Heiraten gingen von rund 130.000 im Wendejahr 1989 auf 50.000 im Jahr 1991 zurück (Neubauer et al 1992, S. 175).

Insgesamt kann aus der Zusammenschau der Daten festgestellt werden, daß sich eine allmähliche Veränderung der Partnerschaften auf den Weg in eine andere Moderne abzeichnet. Zumindest wird die traditionelle Partnerschaft: Mann ist der Brotverdiener, die Frau bleibt zu Hause und hütet die Kinder, nicht mehr mit der gleichen Selbstver-

[4] Die Ergebnisse stammen aus einer standardisierten schriftlichen Befragung im Jahr 1990 von 836 Studierenden in der ehemaligen DDR (vgl. Neubauer et al 1992).

[5] Die Ergebnisse stammen aus einer standardisierten schriftlichen Befragung im Jahr 1990 von 309 Bielefelder Studenten, die mit dem selben Fragebogen wie unter der Fußnote 4 genannten Studenten befragt wurden (vgl. Neubauer u.a. 1992).

ständlichkeit verfolgt wird, wie das vor ein paar Jahrzehnte noch der Fall war. Neuartige Wohnformen scheinen zumindest prozentual an Bedeutung zu gewinnen. So erscheint z.B. ein Modell am Horizont, das dem traditionellen Partnerschaftsmodell den Rang ablaufen könnte: uneheliche Partnerschaften mit getrennten Haushalten (Single-Dasein), der Mann und die Frau gehen ihrem Beruf nach (Doppelverdiener) und Kinder werden dabei nicht zwangsläufig ausgeschlossen (gemeinschaftliche Erziehung).

Tabelle 3: Kinderwunsch von Studierenden (Prozentwerte)

		ja	nein	weiß nicht
BRD Studierende[6] 1980	m	72	8	20
	w	70	6	24
BRD Studierende[7] 1988	m	73	6	21
	w	53	11	36
DDR Studierende[8] 1980	m	96	1	3
	w	97	1	2
DDR Studierende[9] 1990	m	87	3	11
	w	89	2	9

Insgesamt scheinen sich die partnerschaftlichen Lebensformen zu diversifizieren und die Optionsmöglichkeiten zu pluralisieren.

Zum Schluß möchte ich deshalb auf mögliche Konsequenzen für die Jugendforschung eingehen.

4 Schlußfolgerungen

Ich glaube nicht, daß man als Lösung des sich auftuenden Geschlechterkonflikts allein die Forderung aufstellen kann: Männer sollen ihre bisherige Rolle aufgeben. Männer werden ebensowenig wie Frauen, das zeigen auch die Daten, heutzutage dem Ruf

6 Für den Vergleich habe ich eine Fragebogenstudie von Clement (1986) mitherangezogen, der 1981 an 12 westdeutschen Universitäten 1923 Studenten befragt hatte.

7 Für 1990 liegen mir keine Zahlen vor, da wir für die Vergleichsstudie (Neubauer et al 1992) nur eine Fragebogenvariante in Bielefeld eingesetzt hatten, die diese Frage nicht beinhaltete. 1988 hatten wir aber die Frage nach Kinderwunsch gestellt (vgl. Fußnote 4).

8 Die Zahlen konnte ich der unveröffentlichten PartnerII-Studie des ehemaligen Zentralinstituts für Jugendforschung in Leipzig entnehmen, die mir als graue Literatur überlassen wurde.

9 Die Zahlen entstammen der PartnerIII-Studie des ehemaligen Zentralinstituts für Jugendforschung in Leipzig.

„Zurück an den Herd!" folgen. Die Studien über neue Väter und Hausmänner zeigen, daß bezeichnerweise die Männer, die diesen Schritt getan haben, diesen revidieren wollen. Die Hausmänner leiden an dem Hausfrauen-Syndrom: Unsichtbarkeit der Arbeit, fehlende Anerkennung, fehlendes Selbstbewußtsein. Angesichts dieser Erfahrung revidieren selbst die Männer, die bewußt die Hausarbeit gegen die, wie sie sagen „entfremdete Berufsarbeit" eingetauscht haben, ihr Bild vom Beruf und erkennen die Erwerbsarbeit für die Selbst- und Fremdbestätigung an.

Ich stimme Beck ausdrücklich zu, wenn er sagt, die Gleichstellung von Männern und Frauen ist nicht in institutionelle Strukturen zu schaffen, die die Ungleichstellung von Männern und Frauen voraussetzen. Die Lösung kann z. Zt. nur darin liegen, daß auf der Grundlage der traditionalen männlichen Geschlechtsrolle der ökonomische und berufliche Erfolg gesichert wird. Selbstverständlich werden Frauen dann einwenden, daß damit ihr berufliches Fortkommen möglicherweise hintenanstehen müßte. Darüber hinaus ist zu befürchten, daß bei ökonomischer Rezession die Frauen wieder an den Herd verwiesen werden, um ja nicht die männliche Identität zu verletzen.

Ich sehe zur Zeit aber nicht die gesellschaftlichen und institutionellen Voraussetzungen, die befriedigende Lösungen ganz jenseits der bestehenden Frauen- und Männerrollen ermöglichen.

Andererseits muß konstatiert werden, daß die Geschlechter als Subjekte gezwungen werden, Formen ihres Zusammenlebens auf der privaten Ebene auszuhandeln und zu erproben. Diese Prozesse geschehen nicht immer freiwillig oder lustvoll, sondern auch unter dem Zwang sozialer Strukturen, die eine Neudefinition von Geschlechterrollen teils erzwingen, teils eröffnen. Somit ist die Gesellschaft zu einem Experimentierfeld geworden, die die Subjekte zwingt, neue Formen zu entwickeln.

Ich möchte deshalb nochmals auf die gesellschaftlichen Beispiele DDR und Kibbutz zurückkommen. Das Beispiel DDR verweist darauf, daß durch geeignete gesellschaftliche Strukturen die scheinbaren Gegensätze von männlichen und weiblichen Rollen durchaus gemildert werden können. So stellte der ostdeutsche Kollege Kurt Starke die Frage: „Sollte es in einem solch reichen Land wie dem unseren nicht möglich sein, die Bedingungen zu schaffen für ein partnerschaftlich und familiär erträgliches (damit auch sozial vernünftiges) Maß an Arbeit für alle, die es wollen?" (Neubauer et al 1992, S. 176).

Das Beispiel Kibbutz zeigt aber auch, daß nicht einfach an die Stelle zweier geschlechtstypischer Rollenvorgaben nur eine (hier die männliche) gesetzt werden kann.

Ich gehe deshalb davon aus, daß es durchaus Sinn macht, davon auszugehen, daß es eine weibliche und männliche Sozialisation und damit eine weibliche und männliche Rolle gibt, die getrennt und zusammen in das Blickfeld von Jugendforschung geraten soll. In diesem Sinne glaube ich auch, daß es zunehmend Sinn macht und sogar vordringlich nötig wird, Jungenforschung zu betreiben. Natürlich wird man mir insbesondere aus feministischer Sicht vorhalten, daß Jugendforschung bisher vorwiegend Jungenforschung war. Diese berechtigte Kritik bezieht sich aber vorwiegend darauf, daß die Inhalte der Jugendforschung in besonderem Maße abweichendes Verhalten (z.B. Jugendkriminalität, Drogenkonsum, etc.) und politische Orientierungen (z.B. Rechts- und Linksradikalismus) untersucht haben, Felder, die insbesondere Jungen betrafen. Ich bin der Meinung, daß auch diese Untersuchungen noch stärker auf Jungensozialisation hin abgeklopft und z.B. abweichendes Verhalten stärker auf Jungen- bzw. Männerrollen bezogen werden müßte. Ich will damit nicht unterstellen, daß der sich abzeichnende Geschlechterkonflikt in der Gefahr steht, durch männliche Gewalt gelöst zu werden. Auf jeden Fall muß in Rechnung gestellt werden, daß bei der Bedrohung männlicher Identität es durchaus zu abweichendem Verhalten kommen kann. Es wäre deshalb wichtig, die bisherige Jugend- bzw. Jungenforschung unter diesem Aspekt zu durchleuchten.

Literatur

Allbeck, K. & Hoag, W. (1985). Jugend ohne Zukunft? München: Juventa

Beck, U. (1986). Risikogesellschaft. Auf dem Weg in eine andere Moderne. Frankfurt: Suhrkamp.

Bilden, H. (1980). Geschlechtsspezifische Sozialisation. In: Hurrelmann, K. & Ulich, D. (Hrsg.). Handbuch der Sozialisationsforschung (S. 777-812). Weinheim: Beltz.

Ferchhoff, W. & Neubauer, G. (1989). Jugend und Postmoderne. Weinheim: Leske + Budrich.

Ferchhoff, W. & Neubauer, G. (1996). Patchworkjugend. Opladen.

Melzer, W. & Neubauer, G. (Hrsg.)(1988). Der Kibbutz als Utopie. Weinheim: Beltz.

Melzer, W., Ferchhoff, W. & Neubauer, G. (Hrsg.)(1990). Jugend in Israel und in der Bundesrepublik. Weinheim.

Neubauer, G. (1989). Studentensexualität und AIDS. Bielefeld 1989 (Forschungsbericht)

Neubauer, G. (1990). Jugendphase und Sexualität. Stuttgart.

Neubauer, G., Melzer, W. & Hurrelmann, K. (Hrsg.)(1992). Jugend im deutsch-deutschen Vergleich. Neuwied.

Neubauer, G. u.a. (1994). Familiy an Peer Support of Israeli and German Adolescents. In: Nestmann, F. & Hurrelmann, K. (Eds.). Social Networks and Social Support in Childhood and Adolescence (S. 385-394). Berlin, New York: deGuyter.

Neubauer, G. u.a. (1992). Trauscheinehe Ost oder „wilde" Ehe West? Lebensplanung, Partnerschaft und Sexualität von Studierenden. In: Neubauer u.a. (Hrsg.). Jugend im deutsch-deutschen Vergleich (S. 141-177). Neuwied.

Anschriften der Autoren:

Dr. Jürgen Abel, Weißenburger Str. 17, 33607 Bielefeld

Petra Butz, Freie Universität Berlin, Fachbereich Erziehungswissenschaft, Psychologie und Sportwissenschaft, Institut für Allgemeine Pädagogik (WE 01), Fabeckstr. 13, 14195 Berlin (Dahlem)

Ilona Böttcher, Pädagogische Hochschule Erfurt, Institut für Allgemeine Erziehungswissenschaft, Magdeburger Allee 54-56, 99086 Erfurt

Gabriele Classen, Freie Universität Berlin, Fachbereich Erziehungswissenschaft, Psychologie und Sportwissenschaft, Institut für allgemeine Pädagogik (WE 01), Arbeitsbereich Erziehungswissenschaft, Fabeckstr. 13, 16195 Berlin (Dahlem)

PD Dr. Barbara Dippelhofer-Stiem, Institut Frau und Gesellschaft, Walter-Gieseking-Str. 14, 30159 Hannover

Dipl. Päd. Karen Dohle, Freie Universität Berlin, Fachbereich Erziehungswissenschaft, Psychologie und Sportwissenschaft, Institut für allgemeine Pädagogik (WE 1), Arbeitsbereich Empirische Erziehungswissenschaft, Fabeckstr. 13, 14195 Berlin

Prof. Dr. Rainer Dollase, Fakultät für Psychologie, Universität Bielefeld, Postfach 100131, 33501 Bielefeld

Andreas Frey, Zentrum für Empirische Pädagogische Forschung, Universität Koblenz-Landau, Friedrich-Ebert-Str. 12, 76829 Landau

PD Dr. Klaus Gebser, PM Halle-Köthen, Straße der Befreiung 3, 06128 Halle

Sedef Gümen, Universität Osnabrück, Fachbereich Erziehungs- und Kulturwissenschaften, Heger-Tor-Wall 9, 49069 Osnabrück

PD Dr. Leonie Herwartz-Emden, Universität Osnabrück, Fachbereich Erziehungs- und Kulturwissenschaften, Heger-Tor-Wall 9, 49069 Osnabrück

Brigitte Kersch, Universität Leipzig, Tieckstr. 2, 04275 Leipzig

Prof. Dr. Gerhard Lehwald, Bund-Länder-Modellversuch, „Kinder planen ihren Stadtteil“, Koordinierungsbüro, Demmerlingstr. 59, 04177 Leipzig

Petra Lischer, Zentrum für Empirische Pädagogische Forschung, Universität Koblenz-Landau, Friedrich-Ebert-Str. 12, 76829 Landau

Dr. Renate Möller, Fakultät für Pädagogik, Universität Bielefeld, Postfach 100131, 33615 Bielefeld

Dr. Harry Müller, Universität Leipzig, Psychologisches Institut, Tieckstr. 2, 04275 Leipzig

HD Dr. Georg Neubauer, Fakultät für Pädagogik, Universität Bielefeld, Postfach 100131, 33615 Bielefeld

Prof. Dr. Harald Petermann, Psychologisches Institut, Universität Leipzig, Tieckstr. 2, 04275 Leipzig

Dr. Michael Röhr, Universität Leipzig, Institut für Psychologie „Wilhelm Wundt", Tieckstr. 2, 04275 Leipzig

Dorothee Seeger, Fakultät für Psychologie, Universität Bielefeld, Postfach 100131, 33501 Bielefeld

Dr. sc. Irmgard Steiner, Freie Universität Berlin, FB 12, Fabeckstr. 13, 16195 Berlin (Dahlem)

Prof. Dr. Klaus Peter Treumann, Fakultät für Pädagogik, Universität Bielefeld, Postfach 100131, 33615 Bielefeld

Dr. Anne Wessel, Freie Universität Berlin, Fachbereich Erziehungswissenschaft, Psychologie und Sportwissenschaft, Institut für allgemeine Pädagogik (WE 1), Arbeitsbereich Empirische Erziehungswissenschaft, Fabeckstr. 13, 14195 Berlin

Prof. Dr. Horst Weishaupt, Pädagogische Hochschule Erfurt, Fachbereich 06 Erziehungswissenschaft, Institut für allgemeine Erziehungswissenschaft und Empirische Bildungsforschung, Magdeburger Allee 54-46, 99086 Erfurt

Gerhard Wenzke, Freie Universität Berlin, FB 12, Fabeckstr. 13, 16195 Berlin (Dahlem)

Dr. Bernhard Wolf, Zentrum für Empirische Pädagogische Forschung, Universität Koblenz-Landau, Friedrich-Ebert-Str. 12, 76829 Landau